本书研究及出版获得以下基金项目资助
中国人民大学科学研究基金数据高地计划项目:"中国家庭能源消费调查"(17XNS001)
国家社会科学基金重大项目:"统筹推进'双碳'目标与经济社会协同发展的中国经济学理论与政策研究"(23ZDA110)
国家自然科学基金专项项目:"双碳约束下资源环境经济协同发展研究"(72141308)
国家自然科学基金青年项目:"新能源的人民币定价及对人民币国际化的影响"(72101254)

中国家庭能源消费研究报告
CHINESE HOUSEHOLD ENERGY CONSUMPTION REPORT
郑新业 魏楚 主编

中国家庭低碳行为及支付意愿

刘 阳 宗一博 谢伦裕 等 著

科学出版社
北 京

内 容 简 介

本书系统地分析了中国家庭在"双碳"目标下的低碳行为及其支付意愿。基于中国人民大学应用经济学院展开的中国家庭能源消费调查（CRECS）所积累的丰富数据，本书聚焦中国家庭能源消费特征与趋势、碳认知与环境意识对能源行为的影响、家庭对碳减排措施的支付意愿及新能源汽车的社会接受度的四个核心问题。本书揭示了中国城乡家庭能源需求的差异、环境意识对能源使用行为的显著影响，并探讨了影响碳支付意愿的关键因素，为政策制定提供了科学依据。

本书是经济、能源、环境治理、节能减排、绿色发展等领域研究人员、政策制定者与公众了解和参与中国能源与环境治理的重要参考资料，也可作为高等院校相关专业学生的学习参考资料。

图书在版编目(CIP)数据

中国家庭低碳行为及支付意愿/刘阳等著. -- 北京：科学出版社，2024.11. -- （中国家庭能源消费研究报告）. -- ISBN 978-7-03-079962-3

Ⅰ.F426.2

中国国家版本馆 CIP 数据核字第 20243PB226 号

责任编辑：林　剑／责任校对：樊雅琼
责任印制：吴兆东／封面设计：无极书装

科学出版社 出版
北京东黄城根北街 16 号
邮政编码：100717
www.sciencep.com
北京厚诚则铭印刷科技有限公司印刷
科学出版社发行　各地新华书店经销

*

2024 年 11 月第 一 版　开本：720×1000　1/16
2025 年 1 月第二次印刷　印张：15 1/2
字数：310 000
定价：188.00 元
（如有印装质量问题，我社负责调换）

本书编写组成员名单

郑新业　刘　阳　宗一博　谢伦裕

苏红岩　杨玉刚　杨　杰　肖淇泳

高佩倩　李桂兰　翟倩萌　向诗意

周双双　王梦圆　胡南燕　冯依彤

前　言

党的二十大报告明确指出，高质量发展是全面建设社会主义现代化国家的首要任务。在高质量发展阶段，要追求效率更高、供给更有效、结构更高端、更绿色可持续以及更和谐的增长。高质量发展需要新的生产力理论来指导，而新质生产力已经在实践中形成并展示出对高质量发展的强劲推动力、支撑力。习近平总书记指出，绿色发展是高质量发展的底色，新质生产力本身就是绿色生产力，必须加快发展方式绿色转型，助力碳达峰碳中和。能源行业作为国民经济发展的先导产业和基础行业，不仅是推动和实现中国式现代化的动力之源，而且在全面建设社会主义现代化国家新征程上也面临新要求。能源生产和消费是最主要的二氧化碳排放源，大力推动能源领域碳减排是实现"双碳"目标的重要举措。

为了解我国家庭能源消费和碳排放的特征事实与影响因素，中国人民大学应用经济学院能源经济系自 2013 年起展开了中国家庭能源消费调查（Chinese Residential Energy Consumption Survey，CRECS），截至 2022 年底已完成十轮入户调查。其中，第一轮、第二轮和第九轮家庭能源消费调查对中国家庭能源消费情况进行普查，主要着眼于历史背景和现状分析，第三轮调查拓展到全球视角，基于国际视野对家庭能源消费的未来发展进行探讨。其他几轮调查则围绕不同的专题展开调查和研究，已出版的《能源消费转型背景下的家庭取暖散煤治理评估》《乡村振兴背景下的家庭能源消费研究：以浙江省为例》《气候变化和节能环保双重约束下的家庭适应性研究》《碳中和背景下的中国家庭低碳认知与能源消费行为》等研究成果引起了政府部门、学术机构、新闻媒体和社会公众的广泛关注。

实现"双碳"目标是一项长期而艰巨的工程，其中关键的一环便是推动能源绿色低碳转型，构建清洁、安全和高效的新型能源体系。而实现这一目标，离不开需求侧的转型升级。为刻画中国家庭能源消费和碳排放画像，了解居民的碳减排支付意愿，通过家庭侧的节能减碳来助力"双碳"目标的实现，中国人民大学应用经济学院于 2022 年 12 月至 2023 年 1 月开展了最新一轮调查。本轮调查以"中国家庭低碳行为及支付意愿"为主题，覆盖我国 18 个省（自治区、直辖市）共计 1850 个有效样本。调查问卷除包含家庭基本信息和用能情况外，还进一步增加了对家庭碳感知、碳意愿与碳行为的探索和分析，并针对新能源汽车展开专题调查。本轮调查充分考虑现实需求，是首次针对性地研究居民在家庭能源消费层面碳素养和新能源汽车基本情况的全国性家庭能源调查。笔者期望通过此次全面系统地收集居民层面的能源消费和碳排放数据，以寻找符合新时代标准和发展需求的重大科学问题，从而为国内外学者提供有意义且深刻的参考资料，为政府寻找更高效政策提供决策依据。

在本书编写过程中，研究团队成员对书稿写作、修改和完善作出了大量贡献，倾注了多方心血。郑新业、谢伦裕、刘阳和宗一博统筹了问卷设计、数据调查和报告撰写的全过程，各章节安排和贡献者分别如下。

第 1 章为绪论，概括性地介绍本书的研究背景、主要研究发现和政策意义，由宗一博、高佩倩执笔。

第 2 章介绍问卷设计和实施过程，以及中国家庭用能与碳足迹的基本特征，由苏红岩、李桂兰、翟倩萌和向诗意执笔。

第 3 章介绍中国家庭能源消费与碳足迹的估计方法，由李桂兰、翟倩萌、周双双和向诗意执笔。

第 4 章基于问卷计算家庭直接和间接能源消费与碳足迹，并与 2021 年的家庭能源调查结果进行分析比较，由李桂兰、翟倩萌、周双双和向诗意执笔。

第 5 章提出碳素养的构建方式，刻画中国居民碳素养基本情况，由杨杰执笔。

第 6 章估计中国居民的碳支付意愿和补偿意愿，由宗一博、王梦圆和杨玉刚执笔。

第 7 章测算和分析中国家庭的碳行为不平等现象，由李桂兰、翟倩萌、周双双和向诗意执笔。

第 8 章分析我国居民对新能源汽车的接受意愿，由肖淇泳、胡南燕和冯依彤执笔。

第 9 章围绕我国居民对新能源汽车基础设施建设的支付意愿展开分析，由肖淇泳、胡南燕和冯依彤执笔。

全书由刘阳、宗一博统稿，同时感谢杨杰、杨玉刚、肖淇泳等在统稿中做出的贡献。由于笔者能力有限，本书难免存在不足之处，恳请专家和读者批评指正。

刘　阳

2024 年 3 月

目 录

前言

第一篇　中国家庭能源消费与碳足迹

第 1 章　绪论 ··· 3
  1.1　研究背景 ·· 3
  1.2　主要结论 ··· 11

第 2 章　中国家庭用能与碳足迹基本特征 ····························· 14
  2.1　问卷设计与实施 ·· 14
  2.2　家庭基本特征 ··· 15
  2.3　用能行为特征 ··· 22
  2.4　专栏：核能相关特征 ··· 23
  2.5　本章小结 ··· 26

第 3 章　家庭能源消费与碳足迹估计方法 ····························· 27
  3.1　文献综述 ··· 27
  3.2　直接能源消费与碳足迹估计思路与方法 ················· 30
  3.3　间接能源消费与碳足迹估计思路与方法 ················· 37
  3.4　本章小结 ··· 38

第 4 章　家庭能源消费与碳足迹分析比较 ····························· 40
  4.1　直接能源消费分析 ·· 40
  4.2　直接碳足迹分析 ·· 48
  4.3　间接碳足迹分析 ·· 56
  4.4　本章小结 ··· 58

第二篇　中国家庭碳素养、碳意愿与碳行为

第 5 章　中国居民碳素养 ··· 61
  5.1　文献综述 ··· 61
  5.2　碳素养内部要素的测度与影响关系 ························ 65
  5.3　我国家庭碳素养的基本特征 ·································· 79

- 5.4 我国家庭碳素养的异质性分析 ········· 83
- 5.5 碳价接受度 ········· 98
- 5.6 本章小结 ········· 102

第6章 中国居民碳支付意愿 ········· 103
- 6.1 文献综述 ········· 103
- 6.2 实验设计 ········· 105
- 6.3 测算方法 ········· 108
- 6.4 基本特征 ········· 113
- 6.5 衣食住行的支付意愿与补偿意愿 ········· 122
- 6.6 专栏：支付意愿里的行为经济学 ········· 140
- 6.7 本章小结 ········· 142

第7章 中国家庭的碳行为不平等分析 ········· 144
- 7.1 文献综述 ········· 144
- 7.2 测度方法 ········· 149
- 7.3 中国家庭直接碳足迹不平等分析 ········· 151
- 7.4 中国家庭间接碳足迹不平等现状 ········· 155
- 7.5 中国家庭间接碳足迹不平等分析 ········· 168
- 7.6 本章小结 ········· 178

第三篇 新能源汽车专题

第8章 新能源汽车的接受意愿 ········· 183
- 8.1 中国家庭新能源汽车的拥有情况 ········· 183
- 8.2 中国家庭对新能源汽车接受意愿的基本特征 ········· 193
- 8.3 中国家庭对新能源汽车的接受意愿影响因素研究 ········· 199
- 8.4 本章小结 ········· 209

第9章 中国居民对新能源汽车基础设施建设的支付意愿分析 ········· 211
- 9.1 新能源汽车基础设施建设情况 ········· 211
- 9.2 中国家庭对新能源汽车续航与充电能力的支付意愿 ········· 219
- 9.3 新能源汽车续航里程增加的成本收益分析 ········· 225
- 9.4 本章小结 ········· 227

参考文献 ········· 229

第一篇
中国家庭能源消费与碳足迹

第1章 绪 论

1.1 研究背景

进入新阶段，以新理念引领新发展，促进经济转型，降低碳排放成为内在要求，也是作为负责任的大国的应有之义。多年来我国经济快速发展导致能源生产和消费需求迅速增长，降低碳排放既是我国实现可持续发展、高质量发展的内在要求，也是探寻气候变化这一世界性难题"中国解法"的积极实践，更是推动构建人类命运共同体的必然选择。能源低碳转型是实现第二个百年奋斗目标、2035年远景目标以及"双碳"目标的关键基础，是实现可持续发展和构建人类命运共同体的重要内容。

长期以来，气候变化治理主要集中于生产领域，常常忽视了消费端碳排放对生态环境的影响。实际上，全球气候变暖与消费活动密切相关。联合国环境规划署的数据显示[①]，当前家庭消费导致的碳排放占全球碳排放总量的三分之二。通过调整消费模式以实现低碳消费，未来30年全球碳排放有望减少40%~70%。因此家庭消费的低碳转型对于实现经济绿色低碳发展至关重要。消费端的低碳转型不仅是实现我国的"双碳"目标的关键，更是驱动我国经济向更高质量、更高效率、更具动力变革的关键力量。

在"十一五"规划期间，我国开始实施家庭节能减排措施。依托相关政策的引导、规范和激励机制，绿色消费比例有所提高，但能源消费和碳排放仍然持续增长。信息不对称、监管成本高以及陈旧的宣传引导方式等多重因素，限制了传统治理模式在推动家庭消费低碳转型方面的效果。"十四五"规划再次强调推动绿色消费方式的形成，2021年《国务院关于加快建立健全绿色低碳循环发展经济体系的指导意见》明确提出，要引领整个社会提升绿色产品消费水平，并开展绿色生活创建活动；2022年《促进绿色消费实施方案》也强调全面推动吃、穿、住、行、用、游等各领域消费绿色转型。在当前生产、流通和消费各个环节

---

① 联合国环境规划署《2022年排放差距报告》，https://www.unep.org/zhhans/resources/2022 nian-paifangchajubaogao。

的绿色转型过程中，人们的消费观念、消费方式以及消费行为也正在经历深刻的变革。因此，研究家庭能源消费的碳认知、碳态度和碳行为对于引导家庭部门实现绿色消费观念、低碳生活方式和清洁能源选择具有重要意义。

自 2013 年起，中国人民大学应用经济学院能源经济系初启动了中国家庭能源消费调查（China Residential Energy Consumption Survey，CRECS），专注于追踪我国居民能源消费模式的演变趋势及其背后的驱动机制。截至 2022 年，该项目已进行了十轮入户问卷调查。在最新一轮调查中，研究团队在 2021 年调查的基础上，进一步增加了对家庭碳感知、碳意愿与碳行为的探索，并针对新能源汽车展开专题调查。笔者期望通过此次全面系统地收集家庭层面的能源消费数据，从而为国内外学者提供有意义且深刻的参考资料。

对中国家庭能源消费研究的方向和目的，主要集中在以下几个关键问题：①中国家庭能源消费及碳排放的现状与趋势；②中国居民的碳感知、碳意愿和碳行为情况；③未来家庭能源发展的挑战和前景；④新能源汽车的接受度和发展潜力。

自中国人民大学应用经济学院中国家庭能源消费研究启动以来，已发布多份具有深远影响的报告，旨在探究家庭能源消费的多维度问题。三份全面调查报告，包括《中国家庭能源消费研究报告（2014）》、《中国家庭能源消费研究报告（2015）》以及《中国家庭能源消费研究报告（2016）》，着重于深入剖析当时中国的家庭能源消费历史背景和现状。这些报告专注于国内情境，旨在深入了解当时的状况。此外，专题报告如《能源消费转型背景下的家庭取暖散煤治理评估》和《乡村振兴背景下的家庭能源消费研究：以浙江省为例》则限于特定省市或特定主题的研究。2021 年度报告《碳中和背景下的中国家庭低碳认知与能源消费行为》则考虑了新时代的能源消费和碳排放格局。本次研究报告不仅延续了前述系列报告中的基本研究问题，还进一步关注家庭对碳排放及低碳行为的认知、支付意愿及碳足迹，特别是在新时代背景下对低碳生活方式的探索（图 1-1），为我国实现"双碳"目标提供了科学依据和策略建议。

1.1.1 我国能源消费及碳排放事实

2021 年，我国能源消费总量为 52.4 亿吨标准煤，能源消费产生的二氧化碳排放量约为 105.23 亿吨，占全球总排放量的 31.06%，超过美国（13.87%）、印度（7.53%）、俄罗斯（4.67%）和日本（3.11%）的总和，居全球第一（图1-2）。

| 第1章 | 绪　　论 |

```
┌─────────────────────────────┐        ┌─────────────────────────────┐
│    第1~9轮(2012~2021年)      │        │      第10轮(2022年)         │
│      直接能源消费及碳排放     │        │      间接能源消费及碳足迹    │
│ • 厨房设备、家用电器、交通工具 │ ←家庭能源消费→ │ • 衣、食、住、行             │
│ • 能源消费：设备使用时长×单位能耗│  及碳排放估计  │ • 间接能源消费：消费品数量×能源强度│
│ • 碳足迹：用途、能源种类      │        │ • 碳足迹：消费产品全周期碳足迹 │
└─────────────────────────────┘        └─────────────────────────────┘

┌─────────────────────────────┐        ┌─────────────────────────────┐
│       城乡能源消费差异        │        │       碳素养异质性分析       │
│ • 能源选择和用能结构          │ ←异质性和→   │ • 碳素养得分基本特征         │
│ • 用能量和能源支出            │  不平等测算  │ • 碳认知、碳态度、碳行为的相关性│
│ • 电器拥有种类及电力消费      │        │ • 碳素养对用能行为、能源消费的影响│
│ • 取暖能源结构                │        │                             │
└─────────────────────────────┘        └─────────────────────────────┘

┌─────────────────────────────┐        ┌─────────────────────────────┐
│        支付卡式估算          │        │        双边二分法估算        │
│ • WTP：生活成本上升           │ ←碳支付意愿→ │ • WTP：支持减排计划(衣食住行价格│
│ • WTA：对减少用车和使用绿电的补贴│        │   上涨)的支出                │
│                             │        │ • WTA：支出后补贴            │
└─────────────────────────────┘        └─────────────────────────────┘

┌─────────────────────────────┐        ┌─────────────────────────────┐
│ • 南北供暖之争                │        │ • 碳WTP和WTA对比分析         │
│ • 农村可再生能源应用          │ ←专题研究→   │ • 碳价认知及接受度           │
│ • 农村能源贫困                │        │ • 核电认知及支付意愿         │
│ • 空气污染降低居民幸福感      │        │ • 新能源汽车购买意愿影响因素 │
│ • 家庭电力消费行为与碳认知和碳态度│        │                             │
└─────────────────────────────┘        └─────────────────────────────┘
```

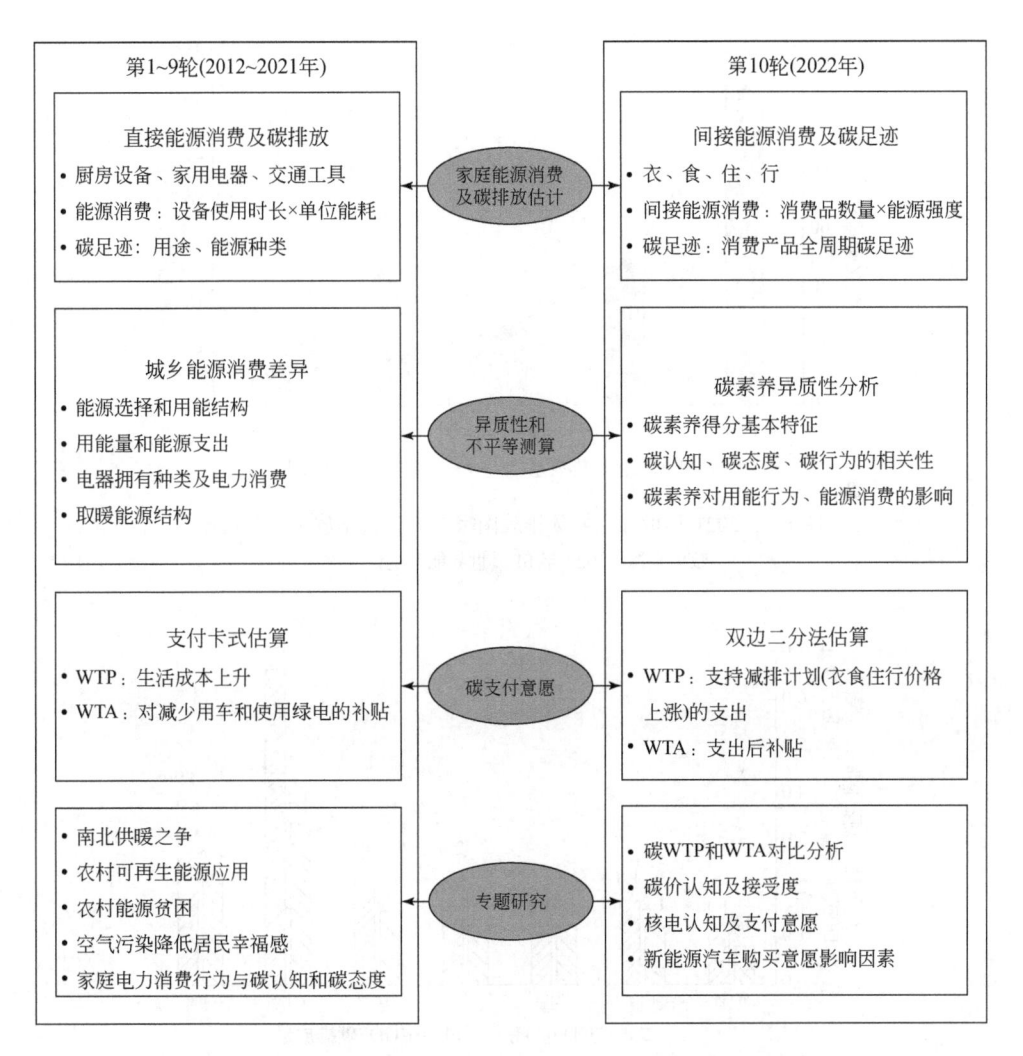

图 1-1　第 1~9 轮 CRECS 与第十轮 CRECS 的主要内容介绍和对比

现阶段我国能源利用水平与世界发达国家仍存在一定差距，按 2015 年美元不变价计算，我国单位 GDP 能耗与碳排放量都远高于主要发达国家。如图 1-3 所示，2021 年我国单位 GDP 能耗为 3.4 吨标准煤/万美元，单位 GDP 碳排放量为 6.7 吨二氧化碳/万美元，虽然与 2020 年相比，我国单位 GDP 能耗与碳放排量（2020 年分别为 3.45 吨标准煤/万美元，6.82 吨二氧化碳/万美元）有所下降，但仍远高于美国、日本、德国、法国、英国等主要发达国家，与全球平均水平相比也存在较大差距（图 1-3）。

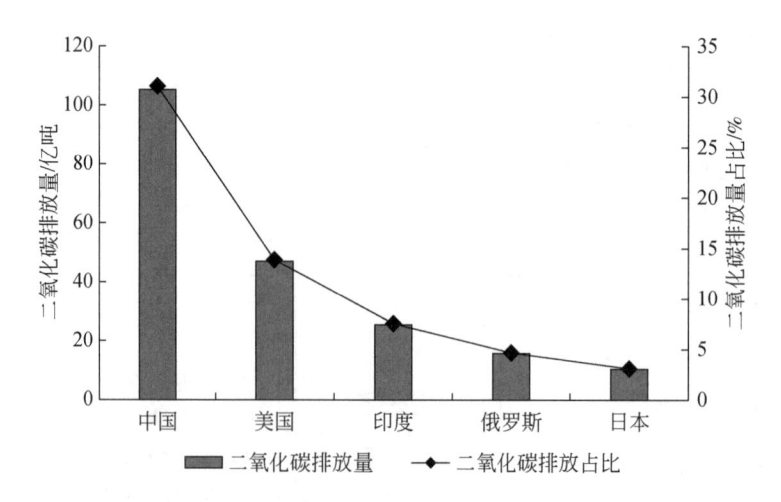

图 1-2　2021 年世界主要碳排放国家二氧化碳排放量及其占比

数据来源：2022 年 BP《世界能源统计年鉴》

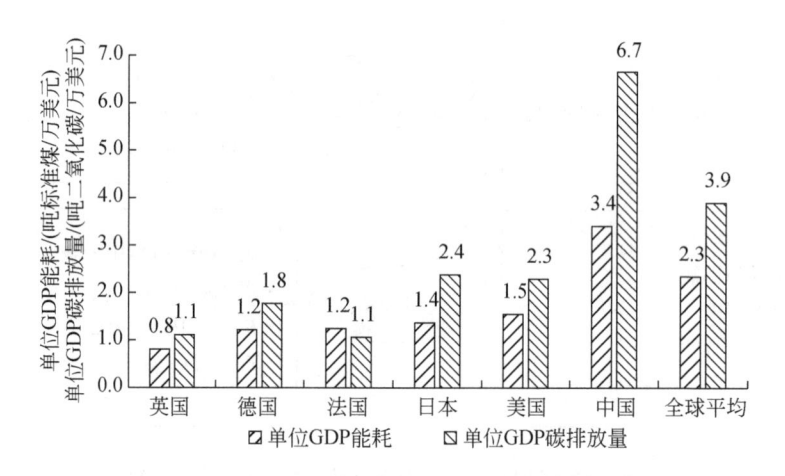

图 1-3　2021 年世界主要国家 GDP 能耗和二氧化碳排放量

数据来源：2022 年 BP《世界能源统计年鉴》

从能源消费总量来看，根据国家统计局和国际能源署数据显示（图 1-4），2010~2021 年，我国能源消费总量总体呈上升趋势，从 2010 年的 36.06 亿吨标准煤增加到 2021 年的 50.40 亿吨标准煤，增速约为 39.80%。随着能源消费总量的增加，二氧化碳排放量也不断上升，2021 年二氧化碳排放总量突破百亿量级，达到了 105.23 亿吨，与 2010 年相比增加 26.73 亿吨。分阶段来看，2010~2013 年，二氧化碳排放量增长较快，年增速在 3% 以上，2014~2017 年二氧化碳排放总量增长放缓，部分年份甚至出现下降趋势，2018 年以后碳排放量增速出现了轻微反弹，但多数时候仍维持在2%以下的增速水平，低于GDP与能源消费总量增速，表明我国节能减排政策取得了一定成效。

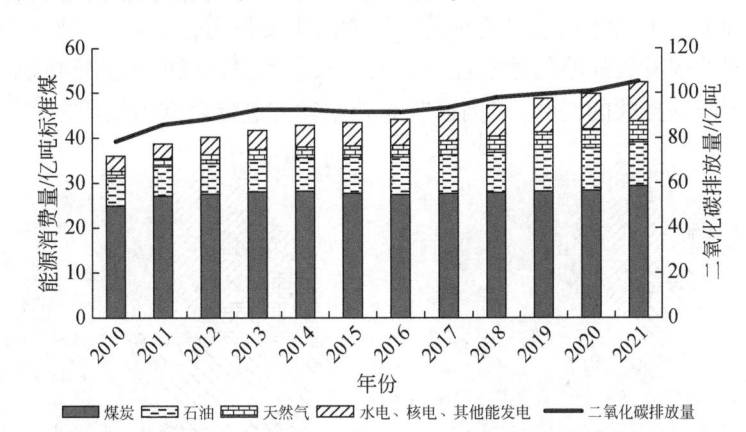

图1-4 2010～2021年中国能源消费总量、消费结构和二氧化碳排放趋势
数据来源：国家统计局、国际能源署

从能源消费结构来看（图1-4），目前我国能源消费仍然以煤炭、石油、天然气等化石能源为主，其中煤炭消费在能源总消费中所占比例长期保持一半以上，在我国能源消费中仍然占据主导地位，短期内煤炭作为保供托底的"压舱石"地位没有改变，这一现状符合我国能源资源的禀赋特征，同时也满足了保障能源供给安全的需求。

但近年来，随着我国能源转型升级，2010～2021年，煤炭消费量基本保持在28亿吨标准煤左右，且在此期间煤炭消费量增速始终低于能源消费总量增速，表明煤炭消费在能源总消费中所占比例不断下降。图1-5比较了我国2010年、2021年的能源消费结构。从图1-5可以看出，煤炭的占比大幅下降，从2010年的69.20%下降到2021年的56.00%，下降了约13个百分点。与之相对应，水电、核电等可再生能源的占比持续上升，这意味着我国低碳转型成效显著。可以预期，未来随着"双碳"目标的推进以及新型电力系统的建设，我国将逐步摆脱对煤炭的依赖，弱化煤炭在一次能源中的作用。

分能源消费行业来看（图1-6），工业在能源消费中占据主体地位，在整个能源消费中所占比例长期保持在65%以上，其次则是居民生活用能，居民生活消费已成为仅次于工业部门的第二大能耗部门。

从两大部门能耗占比变化趋势来看（图1-7），工业部门能耗占比总体呈现出下降趋势，从2010年的72.47%下降到2020年的66.75%。从原因来看，一方面，我国经济结构进一步优化，第三产业占比有所提升；另一方面，随着节能减排工作的推进，我国主要耗能行业单位增加值能耗有较大幅度降低。与之相反的是，2010~2020年，我国居民生活能源消费在总能源消费中所占的比例稳步上升，表明居民家庭用能逐渐成为我国碳排放的重要来源。因此，在推进"双碳"工作的过程中，不能忽视消费端在其中发挥的重要作用，需要将家庭节能减排放在整个国家低碳发展战略的重要位置，大力探索消费领域的碳减排机制，从而在控制居民部门碳排放的同时，"倒逼"企业主动推进绿色低碳生产方式。

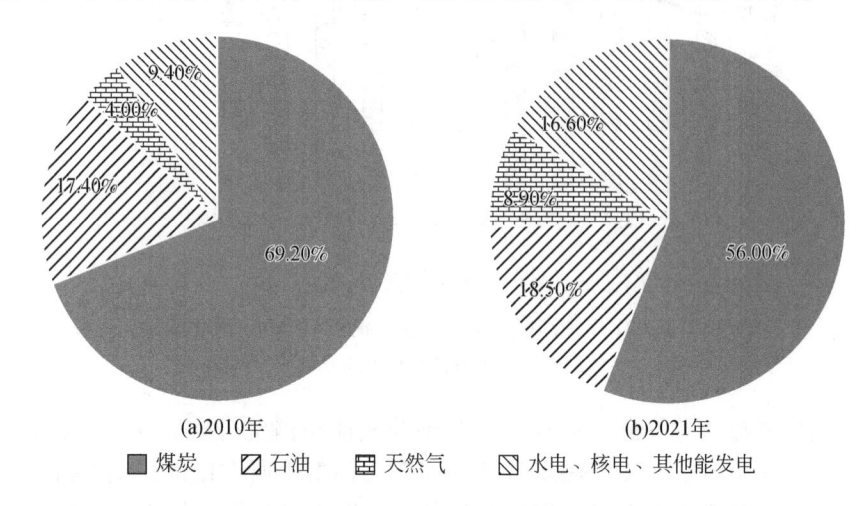

图1-5 2010年和2021年中国能源消费结构

数据来源：国家统计局

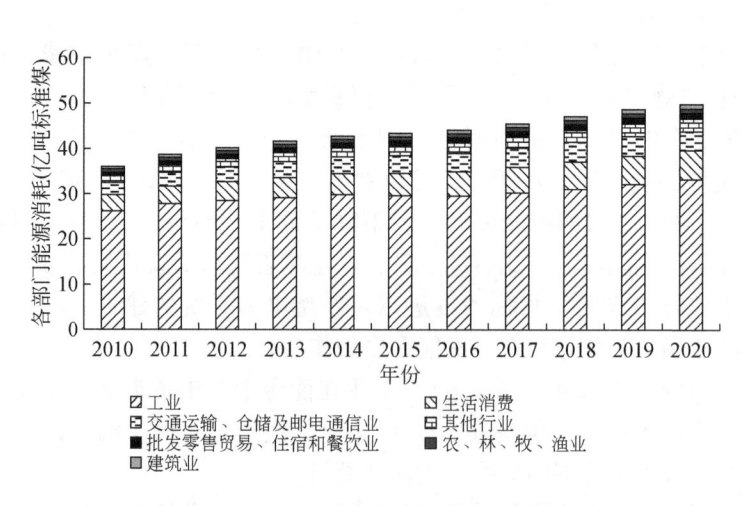

图1-6 2010~2020年中国主要行业能源消费

数据来源：国家统计局

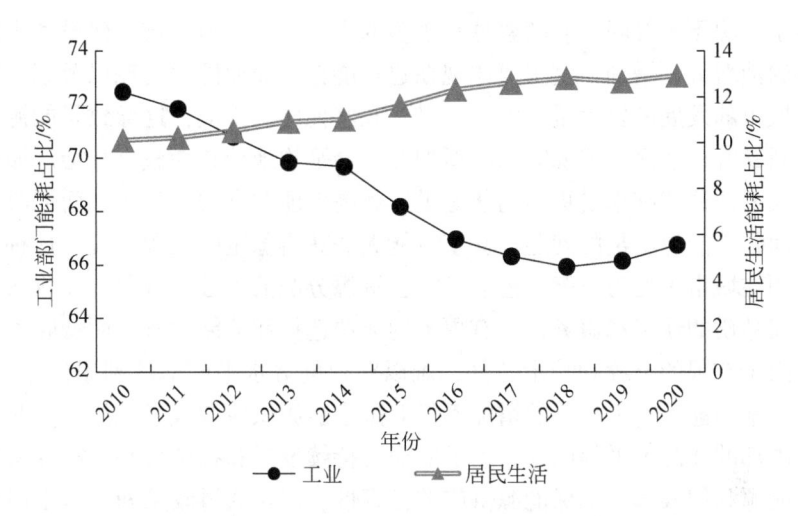

图 1-7 2010～2020 年工业和居民生活能耗占比变化趋势
数据来源：国家统计局

1.1.2　我国家庭部门能源消费转型及减碳的挑战

1.1.2.1　极端天气频发，家庭能源需求和波动性增加

极端天气事件的频繁发生已经成为全球气候变化的显著迹象，极端高温、洪涝、飓风等自然灾害发生的频率和强度都在增强。这一趋势引发了广泛的担忧，因为这些极端天气事件对家庭能源需求造成了显著的波动性增加，进一步凸显了能源管理领域的紧迫性问题。例如，高温天气条件下，居民为了保持室内的舒适温度，不得不增加使用空调等高能耗设备的频率，这导致电力需求急剧攀升，同时也意味着电力供应系统在高峰时段的应对压力增大。与此同时，在洪水或飓风等极端气象事件期间，电力和天然气供应中断的风险明显升高，迫使家庭采取紧急的能源调适措施，以确保基本的生活需求得以满足。这种气候引发的家庭能源需求波动性不仅给居民生活带来了实质性的影响，还可能导致电力供应系统的负荷不稳定，进一步加大了能源供应的不确定性，使能源管理变得更加复杂和关键。因此，有必要采取措施来更精确地预测和管理家庭能源需求，以应对不断增加的极端天气事件，确保能源供应的可持续性和可靠性。

1.1.2.2　城镇化带来能源需求总量增加，能源不平等问题凸显

我国城镇化的迅速推进在一定程度上促使了能源需求总量的显著增加，同时

也凸显了能源不平等问题。随着越来越多的人口迁往城市，城市建设和生活需求对能源的消费大幅增加，这主要体现在建筑能耗、交通能源消耗以及家庭用电等方面。城市的发展需要大量的电力、燃气和其他能源供应，这导致了能源需求总量的不断攀升。然而，能源需求的增加并不会平均地分布在整个社会。城市中的高收入人群往往能够享受更多的能源供应和高效能源利用的设施，而低收入人群则可能面临着能源不足的问题，甚至可能无法获得稳定的能源供应。这种能源不平等问题在城市中尤为显著，造成了社会资源分配的不公平现象。高收入人群可以享受高品质的住房和服务，拥有更多的能源选择和节能设备，而低收入人群则可能受限于有限的资源和技术条件，难以获得同等水平的能源利用机会。因此，城镇化带来的能源需求总量的增加不仅对国家能源供应构成了挑战，同时也引发了社会内部的能源不平等问题。为了实现可持续发展和社会公平，需要采取措施来提高能源利用效率，确保能源供应的普惠性，以及通过政策和技术手段来减缓城市能源需求的不平等分布，使更多的人群能够分享城市化带来的便利，同时减少对能源资源的不必要浪费。

1.1.2.3 老龄化、生育率下降等人口结构性变化引发能源消费结构变化

随着国内人口结构性变化，尤其是老龄化和生育率下降，家庭能源消费面临着显著的转型挑战。老龄化可能导致住宅能源需求的上升，因为老年人更倾向于提高居住舒适度，而且他们在家中的时间增多，这增加了对供暖和照明的需求。同时，老年人可能更依赖医疗设施，这些通常是高能耗的，加剧了能源消费。然而，由于老年人可能不易接受新的能源技术，这可能会减缓节能产品的普及。与此同时，生育率下降导致的家庭规模缩小可能会降低单户住宅的能源需求，但这也可能带来经济增长放缓和劳动力市场的紧缩，从而影响家庭的能源购买力。受教育程度的提高可能促进对能效更高产品的采纳，进而推动家庭能源消费的绿色转型。因此，为了应对这些挑战，需要推广节能技术，改善医疗护理设施的能效，优化公共交通系统，并提升公众，特别是老年人群的能源消费意识，从而确保家庭部门能源消费的可持续发展。

1.1.2.4 居民碳认知和碳素养水平有待提高，鼓励减碳生活方式

目前大多数居民对碳排放和气候变化的知识水平相对较低。很多人对碳足迹的概念不甚了解，缺乏对能源使用和生活方式对碳排放的直接影响的认知。这导致了许多人在日常生活中未能采取积极的低碳行动。城市化进程导致城市居民的高碳生活方式普遍存在，交通依赖私家车、飞机等碳排放较多的交通方式，且日常生活依赖空调、大型家电等高能耗设备，缺乏能源节约意识。尽管一些教育机

构和政府部门已经开始在学校和社区进行碳认知教育和宣传活动，但这些努力仍然不足以覆盖广大居民群体。碳认知教育的推广和深化亟待加强，以提高居民的碳素养水平。一系列碳减排目标和政策措施转化为具体行动和改变居民行为方面还存在挑战。政府需要进一步制定激励措施，以鼓励低碳生活方式的采用。因此，当前我国面临的碳认知和碳素养水平问题需要通过教育、宣传、政策和社会参与等多方面的努力来解决。提高居民的碳认知水平，推动低碳生活方式的普及，是实现可持续发展和应对气候变化挑战的关键。

基于此，在本轮家庭能源消费调查中，采用由浅入深、由点及面的方法，以充实和完善整个研究，并提出以下待解决的问题：①家庭能源消费特点和趋势。随着"双碳"目标的提出，需要深入了解家庭在能源消费和直接碳排放、间接碳排放方面的特点和趋势。城乡居民家庭的能源需求是否存在显著差异？以及他们所面临的能源消费变动趋势又是什么？②碳认知与环境意识对用能行为的影响。"双碳"目标的提出以及对碳和环境变化的认知是否会对家庭的能源使用行为产生影响？需要深入研究这些因素如何塑造家庭的用能行为，并探讨可能的变化趋势。③居民家庭的碳支付意愿与影响因素。居民家庭对碳支付的意愿是多少？这一意愿受到哪些因素的影响？深入了解碳支付意愿的背后因素，有助于更好地理解家庭在碳减排方面的积极性。④新能源汽车接受度。了解居民对新能源汽车的接受度如何，以及这一接受度对家庭能源消费行为是否产生了影响？通过对这些问题的深入探讨，可以更好地分析家庭能源需求的演变趋势，揭示影响能源使用和碳排放的主要因素，并为能源转型、提升居民生活水平以及改善环境等方面提供有力的政策支持和决策依据。特别是在实现"双碳"目标方面，这些研究成果将具有重要意义。

1.2 主要结论

（1）能源使用和碳排放存在地区差异

北方家庭的能源消费和碳排放高于南方家庭，城市家庭的碳排放也明显高于农村家庭。南北方家庭之间的差异主要来自于气候条件，南方家庭以电力为主要能源，而北方家庭则以供热能源为主，导致北方家庭的碳排放明显高于南方家庭。城市家庭的碳排放明显高于农村家庭，这主要体现在城市家庭制暖、制冷和家用电器方面的碳排放量较高。此外，地区间的碳排放构成也存在差异，东北地区和东部地区的主要碳排放源是供暖，而中部地区、西部地区则是供暖和家用电器的碳排放占比较大。

（2）中国家庭的碳素养水平呈钟型分布

我国家庭的碳素养水平总体呈现出钟型分布，两头低、中间高，并呈现出显著的肥尾现象，反映出低碳素养水平群体间存在较大差异。影响碳素养异质性的关键因素包括地域特性、家庭结构、教育程度、收入水平以及对气候变化的感知程度，东部地区、位于城市、受教育水平越高、收入水平越高、受气候变化影响程度越大群体中，居民碳素养表现出更高水平。同时，多数受访者对碳价有普遍认知，并且能够接受当前全国碳市场的碳价。

（3）碳减排的补偿意愿高于支付意愿，其中"衣"领域减排潜力大

研究结果显示，受访者的碳减排平均支付意愿为每人每月85.10元，而平均受偿意愿为每人每月105.86元，碳减排的补偿意愿高于支付意愿。不同领域（如衣食住行）的支付意愿和补偿意愿差异明显，其中"衣"领域的支付意愿和补偿意愿最高，减排潜力更大。碳减排的支付和补偿意愿不仅取决于经济因素，如个人收入和家庭背景，而且还受到心理因素的影响，包括对碳问题的认知和态度。同时，不同领域的减排需求和市场机制也会影响人们的支付和补偿决策，且研究发现存在明显的默认效应。

（4）中国家庭碳不平等水平待改善，主要体现在用能和出行方面

研究结果发现，我国居民家庭之间的碳排放不平等问题较为严重，且这种不平等现象有加剧的趋势。具体来看，直接碳排放基尼系数高达0.839，反映出在能源用途、区域差异、城乡分布、交通方式等方面的不平等。城市家庭的碳不平等明显高于农村家庭，地区间的碳排放不平等程度存在显著差异，以东北地区区域内的碳排放不平等程度最低、西部地区排放不平等程度最高为特点。相较于直接碳排放，家庭间接碳排放的基尼系数相对较低，为0.231，但出行领域的排放不平等现象尤为突出，基尼系数高达0.675。此外，区域、城乡、性别组别间的间接碳排放不平等情况存在较大差异。在分析影响家庭间接碳足迹的因素时，收入水平越高、碳素养越高的家庭其间接碳足迹也越大，而家庭规模则呈现出负向影响，意味着家庭成员数越多，人均间接碳足迹越小。

（5）新能源汽车的接受意愿受政策、经济、低碳意识因素驱动

新能源汽车近年来受到了广泛关注，其背后的原因主要有三个方面：政策因素、新能源汽车特点、低碳意识。政府政策的支持、新能源汽车的低使用成本、环保性质、不限行和不限牌措施，是推动消费者购买新能源汽车的主要因素。关于新能源汽车的顾虑，如续航不足、充电不便和安全性不足是消费者最为关心的技术问题。最后，个体特征、消费者感知、政策和碳排放感知等因素影响了新能源汽车的接受意愿，而政府政策是影响购车决策的关键因素。

（6）新能源汽车设施仍需改善，且家庭支付意愿较强

新能源汽车的基础设施，尤其是充电设施的建设，对于推动该行业的发展至关重要。目前，充电基础设施的建设面临三个主要问题：建设总量不足、设施分

布不均和安装限制过大。不同地区间的充电基础设施建设状况仍存在较大差别，经济发展状况越好的地区充电基础设施建设越完善。我国家庭对新能源汽车续航里程增加、充电速度加快和充电网络密度增加的支付意愿均较强但存在较大差异，受访者愿意为续航里程增加支付的金额最高，其次是充电速度加快，最后是充电网络密度增加。

第 2 章　中国家庭用能与碳足迹基本特征

本章旨在通过对微观数据的统计分析，呈现我国居民家庭与用能设备的基本特征，从而为社会大众提供深入了解家庭能源消费行为和模式的具体、翔实的画像。本章首先介绍本次调查的问卷设计和实施情况，然后对所收集的基础性数据进行整理和概括。

2.1　问卷设计与实施

此次问卷调查由中国人民大学应用经济学院能源经济系组织实施，该机构承担了问卷的完整设计、样本抽样、数据统计与核对，以及研究报告的编写等工作。此外，中国人民大学应用经济学院能源经济系还委托了专业的调查机构负责访员培训、调查实施，以及数据的收集和回访。

2.1.1　抽样

此次问卷开展时间为 2022 年 12 月至 2023 年 1 月，针对的是我国居民家庭在 2022 年度的家庭基本情况和能源消费状况。

本次问卷抽样收集样本量为 2000 户。随机选择省份，南、北地区省份比例相同。在省份内部，随机选择 1~2 个地级市，覆盖共 32 个地级市，一、二、三线城市比例保持相等，每个地级市覆盖市区、县和乡村的家庭。省份之间、市县乡之间的抽样家庭数按照总人口比例分配。受到新冠疫情的影响，部分省份并没有严格按照人口比例分配的数量完成问卷。最终，如图 2-1 所示，此次调研共完成 1850 份问卷，共覆盖 18 个省（自治区、直辖市）。

2.1.2　问卷实施

本研究项目委托专业调查机构负责实施问卷调查，调查过程高效迅速。受新冠疫情影响，本项目采用招募填答和线下拦截的方式开展。招募填答是先招募符合要求的受访者，通过腾讯会议，采用读录法填答问卷。问卷质量控制具体体现

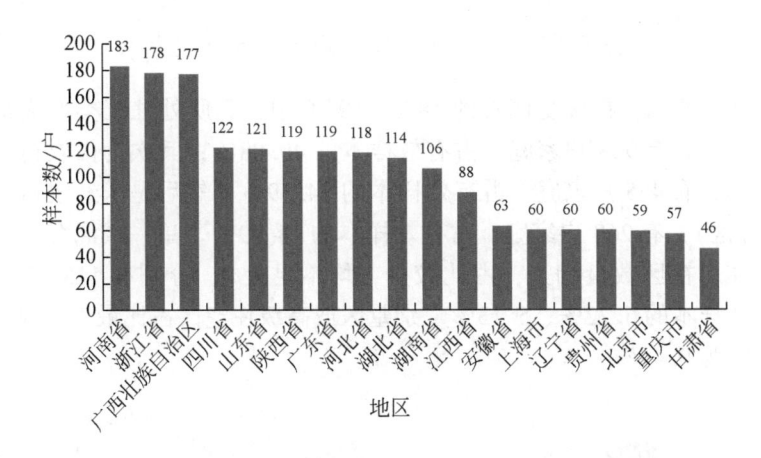

图 2-1　最终抽样的样本地区分布情况

在以下几个方面：首先，本次调查采用电子问卷形式，可以避免受访者跳过或遗漏答案的情况。其次，项目组设计了《现场入户问卷重要注意事项》以供现场调查时督导使用，以保证项目的顺利进行。再次，调查员在受访者填写问卷的整个过程中全程陪同，并及时解答受访者的疑问。最后，问卷回收过程中，项目组会根据问卷填写的时间判断其有效性，一般情况下，若问卷填写时长少于半小时，则将其判定为无效，项目组会将其剔除。另外，问卷中也记录了受访者及其家庭的基本信息，调查机构组织了专门的数据回访团队，抽取问卷中最基本、最容易核实的问题，一旦发现与实际问卷结果不符的情况，及时联系调查员进行核实。

2.2　家庭基本特征

2.2.1　受访者居住地特征

2.2.1.1　受访者居住地以城市地区居多

如图 2-2 所示，接受本次调查的 1850 户家庭中，大部分居住在城市地区。来自城市地区的家庭有 1174 户，占有效样本的 63.46%，来自农村地区的家庭有 676 户，占有效样本的 36.54%。根据第七次全国人口普查结果，城镇居民占总人口的比例为 63.89%，农村居民占比为 36.11%。此次调研抽样数据基本符合我国城乡居民分布特征。

2.2.1.2 城市地区家庭所处社区以普通商品房小区居多

如图 2-3 所示,在接受调查的 1850 户家庭中,其所处社区类型大部分为普通商品房小区,有 908 户家庭,占有效样本的 49.08%;其次为由农村社区转为城市社区的,有 455 户家庭,占有效样本的 24.59%;然后是未经改造的老城区(街坊型社区),有 268 户家庭,占有效样本的 14.49%。单一或混合的单位社区和保障性住房社区数量相当,占比较少,均不足 7%,分别有 115 户、95 户家庭,占有效样本的 6.22%、5.13%。别墅区或高级住宅区占比最少,仅有 9 户家庭,占比约为 0.49%。

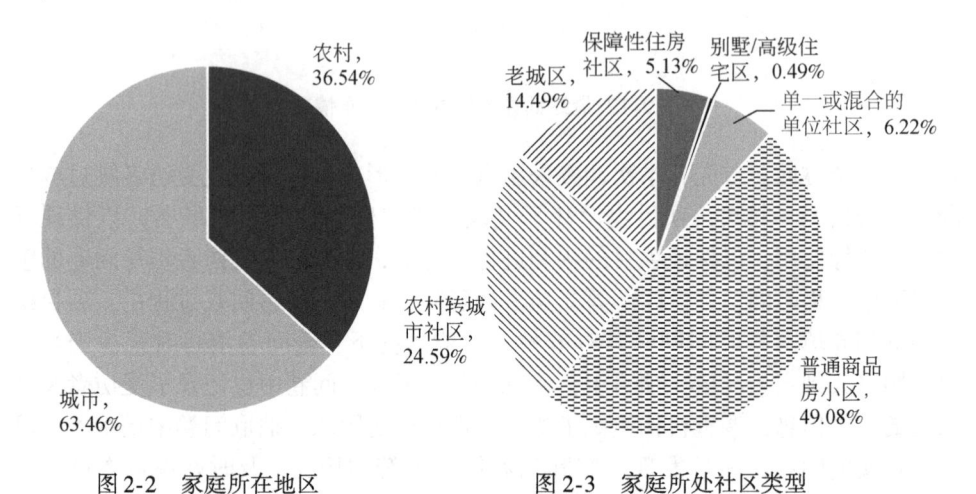

图 2-2 家庭所在地区   图 2-3 家庭所处社区类型

2.2.2 家庭结构特征

2.2.2.1 家庭结构以三口之家为主

本轮调查中关于家庭总人口的有效受访住户样本(剔除了缺失值之后的有效住户样本,简称有效样本)共计 1850 户。如图 2-4 所示,在接受调查的家庭之中,以 3 人组成的家庭最为常见,总人口为 3 人的家庭有 697 户,占有效样本的 37.68%。由 4 人组成的家庭数量仅次于 3 人,有 488 户,占有效样本的 26.38%。由 2 人和 5 人组成的家庭数量相当,分别为 229 户、240 户,占有效样本的 12.38%、12.97%。然后是 6 人组成的家庭,有 107 户,占有效样本的 5.78%。8 人及以上家庭占比极小,均不到有效样本的 1%。根据第七次全国人口普查的数据,我国不同规模的家庭户类别中以 3 人户最多,其次为 2 人户和 4 人户数。可见,本调查中家庭总人口的统计结果与全国普查的结果大体一致。

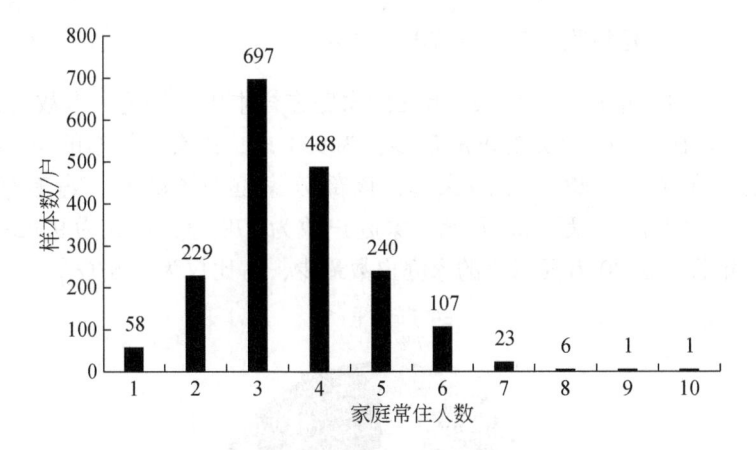

图 2-4 家庭常住人口数

2.2.2.2 没有老人和小孩的调研家庭占比较高

本轮调查中，没有老人和小孩的家庭占比较高。如图 2-5 所示，本次调查的 1850 户家庭中，家中没有 0~7 岁人口的家庭有 1247 户，占有效样本的 67.41%，有 1 个及以上 0~7 岁小孩的家庭仅有 603 户，在有效样本中占比不到半数。家庭中没有 7~18 岁人口的家庭有 1089 户，占有效样本的 58.87%，有 1 个的占 32.97%，有 2 个及以上的家庭占比较小，均不到 8%。家中没有 60 岁及以上人口的家庭有 1476 户，占有效样本的 79.78%，60 岁及以上有 1 人的家庭有 207 户，占有效样本的 11.18%。

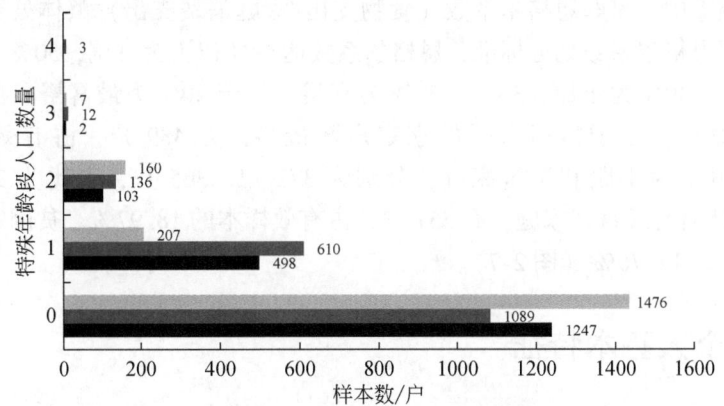

图 2-5 家庭常住人口中特殊年龄段人口数量

2.2.2.3 家庭年收入集中在20万元以下

本轮调查中,年收入在0~20万元的家庭在样本中占据绝大多数(图2-6)。其中,年收入在0~10万元的家庭最多,为924户,占有效样本的49.95%;其次是年收入在10万~20万元的家庭,该部分家庭有643户,占有效样本的34.76%;年收入在20万~30万元的家庭户数为178户,占比为9.62%,略低于10%;年收入在30万元以上的家庭户数最少,占比仅为5.67%。

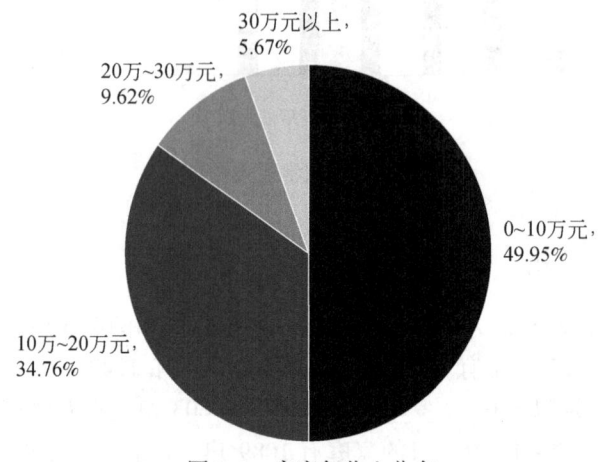

图2-6 家庭年收入分布

2.2.2.4 家庭恩格尔系数总体较低

本轮调查中,家庭恩格尔系数(食物支出/家庭消费支出)整体处于较低的水平。根据恩格尔系数划分标准,恩格尔系数达59%以上为贫困,50%~59%为温饱,40%~49%为小康,30%~39%为富裕,低于30%为最富裕。在受访的1850户家庭中,处于富裕水平的家庭户数最多,为489户,占有效样本的26.43%;其次为小康和温饱家庭,分别为372户、365户,占比为20.11%、19.73%;然后是最富裕家庭,有351户,占有效样本的18.97%。贫困家庭户数最少,占比为14.76%(图2-7)。

2.2.3 个人基本特征

2.2.3.1 政治面貌以群众为主

在本轮调查中,政治面貌以群众为主,群众人数为1466人,占比为

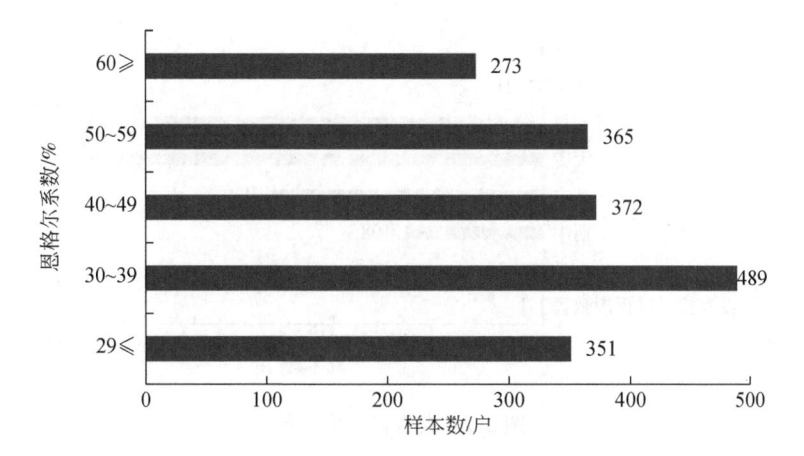

图 2-7 家庭恩格尔系数分布

79.24%，其次是共青团员，占比为 12.49%，中共党员或预备党员占比为 8.22%（图 2-8）。

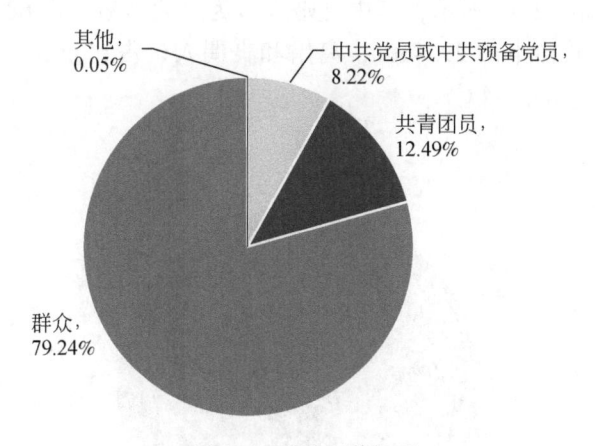

图 2-8 政治面貌情况

2.2.3.2 受教育水平以大专和本科为主

本轮调查中，接受调查者教育水平分布较为平均。如图 2-9 所示，大专和本科文化水平人员最多，分别为 618 人、589 人，占有效样本的 33.41% 和 31.84%；其次为高中文化水平人员，有 388 人，占有效样本数的 20.97%；有 198 人接受过初中文化教育，占比为 10.70%。少部分人接受过硕士教育，有极少数人没有接受过正规教育或达到博士文化水平。由此可以看出，在接受调查的人口中，受教育水平较为平均，以大专和本科文化水平为主。

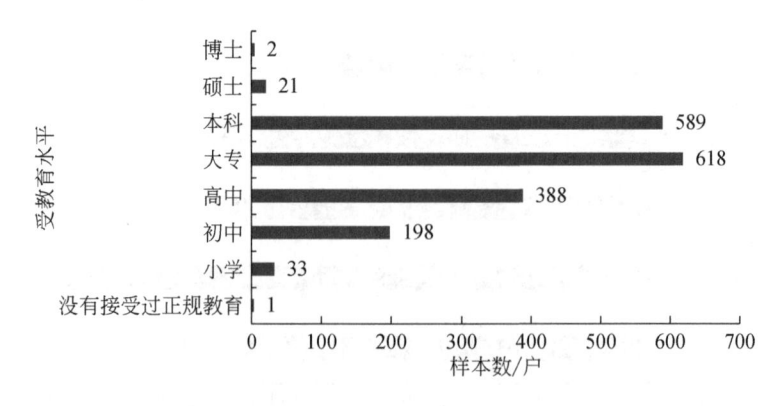

图 2-9　受教育水平分布

2.3.3.3　受访者中已婚人口占绝大多数

本轮调查中，对于家庭成员婚姻状况的调查只针对受访者本人展开，有效样本为1850人。如图2-10所示，其中已婚人口为绝大多数，占68.49%，其次为未婚人口，占有效样本的29.46%，离婚和丧偶人口占比较少，分别为1.51%和0.54%。

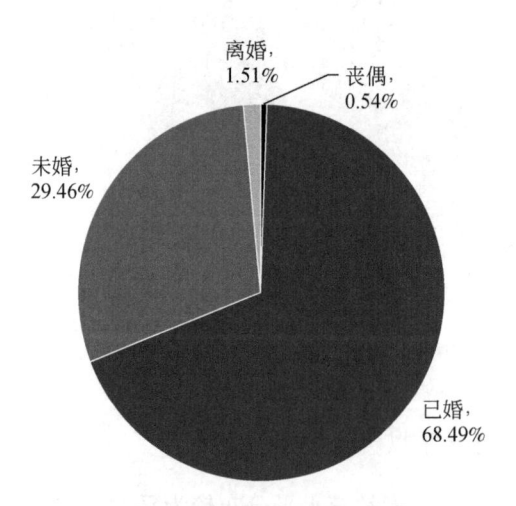

图 2-10　家庭成员婚姻状况

2.3.3.4　职业类型多样

本轮调查的人口中，职业类型比较多样且分散。如图2-11所示，公司（非国企）职员最多，有436人，占有效样本的23.57%；其次为自由职业者，有

279 人，占有效样本的 15.08%；再者，为个体经营者和服务业从业人员，分别为 218 人、205 人，占有效样本的 11.78% 和 11.08%。其余各职业人数较少，其中学生占比为 8.59%，事业单位职工占比为 7.24%，公司（国企）职员、工人和农民占比比较接近，分别为 6.81%、6.49%、6.32%，其他类型占比为 2.49%，公务员人数最少，占比不足 1%。

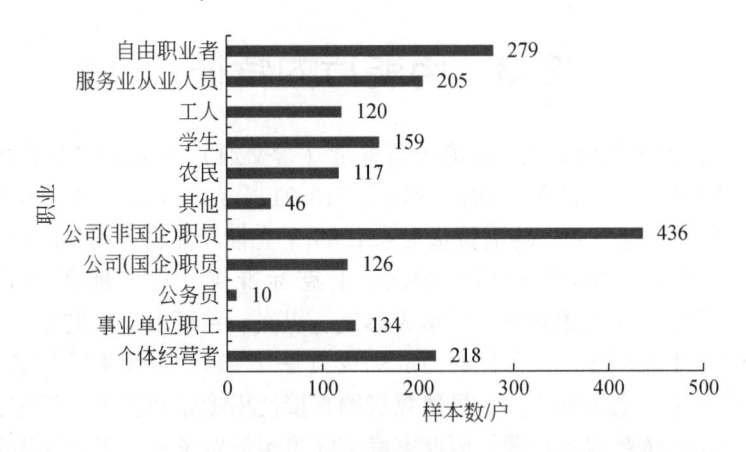

图 2-11 职业类型情况

2.3.3.5 个人收入集中分布在 8 万元以下的区间

本轮调查中，受访者个人年收入如图 2-12 所示。年收入在 4 万~8 万元的人数最多，占有效样本的 30.01%，其次是年收入分布在 2.5 万~4 万元区间

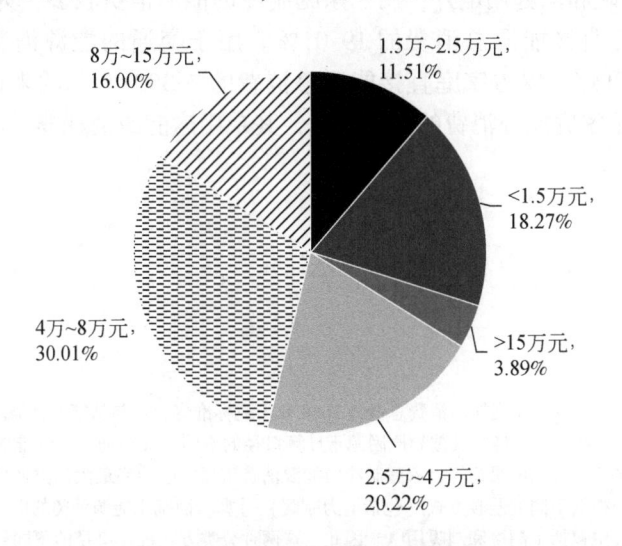

图 2-12 受访者个人年收入分布

的样本，有 374 人，占比为 20.22%。年收入在 1.5 万元以下和 8 万~15 万元的人数相当，占比分别为 18.27% 和 16.00%。年收入在 1.5 万~2.5 万元的群体，占有效样本的 11.51%。年收入在 15 万元以上的人数占比最小，仅为 3.89%。总的来说，受访者收入集中分布在 8 万元以下，不同群体间仍存在一定收入差距。

2.3 用能行为特征

2022 年，中国居民家庭平均能源消费量（含交通）为 1298.27 千克标准煤。分能源种类来看，热力的年户均消费量为 716.21 千克标准煤，占到年能源消费总量的 55.17%；电力年户均消费量为 431.88 千克标准煤，占到年能源消费量的 33.26%；汽油年户均消费量为 124.66 千克标准煤，占年能源消费总量的 9.60%；其他能源（管道煤气、管道天然气、煤炭、秸秆以及木炭等）使用量合计约为 25.52 千克标准煤，占比约为 1.97%（图 2-13）。总体来看，家庭能源消费的主力是热力、电力和汽油。虽然煤炭的直接使用量相对较少，但在我国热力供应和发电主要依赖煤炭能源，因此家庭实际煤炭消费量远大于计算得到的直接煤炭消费量。

分能源用途来看，家庭能源消费总量为 1688.8 千克标准煤[①]。其中，制暖的直接能源消费最多，为 811.28 千克标准煤，占家庭能源总消费的 48.04%。家庭用电消耗仅次于制暖，为 431.88 千克标准煤，占家庭直接能源总消费的 25.57%。除制暖和家庭用电外，用于家庭制冷的能源消费较多，为 320.98 千克标准煤，占家庭直接能源总消费的 19.01%。用于交通的能源消费量最少，为 124.66 千克标准煤，仅占家庭直接能源总消费的 7.38%。总的来说，制暖、家庭用电和制冷是家庭能源消费的主要用途，其余用途能源消耗非常小，占比接近于零（图 2-14）。

---

① 从能源用途端计算，家庭能源消费总量为 1688.8 千克标准煤，这与从能源种类端计算的家庭能源消费总量（1298.27 千克）不一样。其差异原因源于计算口径的不同。具体而言，从能源用途端计算，家庭用电的能源消费基于家庭用电量计算；家庭制冷的能源消费依据家中功率最大的空调使用情况计算；家庭制暖的能源消费则根据不同的制暖方式（包括电力制暖）计算。而基于能源种类的电力消费计算方法仅考虑家庭用电量，其中包括了制冷和制暖用电。因此，这两种分类方式统计口径的不同导致了家庭能源消费总量的差异。本书下同。

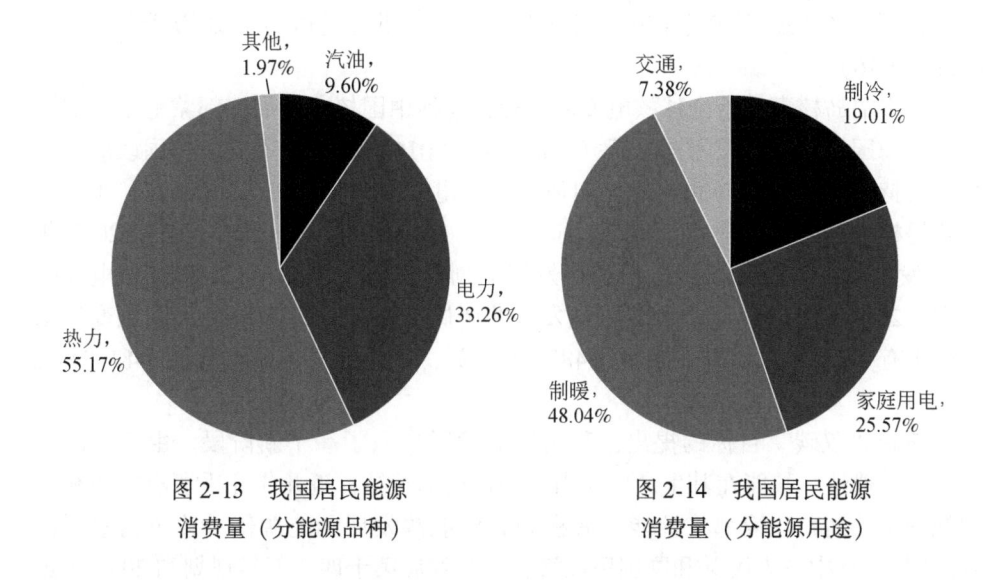

图 2-13　我国居民能源消费量（分能源品种）

图 2-14　我国居民能源消费量（分能源用途）

2.4　专栏：核能相关特征

在碳中和背景下，核能作为一种低碳能源，随着国家对民用核电项目发展的支持，其保障居民日常生活用能的能力呈上升趋势。一方面，核电总装机容量和发电量不断上升；另一方面，核能供暖项目在山东省海阳市等地试点成功，提升了我国能源转型时期能源供给的安全性。本轮调查增加了对居民关于核能了解程度、核能发展的收益感知和风险感知等问题，相关数据有利于基于公众视角优化能源相关政策的制定和实施。

2.4.1　中国核能发展历史及大规模发展趋势

我国自从 20 世纪 70 年代就已经开始考虑发展民用核电项目（Bigot，2022）。我国第一个商业核电站是 1985 年在浙江省嘉兴市建设的秦山核电站。20 世纪 90 年代，在国外技术的援助下，大亚湾核电站和岭澳核电站相继成功建设，分别于 1993 年、1994 年开始商业运行（Bigot，2022）。随着自主研发技术的进步，在日本福岛核事故之前，我国已经开始通过制定规划、计划等促进核电生产，如 2007 年国家发展和改革委员会发布了《国家核电中长期发展规划（2005—2020 年）》；同年发布《国家核电发展专题规划（2005—2020 年）》，该规划意味着我国成为世界上少数拥有比较完整的核工业体系的国家之一。在 2011 年福岛核事故发生时，我国已经通过了39个核电厂建设规划，总装机容量达到3961万千瓦（Zeng et al.，2016）。

日本福岛核事故给全球核电发展进程，包括中国核电发展，都蒙上了一层阴影。与德国、日本等关闭核电厂（Sun et al.，2016）的做法不同，中国政府宣布仍然支持核电发展，与此同时，加强了对核电安全的监管（Zeng et al.，2016），并暂停核准新的核电项目（Wang and Chen，2012）。但是，随着国务院2012年10月发布了修订后的《核电中长期发展规划（2011—2020年）》和《核电安全规划（2011—2020年)》，我国核电发展的僵局被打破。到2019年，我国商运核电机组有47台，总装机容量达到4875万千瓦，2019年核电发电量为3481.31亿千瓦时。

随着"双碳"目标的提出，我国核能发展进入了一个新阶段。由于碳减排任务的紧迫性、核能在其生命周期内低碳排放的特征，近几年几乎所有能源相关的规划、计划和政策都将核能发展视为我国能源发展和能源体系改革的重要内容。例如，《中华人民共和国国民经济和社会发展第十四个五年规划和2035年远景目标纲要》《"十四五"现代能源体系规划》都明确提出要进一步推进核电发展。国家能源局印发的《2022年能源工作指导意见》也建议推进核能的集中供热和综合利用。图2-15和图2-16描述了2013~2022年我国商运核电机组总装机容量及发电量的变化情况，两者近10年都呈现快速增长的趋势。在政府的大力支持下，在未来几年，我国核能仍有望继续大规模发展。到2030年，核电生产预计将达到总电力生产的8%，而到2060年，该比例预期将继续上升到10%~18%。

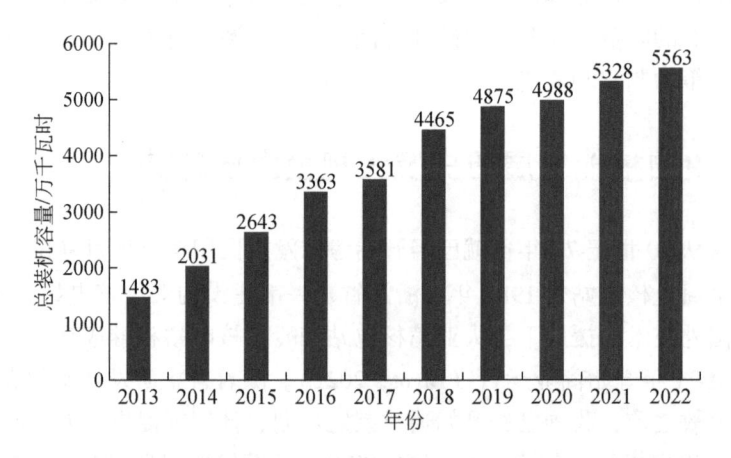

图2-15 2013~2022年中国商运核电机组总装机容量变化

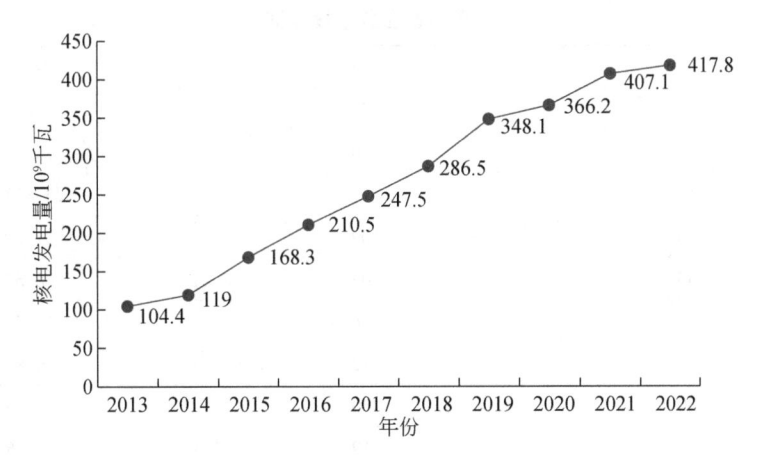

第 2 章 | 中国家庭用能与碳足迹基本特征

图 2-16　2013～2022 年中国商运核电机组发电量变化

数据来源：《中国核能发展与展望（2023）》

2.4.2　公众对核能的接受度

本轮调查中，问卷详细列出了核能发展的各项潜在的成本和收益。在 1487 份有效问卷中，核能发展的支持者为 1202 人，占比 80.83%，我国公众对核能发展的支持程度要显著高于日本、德国（Sonnberger et al.，2021）、澳大利亚（Liao et al.，2010）等国家。公众对核能发展态度的差异与政府对核能发展的政策支持程度紧密相关，我国政府一直全力支持核能发展，加之对安全问题的重视和保障、对"双碳"目标的大力宣传，共同推动了公众对核能接受度的提高。从受访者的基本特征看，与反对核能发展的受访者相比，支持者中男性更多、更年轻、有更高的受教育水平、更高的个人年收入、更可能来自城市，较少来自中部地区而较多来自西部地区。

对于支持核能发展的受访者，问卷进一步采用支付卡的方式询问了其愿意为发展核能、减少碳排放每月支付的最高数额。支付卡的价值设计包括 0 元/月、5 元/月、10 元/月、20 元/月、30 元/月、50 元/月、70 元/月、100 元/月和 150 元/月。在反映真实偏好的观察值中，有两位受访者给出了支付卡投标值之外的数额，分别为 200 元/月和 300 元/月。受访者在各个投标值上的分布如表 2-1 所示，基于 Turnbull（1976）的方法计算所得支持核能发展的受访者的平均支付意愿为 9.35 元/月。

表 2-1　受访者在各个投标值上分布

最高愿意支付：元/月	人数	比例/%
0	70	5.823
5	300	24.96
10	311	25.873
20	209	17.39
30	103	8.57
50	148	12.31
70	10	0.83
100	30	2.5
150	19	1.58
200	1	0.082
300	1	0.082

2.5　本章小结

本章介绍了本轮调查的问卷设计与实施情况，并对调研样本家庭信息、用能行为及核能相关特征共三大方面特征进行了描述性统计分析。

家庭特征方面，大多数家庭位于城市地区，且所属社区以普通商品房小区为主，3口家庭居多，过半数家庭没有老人和小孩，超过80%的家庭年收入低于20万元，但家庭恩格尔系数整体较低，绝大多数家庭为温饱及以上水平。

用能行为特征方面，2022年中国居民家庭平均能源消费量（含交通）为1298.27千克标准煤。分能源种类来看，家庭能源消费的主力是热力、电力和汽油。其中，热力的年户均消费量为716.21千克标准煤，占比为55.17%；电力年户均消费量为431.88千克标准煤，占比为33.27%；汽油年户均消费量为124.66千克标准煤，占比为9.60%。

核能相关特征方面，相对于不支持者，支持者更多是男性，具备年轻、受过高等教育、拥有较高的个人收入、更有可能居住在城市、较少来自中部地区更多来自西部地区等特征。

第3章 家庭能源消费与碳足迹估计方法

随着环境的日益恶化，全世界都在采取行动以应对气候变化。根据中国国际发展知识中心的报告，截至2022年5月，127个国家已提出或准备提出碳中和目标。作为世界上最大的排放国，我国高度重视气候变化问题，制定了一系列控制碳排放明确目标和具体实施措施。然而随着社会经济的快速发展，工业节能降碳呈现快速收敛趋势，家庭端节能减排的重要性日益凸显。但无论如何，碳排放空间是有限的，因此需要合理分配排放空间。本章首先对家庭直接能源消费与间接能源消费及其碳足迹估计方法的文献进行了梳理，并总结各个方法的优劣；然后分别阐述了直接和间接能源消费碳足迹估计思路与方法，为下一章计算家庭直接、间接碳排放量，并对结果进行详细分析打下基础。

3.1 文献综述

随着我国进入新发展阶段，绿色低碳发展已成为如今经济社会发展的必然趋势与要求，以低能耗、低物耗、低排放、低污染为特征的低碳经济（Low-carbon economy）是未来经济发展方式的新选择。自"双碳"目标提出以来，我国在能源转型、技术创新上取得了较大的成就，减排迎来历史性转折，与我国的产业结构调整、能源革命及经济高质量发展相辅相成。家庭作为经济社会的重要主体之一，随着生活水平的提高，碳排放水平也在不断提高，居民在"衣、食、住、行"等方面的消费与行为成为新的碳排放增长点（韩君等，2023；Luo Juan et al.，2023）。事实上，20世纪80年代末期，诸多学者就对消费者行为模式影响碳排放进行了深入的研究和探讨，Shui等（2015）发现在1997年个人消费行为占全美能量消耗的28%，CO_2排放量占全美排放量的41%；中国科学院《关于我国碳排放问题的若干政策与建议》中显示：1999~2002年，我国CO_2排放量的30%是由居民生活行为及满足这些行为需求所造成的。因此，科学测算家庭部门消费碳足迹、分析碳排放的结构特征及分布差异、挖掘其内外在驱动因素，对于促进我国家庭端减排、探索绿色低碳发展的可行路径具有重要意义。

国内外通常将碳足迹分为直接能源消费产生的碳足迹和间接能源消费产生的碳足迹。直接能源消费主要是指能源作为燃料、动力、原料以及通过电力等方式直接用于生产和生活的消费；间接能源消费是指为提供消费者所需的非能源终端产品和服务而消耗的能源（郭建宇和陈扬，2019）。李文轩等（2017）调查分析了河南省2002~2012年城乡居民碳足迹总量、直接碳足迹和间接碳足迹，发现三者都呈现逐年递增的趋势并且城镇居民的碳排放远大于农村居民。Yu等（2022）则对比了中国与日本1997~2018年家庭碳足迹总量和直接、间接碳足迹，发现中国近年碳足迹总量与直接碳足迹远超日本，人均碳足迹总量增长迅速，但人均间接碳足迹却远低于日本。虽然直接碳足迹与间接碳足迹所含范围与计算结果不同，但计算方法仍可以通用。

目前计算碳足迹的方法主要有投入产出法、生命周期法和碳排放系数法等（翟超颖和龚晨，2022），不同方法的选择需要依据研究目的及数据可得性具体选择。

3.1.1 投入产出法

投入产出法构建经济系统内各部门及部门之间的投入—产出模型，以完成碳足迹的计算和评估。该方法可追溯至美国经济学家瓦·列昂捷夫，后不断发展完善，成为了一种比较完整、成熟的经济分析方法。根据世界资源研究所（World Resources Institute，WRI）和世界可持续发展工商理事会（World Business Council for Sustainable Development，WBCSD）对碳足迹计算投入产出法的研究，可以简要将其分为三个层面：第一层面是工业部门生产过程中的直接碳排放。第二层面将碳足迹的计算延伸至第一层面中工业生产部门所消耗的能源和电力等，计算能源和电力生产的碳排放。第三层面则涵盖了全产业链的碳排放。类比居民家庭间接碳足迹（CF^E）的特征，其测算模型如下式：

$$CF^E = \hat{F} \times E = \hat{F} \times D \times (I-A)^{-1} \qquad (3-1)$$

式中，F为家庭最终的能耗矩阵，$\hat{F}$为F的对角矩阵；E为间接碳排放强度系数矩阵，E_j表示部门j的间接碳排放强度系数；D为直接碳排放强度系数的对角阵，则D_{jj}表示部门j消耗能源所排放的二氧化碳占部门j总产出之比；$(I-A)^{-1}$为列昂捷夫逆矩阵，A表示投入产出表中直接能耗系数矩阵，I为A的单位矩阵。投入产出法在各领域都广为运用，但因其与经济各部门投入产出表直接相关，更利于测算经济活动中的碳排放，因此多从宏观和中观层面进行研究，如Yu等（2022）采用投入产出与结构分解分析法对比了中国与日本1997~2018年家庭碳足迹及其驱动力，发现消费支出是中国碳增长的主要积极驱动力，技术是主要的消极驱动力，需要控制交通和通信消费。

3.1.2 生命周期法

生命周期测算方法（life cycle assessment，LCA）不仅研究生产产品本身所产生的碳排放，还从原材料生产、运输到加工、成品运输、回收再生产等全生产周期各阶段进行核算。其过程包括确定碳足迹核算目标及对象、绘制生命周期碳足迹边界图、收集相关数据、计算并评估，能更加完整、精确地计算出某一项活动或产品的碳足迹。在采集数据阶段，主要采集原材料和活动数据及碳排放因子这两大类数据。碳排放因子是指单位材料、物质、原料或能耗所排放的 CO_2 等价物。原材料和活动数据用 Q 表示，Q_i 表示第 i 种材料的数量或活动的能量强度。碳排放因子用 C 表示，C_i 表示第 i 材料的数量或活动的碳排放因子。

基于碳足迹边界图和数据，在计算阶段，碳足迹（E）等于各类材料和活动的数据与其对应的碳排放因子的乘积的加总，即

$$E = \sum_{i=1} Q_i \times C_i \tag{3-2}$$

一般在生命周期法计算后，还会进行检验以确保碳足迹计算的科学性、完备性和准确性，提高可信度。具体可以采用数据替换、细化计算过程和专家评定等办法完成检验。但总体来说，生命周期法测算工作庞杂，易产生误差，需要多部门协作进行。

3.1.3 碳排放系数法

碳排放系数法则多用于消费端计算居民家庭或个人碳足迹，通过能源消费量与对应能源排放转换系数相乘得到其碳排放。例如，在计算居民家庭直接碳足迹（CF^d）时，通常包括直接使用化石燃料和家庭照明、供暖、烹饪、运输等方面的电力所产生的二氧化碳排放。其测算模型如下式：

$$CF^d = \sum_{i=1}^{n} M_i \times EF_i \tag{3-3}$$

式中，M_i 是各能源消耗量；EF_i 是对应化石燃料 i 的二氧化碳排放因子。赵晓男和李远利（2018）选取九种常用能源对2012年我国19个省份居民消费中产生的直接碳足迹进行了测算，发现城镇居民碳排放主要来源为电力、热力及石油类产品，农村居民则为电力和煤炭。

近年来此方法逐渐被应用于备受关注的碳足迹计算器上。任莹等（2022）运用北京市林业碳汇工作办公室监制的碳足迹计算器，计算了山东高校大学生行为所产生的碳足迹并对校园实现"碳中和"提出建议。但碳足迹计算器工具至今

并未规范化，Alves 等（2020）对巴西的十几款碳足迹计算器进行了比较研究，发现计算器排放因子各不相同，所提供的对应减排弥补政策也受到影响，因此碳足迹计算器更适用于服务个人或家庭具有自我"低碳环保"意识并付出减排行动的群体。杨选梅等（2010）采用消费者生活方式方法（CLA）调查了南京1000个家庭的碳排放与家庭消费活动的关系，并用多元回归研究了碳排放与家庭特征之间的关系；计志英等（2016）运用 IPCC 的二氧化碳排放量测算方法，计算了我国省际城乡家庭部门直接能源消费碳排放，结果发现我国家庭部门碳排放的空间分布具有明显的地域差异特征。

3.2 直接能源消费与碳足迹估计思路与方法

为保证与以往家庭能源调查核算结果的可比性，能源消费和碳排放核算所涉及的设备参数基本沿用上一年度家庭能源消费核算时所采用的参数制定和核算方法。本轮调查所涉及的家庭能源消费品种有 7 类：地热、木炭、煤炭、电力、秸秆、管道天然气和管道煤气。家庭能源消费活动分为 4 类：取暖、制冷、家用电器和私人交通。在对调查样本进行能源消费量核算之后，利用第七次全国人口普查数据对核算结果进行权重调整，得到加权后的标准家庭全年的直接能源消费量和直接碳排放。

3.2.1 家庭直接能源消费估计思路和方法

能源消费是家庭生活中不可或缺的一部分，其贯穿于多种日常活动之中。家庭使用的能源并不是单一的，不仅种类多样，而且在同一项活动中可能涉及多种能量来源。为了精准核算家庭能源消费，必须详细识别各类能源消费活动中所涉及的能源种类，并根据其活动特征（如使用频率、设备功率、使用时长等）估算各类能源的实际消耗量，最后通过汇总这些数据，计算出家庭的能源消费总量。

假设样本包括 i 个家庭，使用 n 类能源种类（如煤、天然气、液化石油气、电力等），能源主要用于 m 类消费活动（如家电使用、取暖制冷、家庭交通等）。对于第 i 个家庭，$\text{Energy}_{i,m,n}$ 表示用于第 m 类活动的第 n 种能源的实际消费量。相应地，每类能源通过其折标系数 coef_n 转换成为以千克标准煤为单位的标准能源消费量。

第 i 个家庭的全年能源消费量计算公式如下：

$$\text{Energy}_i = \sum_{m=1}^{M} \sum_{n=1}^{N} \text{Energy}_{i,m,n} \times \text{coef}_n \qquad (3-4)$$

第 i 个家庭的第 n 类能源消费量计算公式如下：

$$\text{Energy}_{i,n} = \sum_{m=1}^{M} \text{Energy}_{i,m,n} \times \text{coef}_n \tag{3-5}$$

与之类似，第 i 个家庭的第 m 类活动的能源消费量计算公式如下：

$$\text{Energy}_{i,m} = \sum_{n=1}^{N} \text{Energy}_{i,m,n} \times \text{coef}_n \tag{3-6}$$

为了与同类研究进行比较，本报告计算了家庭私人交通（汽车）能源消费，但该消费未计入家庭能源总消费中。本轮调查在核算家庭能源消费时，遵循了既往研究的方法论，参考以往调查中使用的设备能效和技术特征参数。

家庭取暖能耗的计算受到取暖方式的影响：在集中供暖系统下，取暖能耗被视为独立的能源类型，由于无法获取家庭所在区域的供热热源技术特征、燃料信息和管道热量耗损率等信息，本研究采用住宅保温强度对取暖能耗进行间接估算；在分户自供暖系统下，取暖能耗取决于单位能耗（如空调的输出功率或柴薪的单位消耗速度）和取暖时长。

在对样本调查结果进行能源消费量核算后，为确保估计结果的代表性，利用第七次全国人口普查数据，通过各省家庭户数占全国家庭户总户数的比例进行权重调整。

$$\text{Energy}_{\text{national}}^{w} = \sum_{k=1}^{K} \frac{N_k}{N} \frac{\sum_{i=1}^{I_k} \text{Energy}_{i,k}}{N_{I_k}} \tag{3-7}$$

式中，$\text{Energy}_{\text{national}}^{w}$ 为加权处理后的标准家庭全年能源消费量；N_k 表示 k 省的家庭户总户数；N 为调查涉及省份家庭户总户数；$\text{Energy}_{i,k}$ 为样本中 k 省第 i 户家庭的全年能源消费量；I_k 为 k 省的调查户数；$\dfrac{\sum_{i=1}^{I_k} \text{Energy}_{i,k}}{N_{I_k}}$ 为根据调查数据核算所得到的 k 省的户均用能。

3.2.1.1　家庭用电的能源消费估计

为了收集家庭电力消费数据，本轮调查问卷中提供了双重选项以增加数据准确性与参与者的便利性：家庭可以报告他们的月度使用电量，或者支付的电费金额。对于直接报告月度用电量的家庭，将直接采用这些数据作为家庭用电量的变量；如果家庭提供了电费，则利用式（3-8）计算用电量。假定家庭统一选择一户一表，处于一档平段，各省电价如表 3-1 所示。

$$\text{缴纳电费/对应省份电价} = \text{用电量} \tag{3-8}$$

表 3-1 各省电价

地区	电价标准/(元/千瓦时)
北京市	0.4883
浙江省	0.5380
广东省	0.5889
甘肃省	0.5100
广西壮族自治区	0.5283
贵州省	0.4556
河北省	0.5200
河南省	0.5600
上海市	0.6170
山东省	0.5469
重庆市	0.5200
四川省	0.5224
陕西省	0.4983
江西省	0.6000
湖南省	0.5880
湖北省	0.5580
安徽省	0.5663
辽宁省	0.5000

3.2.1.2 制冷能源消费估计

根据《房间空气调节器能效限定值及能效等级》（GB 12021.3—2010）中的规定，空调实际输出功率等于其输出功率乘以定变频调整系数，再除以能效比。其中，空调的输出功率按照额定功率来进行计算；定频和变频空调的定变频系数分别为 1 和 0.7，信息缺失时默认为定频空调。空调能效比反映空调的能效等级，本轮调查没有采集该指标，对于小于 4.5 千瓦功率的空调，一级能效、二级能效、三级及以上能效空调的能效比默认为 3.2；对于功率大于 4.5 千瓦小于 7.5 千瓦的空调，一级能效、二级能效、三级及以上能效空调的能效比默认为 3.1。根据每天制冷时长（小时）和夏天制冷天数（天），空调制冷的耗电量按式 (3-9) 计算：

$$\begin{aligned}\text{Energy}_{\text{空调制冷}}(\text{千克标准煤}/\text{年}) = &\ \text{输出功率}_{\text{空调制冷}}(\text{千瓦})\\ &\times \text{类型和能效调整系数}_{\text{空调制冷}}\\ &\times \text{工作时间}_{\text{空调制冷}}(\text{小时})\\ &\times \text{夏季使用天数}_{\text{空调制冷}}(\text{天})\\ &\times \text{电力折标系数}(\text{千克标准煤}/\text{千瓦时}) \quad (3\text{-}9)\end{aligned}$$

3.2.1.3 集中供暖能源消费估计

在住宅取暖能耗的计量中，主要区分为两种估计方法：总能耗（source energy）和交付能耗（site energy）。估计住宅取暖总能耗是提供住宅一定的取暖能源所需要的全部未经加工和经加工的能源，包括能源的生产耗损、传输耗损等。估计住宅交付能耗是指在住宅用户终端取暖所消耗的能源量。在估计集中供暖的能耗时，由于无法获取家庭所在城市的供热热源技术特征、燃料信息和管道热量耗损率等信息，因此间接地通过式（3-10）计算住宅的交付能耗。

$$\begin{aligned}\text{Energy}_{\text{集中供暖}}(\text{千克标准煤}/\text{年}) = &\ \text{单位面积建筑基准能耗}_{\text{集中供暖}}\\ &\ [(\text{千克标准煤}/\text{米}^2)\cdot \text{采暖季}]\\ &\times \text{建筑调整系数} \times \text{住房使用面积}(\text{平方米})\\ &\times \text{标准采暖季}_{\text{集中供暖}}(\text{采暖季}) \quad (3\text{-}10)\end{aligned}$$

考虑到对住房的建筑改造将会影响到热量的流失量，从而影响供暖能耗。调查并未涉及建筑改造，并且目前我国家庭一般会做一定的建筑改造处理，因此将调整系数设置为80%，也就是家庭建筑改造降低20%的能耗损失。

集中供暖是对整个家庭住宅进行供暖，因此供暖面积采用家庭住房的套内建筑面积，该问题答案为区间设置，取区间中值作为家庭住房面积，若该变量的数据缺失，则选择集中供暖的家庭平均住房使用面积（58.77平方米）。本次调查没有采集家庭采暖时长，将采暖时长设定为去年采暖时长的样本均值，即4.4个月。

3.2.1.4 分户自供暖能耗的估计方法

与集中供暖不同，分户自供暖通常根据住户的需求进行，这意味着供暖不会覆盖全天或整个住房面积。由于家庭在采暖燃料类型和采暖时长上存在差异，能耗需要按供暖燃料分类估，将各类燃料的消费量转化为以千克标准煤计量的能耗。

(1) 空调取暖设备

根据《房间空气调节器能效限定值及能效等级》（GB 21455—2019），空调实际输出功率等于其输出功率乘以定变频调整系数，再乘以能效比。其中，空调的输出功率按照额定功率来进行计算;区分定频和变频空调,其定变频系数分别为1和0.7,信息缺失时默认为定频空调;空调能效比反映空调的能效等级,一级能效、二级能效、三级及以上能效空调的能效比分别取值为3.6、3.4和3.2,信息缺失时默认为3.2。本次调查不涉及空调能效比和变频系数相关数据,空调能效比设置为3.2,变频系数设置为1。根据每天采暖时长(小时)和全年采暖天数(天),即可计算空调采暖全年的用电量。

$$\begin{aligned}
\text{Energy}_{\text{分户自供暖:空调}}&(\text{千克标准煤}/\text{年})\\
&=\text{输出功率}_{\text{分户自供暖:空调}}(\text{千瓦})\\
&\times\text{类型和能效调整系数}_{\text{分户自供暖:空调}}\\
&\times\text{采暖时长}_{\text{分户自供暖:空调}}(\text{小时})\\
&\times\text{采暖天数}_{\text{分户自供暖:空调}}(\text{天})\\
&\times\text{电力折标系数}(\text{千克标准煤}/\text{千瓦时}) \quad (3\text{-}11)
\end{aligned}$$

(2)除电力外为燃料的供暖设备消耗

如果家庭采用除电力以外的其他燃料作为取暖燃料,需先设定每种燃料的每天单位面积取暖能耗,该系数乘以住房实际使用面积可得家庭每天使用该种燃料取暖的能耗,进而可以得到全年的能源消耗量。

$$\begin{aligned}
\text{Energy}_{\text{分户自供暖:其他}}(\text{千克标准煤}/\text{年})&=\text{单位面积负荷}_{\text{分户自供暖}}(\text{千克标准煤}/\text{天})\\
&\times\text{住房使用面积}(\text{平方米})\\
&\times\text{采暖天数}_{\text{分户自供暖:其他}}(\text{天}) \quad (3\text{-}12)
\end{aligned}$$

各燃料的每天单位面积取暖能耗如表3-2。

表3-2 各取暖材料的每天单位面积取暖能耗

取暖燃料种类	单位面积取暖能耗
管道天然气/煤气	0.0632 立方米/(米²·天)
瓶装液化气	0.048 立方米/(米²·天)
柴油	0.0576 升/(米²·天)
其他燃料油	0.0576 升/(米²·天)
薪柴	0.1 千克/(米²·天)
煤	0.1 千克/(米²·天)

3.2.1.5 私人交通能源消费估计

私人交通能耗主要计算私人汽车能源消费。对于私人汽车,需要考虑的因素有普通汽车全年行驶里程和实际百公里油耗。本轮调查没有采集汽车燃料种类,按照汽油处理。实际百公里油耗通过排量推测，具体设定如表3-3所示。

表3-3 不同汽车排量对应百公里油耗

排量	百公里油耗/升
<1.5T	手动挡：4；自动挡：4.5~5
1.5T	手动挡：5；自动挡：6~7
1.6T	手动挡：5.5；自动挡：6~7
1.7/1.8T	手动挡：7；自动挡：8~9
2T	手动挡：7~8；自动挡：9~10
2.3/2.4T	手动挡：9；自动挡：11~12
3T	手动挡：12；自动挡：13~15

汽车的实际耗油量通过其实际百公里油耗和汽车全年行驶里程相乘而得，公式如下：

$$\text{Energy}_{汽车}(千克标准煤/年) = 实际油耗_{汽车}(升/100千米) \\ \times 行驶里程_{汽车}(100千米) \\ \times 燃油折标系数(千克标准煤/升) \quad (3-13)$$

3.2.2 家庭直接碳排放估计思路和方法

本研究采用碳排放系数法估计家庭直接碳排放，基本思路是将家庭能源消费按品类区分，并将每种能源消费量乘以对应碳排放系数，得到每种能源的直接碳排放。根据文献综述部分描述，投入产出法多适用于中观和宏观层面研究；生命周期法测算工作庞杂，需要多部门协作进行，并且容易产生误差；而碳排放系数法应用广泛，适用于家庭碳排放的计算。

因此，本研究采用碳排放系数法，按照如下系数计算能源品碳排放量：①含碳量和碳氧化率数据来自《综合能耗计算通则》（GB/T 2589—2020）。②平均低位发热量和排放系数数据来自《省级温室气体清单编制指南（试行）》（发改办气候〔2011〕1041号），考虑到家庭煤炭燃烧不充分，因此仅取标准系数的50%。③二氧化碳排放缺省值方面，蜂窝煤/煤球、汽油/柴油/煤油、液化石油气、管道天然气、管道煤气、燃料油、木炭的碳排放数据来自《2006年IPCC国家温室气体排放清单指南》公布的住宅和农业/林业/捕捞业/养鱼场类别中固定源燃烧的缺省排放因子（表3-4）。④对于热力，根据国家发展和改革委员会公布的《公共机构建筑运营单位（企业）温室气体排放核算方法与报告指南（试行）》，取值为110 000千克/太焦。⑤对于电力，参考《2020年中国区域及省级电网平均二氧化碳排放因子》，采用 2019 年各省碳排放因子，具体见表 3-5。

表 3-4　碳排放系数

能源品	碳排放系数/(千克 CO_2/千瓦时)
煤（无烟煤）	2.53
柴油	2.73
瓶装液化气	1.75
畜禽粪便	1.06
薪柴	1.62
天然气	2.09
管道煤气	0.78
木炭	1.12

表 3-5　各省碳排放因子

地区	碳排放系数/(千克 CO_2/千瓦时)
北京市	0.684 18
浙江省	0.543 79
广东省	0.460 84
甘肃省	0.459 18
广西壮族自治区	0.518 04
贵州省	0.441 46
河北省	1.100 20
河南省	0.756 08
上海市	0.573 52
山东省	0.784 86
重庆市	0.442 30
四川省	0.122 76
陕西省	0.676 46
江西省	0.641 37
湖南省	0.484 85
湖北省	0.330 85
安徽省	0.797 50
辽宁省	0.884 93

3.3 间接能源消费与碳足迹估计思路与方法

受本轮问卷数据特征影响，本章将家庭碳足迹分为衣、食、住、行四个板块。为了减少测算家庭能源消耗量过程中带来的误差，选取碳足迹计算器方法，直接对家庭能源消费行为进行数据收集并转化计算，可在一定程度上减少数据可量化性复杂和难度较大的影响。采用中国绿色碳汇基金会提供的碳排放计算器，对各类碳排放来源进行统一单位并以计算碳足迹，各碳排放系数见表3-6。

本轮调查共收集2213份问卷，删去信息缺失严重的样本，最终获得1850个有效问卷。根据问卷碳足迹板块所涉及的内容，以及碳足迹计算器衡量单位标准，碳足迹统计以年为单位，非年度数据折算成人均年碳排放量进行计算分析。在此过程中，对于各个板块的量化，采取了以下合理假设：

1) "衣"板块中，由于无法明确居民新购衣物材质及质量，假设所有新购衣物均为涤纶织物，并进一步假春秋衣的平均质量为0.5千克/件，夏季衣物为0.1千克/件，冬季的衣物为1千克/件。

2) "食"板块中，假定一碗米饭为0.2千克，1毫升牛奶等于0.001 02千克；考虑到汉族和非汉族食肉不同，特地区分出猪肉和牛肉消耗量。

3) "住"板块中：①用电量的核算基于直接碳足迹的转换标准计算。②考虑到采暖主要集中在冬季，假设采暖期持续三个月。又因不同地区的采暖方式有所不同，问卷将家庭采暖分为集中供暖和自行采暖两种类型，集中供暖的碳足迹受供暖面积影响，因此取问卷中供暖覆盖面积的区间中值，大于120平方米则按140平方米计算；自行采暖又分为三种情况，一是用电取暖，碳排放转移到用电量中，二是管道天然气，三是管道煤气，假定家庭中平均每人每月采暖用气量为10立方米，则管道天然气或煤气的用气量为家庭人口数乘以10。

4) "行"板块中，假定出租车/网约车为低耗油汽车，私家车为高耗油汽车，公共交通出行距离参考《2020年度全国主要城市通勤监测报告》中各大城市通勤距离，代替对应省份的距离，即不在相同城市的居民按相同省取值。而私家车包含通勤使用与出差使用，将两种使用方式里程数以10千米为单位并加总，则为家庭私家车总碳排放来源。

表3-6 家庭碳足迹计算参数

碳排放来源	碳排放系数
衣服(涤纶织物)/(CO_2/千克)	25.7
一次性餐具/(CO_2/双)	0.01

续表

碳排放来源	碳排放系数
米饭/(CO_2/千克)	2.7
猪肉/(CO_2/千克)	12.1
牛肉/(CO_2/千克)	27
牛奶/(CO_2/千克)	1.9
烟草/(CO_2/包)	0.02
电/(CO_2/千瓦时)	1
管道天然气/(自行采暖)(CO_2/米^3)	2.2
管道煤气/(自行采暖)(CO_2/米^3)	0.7
暖气(集中供暖)(CO_2/米^2)	0.111
轮船/(CO_2/10^6 米)	10
飞机/(CO_2/10^6 米)	139
高铁/(CO_2/10^6 米)	8.34
火车/(CO_2/10^6 米)	8.6
公交/(CO_2/10^4 米)	0.1
地铁/(CO_2/站)	0.1
低耗油汽车/(CO_2/10^4 米)	2.7
中耗油汽车/(CO_2/10^4 米)	3
高耗油汽车/(CO_2/10^4 米)	4.1

注：碳排放单位为 1 千克

3.4 本章小结

本章从计算家庭直接与间接碳足迹情况的文献入手，梳理总结各种方法的优劣，明确两种碳足迹计算的方法与思路。其中，直接能源消费调查涉及 7 种能源消费品种：地热、木炭、煤炭、电力、秸秆、管道天然气和管道煤气；4 类家庭能源消费活动：取暖、制冷、家用电器和私人交通。对调查样本中不同能源品种和能源用途的能源消费量进行核算，并利用第七次全国人口普查数据对核算结果进行权重调整，得到加权后的家庭全年的直接能源消费量和直接碳排放。家庭直接能源使用由不同能源品种、不同能源用途能源消费加总得到，单项直接能源消费根据该能源消费的具体特点换算得到。直接碳排放通过碳排放因子法计算得到，即不同品种能源消费量与对应碳排放系数相乘得到对应碳排放。间接能源消费则通过"碳计算器"方法将居民家庭能源分为"衣、食、住、行"四个方面，不再直接计算能源消耗量，而是通过对各非能源终端产品和服务产生的消费行为进行量化及碳足迹计算，得到居民家庭间接碳足迹结果。

第 4 章 家庭能源消费与碳足迹分析比较

本章基于上一章关于直接和间接能源消费的计算方法,进一步基于本轮调查获取的数据,计算我国家庭居民能源消费和碳足迹,旨在呈现不同品种能源和不同地区居民的家庭能源消费行为和二氧化碳排放情况,帮助了解我国居民生活用能的特征事实,并进一步和 2021 年的调查结果进行对比分析。

4.1 直接能源消费分析

4.1.1 不同品种能源消费和能源结构差异较大

2022 年,按照省份家庭数量的比例加权后的家庭直接能源消费为 1298.27 千克标准煤(含交通)。其中,热力消费量为 716.21 千克标准煤,占家庭能源消费的 55.17%;电力消费量 431.88 千克标准煤,占家庭能源消费的 33.27%;汽油消费量 124.66 千克标准煤,占家庭能源消费的 9.60%;管道天然气消费量 23.35 千克标准煤,占家庭能源消费的 1.80%;煤炭对应直接能源消费量为 1.48 千克标准煤,管道煤气为 0.51 千克标准煤,秸秆为 0.13 千克标准煤,木炭为 0.05 千克标准煤,占比均不足 1%(图 4-1)。

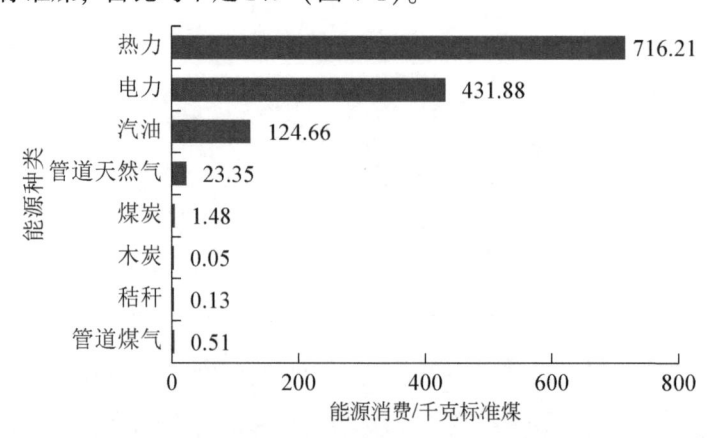

图 4-1 我国居民能源消费量(按品种)

第 4 章 | 家庭能源消费与碳足迹分析比较

家庭主要能源消费主要集中在热力、电力和汽油这三类能源。尽管煤炭在直接能源消费中所占比例较低,但是由于热力供应和发电主要依赖煤炭等能源,因此直接煤炭消费不能代表家庭总煤炭消费。

如图 4-2 所示,从能源用途看,家庭能源消费总量为 1688.8 千克标准煤。家庭制暖的能源消费最高,制暖的直接能源消费量为 811.28 千克标准煤,占家庭能源总消费的 48.04%。家庭用电的能源消费为 431.88 千克标准煤,占家庭直接能源总消费的 25.57%。家庭制冷的能源消费为 320.98 千克标准煤,占家庭直接能源总消费的 19.01%。交通的能源消费为 124.66 千克标准煤,占家庭直接能源总消费的 7.38%。

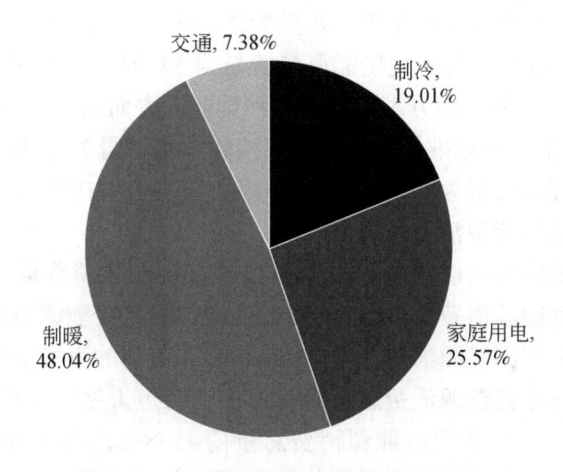

图 4-2 我国居民能源消费量（按用途）

4.1.2 南北方居民家庭能源消费差异分析

南北方居民家庭能源消费通过各省份家庭数量在相应区域（南方或北方）的家庭总数所占比例加权得到①。能源消费总量方面,2022 年北方家庭能源消费总量为 2341.72 千克标准煤（含交通）,南方家庭能源消费总量为 653.15 千克标准煤（含交通）。除去交通,北方家庭能源消费总量为 2196.18 千克标准煤,南方家庭交通以外的直接能源消费为 541.39 千克标准煤。南北方家庭直接能源消

---

① 本书中的南方地区和北方地区是以北纬 34°为分界线,后文中所有涉及南方地区和北方地区的表述均以此为标准。如果纬度信息缺失,则根据省份确定,辽宁省、山东省、河北省、北京市、陕西省、甘肃省、河南省为北方省份,广东省、浙江省、上海市、广西壮族自治区、贵州省、重庆市、四川省、江西省、湖南省、湖北省、安徽省为南方省份。

费差异主要来自供暖能源消费差异。

4.1.2.1 南方家庭能耗以电力为主,北方家庭能耗以热力为主

南北方家庭分能源品种的计算和能源总量的计算方式类似,分项能源消费按照所在地区的权重加权。南方、北方的能源结构与此前调查相差不大,说明家庭能源消费结构基本稳定。

从能源种类看,南方家庭能源消费主要以电力为主,电力的直接能源消费量为450.02千克标准煤,占南方家庭所有能源种类消费总量的68.90%;其次为汽油的直接能源消费,汽油的直接能源消费量为111.76千克标准煤,占能源消费总量的17.11%;热力的直接能源消费量为75.33千克标准煤,占总能源消费总量的11.53%;管道天然气的直接能源消费量为14.98千克标准煤,占总能源消费总量的2.29%。另外,南方家庭在某些种类能源方面消费较少,如秸秆的直接能源消费量为0.21千克标准煤,木炭的直接能源消费量为0.08千克标准煤,管道煤气的直接能源消费量为0.53千克标准煤,煤炭的直接能源消费量为0.24千克标准煤,均不足总能源消费量的1%。

北方家庭能源消费则以热力为主,热力的直接能源消费量达1752.8千克标准煤,占北方家庭能源消费总量的74.85%;电力的直接能源消费量为402.55千克标准煤,占北方家庭能源消费总量的17.19%;汽油的直接消费量为145.53千克标准煤,占北方家庭能源消费总量的6.21%;管道天然气的直接能源消费量为36.9千克标准煤,占北方家庭能源消费总量的1.58%。和南方家庭相似,北方家庭在一些能源品方面的消费很低,如管道煤气的直接能源消费量为0.49千克标准煤,煤炭的直接能源消费为3.44千克标准煤。

热力消费主要集中在北方,很少一部分南方家庭有集中供暖,而集中供暖消耗大量能源,因此北方家庭的能源消费显著高于南方家庭。南方家庭的家庭电力直接能源消费略高于北方家庭,可能是因为南方家庭夏季制冷需求更大。北方家庭在汽油、管道天然气方面的直接能源消费高于南方家庭。南北方家庭在秸秆、木炭、管道煤气、煤方面的直接能源消费相近,且占比均不足1%(图4-3)。

4.1.2.2 南方家庭直接能源消费以家用电器为主,北方家庭直接能源消费以制暖为主

从能源用途看(图4-4),南方家庭能源消费总量为1093.25千克标准煤。南方家庭能耗最高的为电力能源消费,为450.02千克标准煤,占南方家庭总能耗41.16%;其次为制冷,制冷的直接能源消费量为356.6千克标准煤,占南方家庭总能耗32.62%;制暖的直接能源消费量为174.87千克标准煤;交通的直接能源消费为111.76千克标准煤。

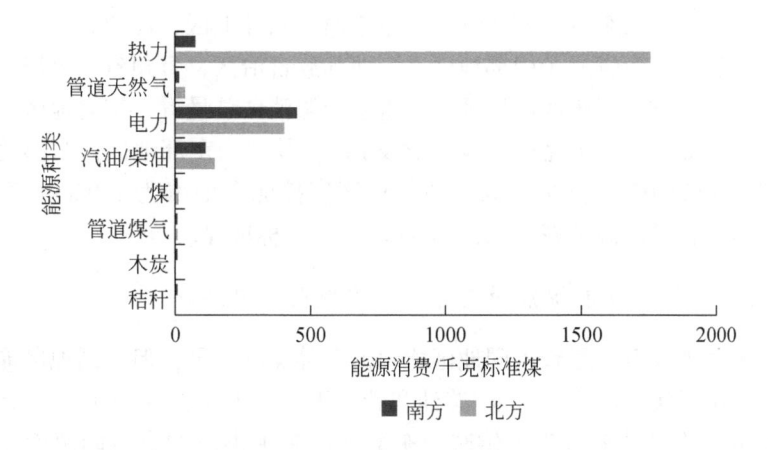

图 4-3 南北方家庭能源消费

(a)北方家庭能源消费情况

(b)南方家庭能源消费情况

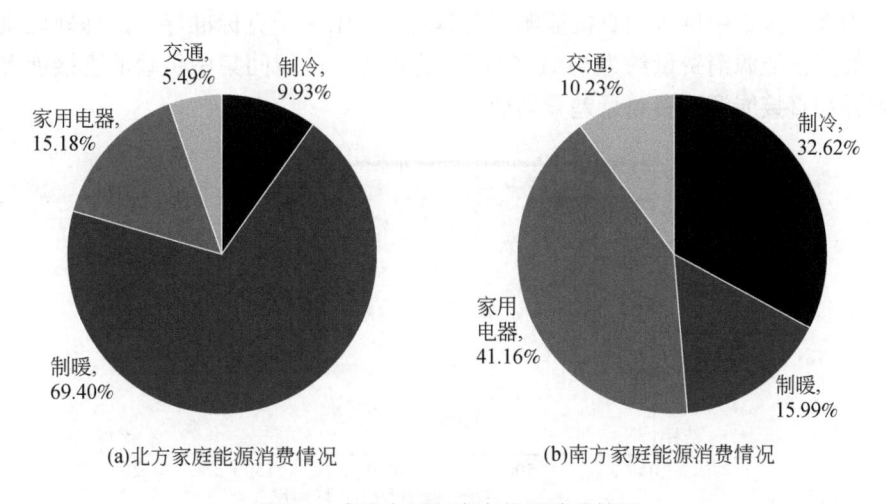

图 4-4 南北方居民家庭能源消费情况

北方家庭直接能源消费总量为 2652.9 千克标准煤，消费集中在制暖，制暖带来的直接能源消费量为 1840.63 千克标准煤，占北方家庭总能耗 69.40%；家用电器的直接能源消费量为 402.55 千克标准煤，占北方家庭总能耗 15.18%；制冷带来的直接能源消费量为 263.38 千克标准煤，占北方家庭总能耗 9.93%；交通的直接能源消费量为 145.53 千克标准煤，占北方家庭总能耗的 5.49%。

4.1.3　区域之间居民家庭能源消费

参考国家统计局区域划分标准，本轮调查中辽宁省属于东北地区，广东省、浙江省、上海市、山东省、河北省、北京市属于东部地区，江西省、湖南省、湖北省、安徽省、河南省属于中部地区，广西壮族自治区、贵州省、重庆市、四川省、陕西省、甘肃省属于西部地区。从直接能源消费总量看，东北地区直接能源消费最高，为2305.02千克标准煤（含交通）；其次为东部地区，东部地区直接能源消费为1768.03千克标准煤；西部地区直接能源消费为1192.94千克标准煤；中部地区直接能源消费最低，为840.67千克标准煤。

4.1.3.1 地区间能源消费差异主要体现在集中供暖

从能源种类来看，尽管不同地区能源消费种类有差异，但不同地区能源消费都集中在集中供暖、电力、汽油/柴油和管道天然气消费上（图4-5）。地区间能源消费最主要的差异来自集中供暖，东部地区集中供暖的直接能源消费量约为1176.15千克标准煤，东北地区集中供暖的直接能源消费量约为1716千克标准煤，中部地区集中供暖的直接能源消费量约为271.3千克标准煤，西部地区集中供暖的直接能源消费量约为5151.69千克标准煤。区域间集中供暖的直接能源消费差异和直接能源消费总量差异类似。

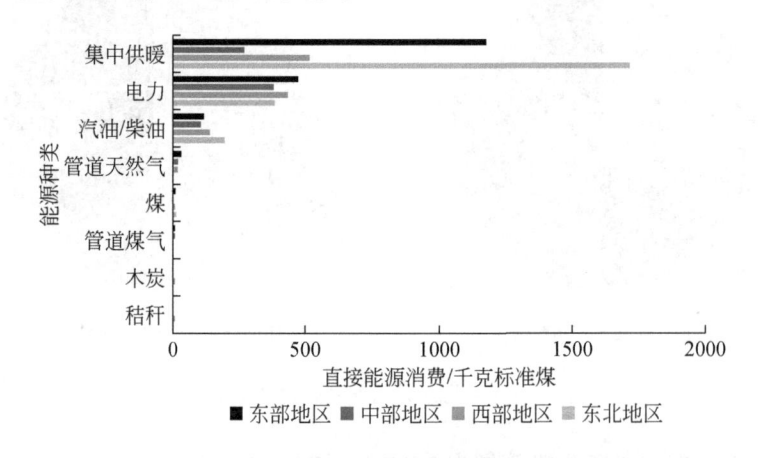

图4-5 不同区域居民家庭能源消费品种差异

电力消费方面，各地区差异相对较小。东部地区电力直接能源消费量为472.93千克标准煤，中部地区为382.56千克标准煤，西部地区为434.76千克标准煤，东北地区为382.56千克标准煤。

汽油消费为家庭直接能源消费的第三大来源。东部地区汽油直接能源消费量为118.94千克标准煤，中部地区为106.78千克标准煤，西部地区为141.05千克标准煤，东北地区为197.1千克标准煤。

4.1.3.2 地区间不同能源消费需求均存在差异

从能源消费需求来看，地区间不同能源需求均存在差异，地区间制暖的能源消费差异较大（图4-6）。东北地区制暖的直接能源消费量为1711.4千克标准煤，东部地区为1063.2千克标准煤，西部地区为617.13千克标准煤，中部地区为351.33千克标准煤。

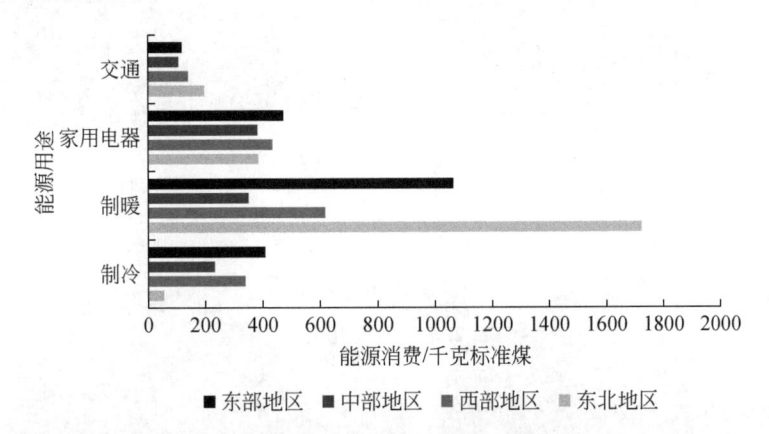

图4-6 不同区域居民家庭能源消费需求差异

家用电器直接能源消费区域间差异相对较小。东部地区家庭家用电器的直接能源消费量为472.93千克标准煤，中部地区为382.56千克标准煤，西部地区为434.76千克标准煤，东北地区为385.51千克标准煤。

家庭交通直接能源消费的区域间差异相对较小。东部地区家庭交通的直接能源消费量为118.94千克标准煤，中部地区为106.78千克标准煤，西部地区为141.05千克标准煤，东北地区为197.1千克标准煤。

不同地区家庭制冷能源消耗存在一定差异。东部地区制冷的直接能源消费量为408.04千克标准煤，中部地区为232.77千克标准煤，西部地区为338.92千克标准煤，东北地区为55.04千克标准煤。

不同地区的能源需求结构差异较大（图4-7）。东北地区和东部地区制暖能源消费最高，其次为家用电器能源消费，交通能源消费占比相对较低，东部地区制冷能源消费也占据一定比例，占总能源消费量的19%，而东北地区家庭制冷需求较低。

中部地区和西部地区能源需求结构较为相近，制暖、家用电器能源消费占比较高，制冷和交通能源消费需求相对较低。整体而言，中西部地区相较于东北、东部地区能源消费需求更加平衡。

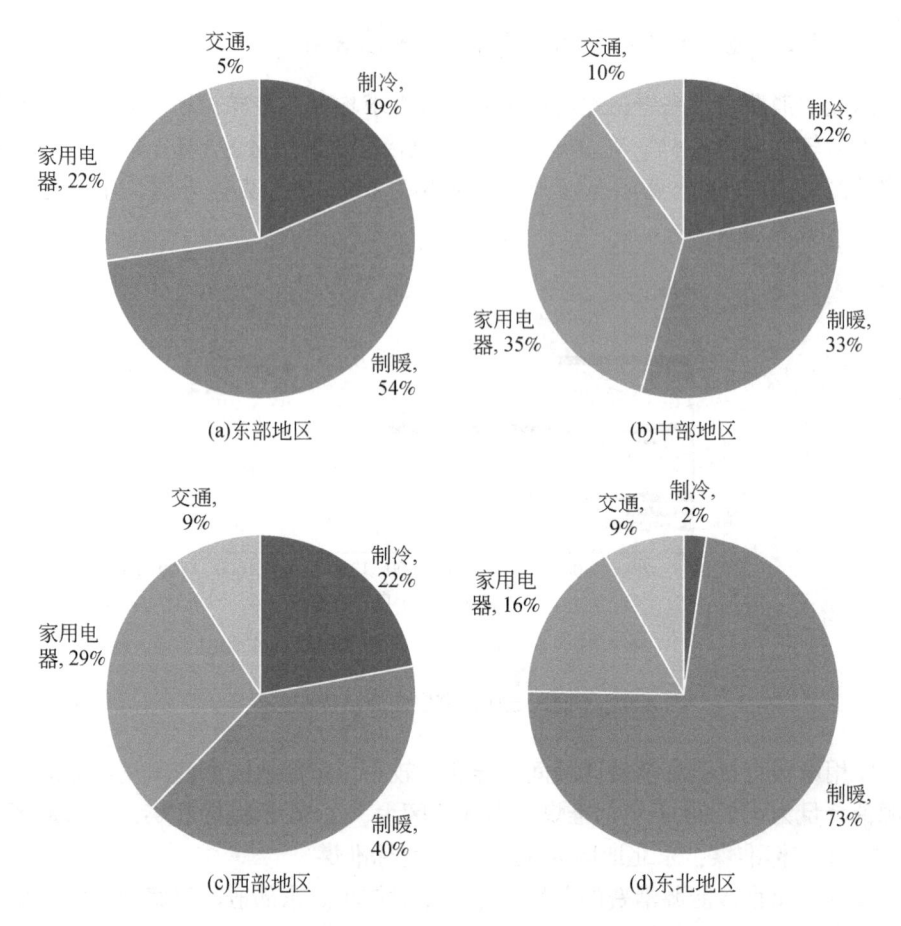

图 4-7　不同区域居民家庭能源消费需求结构差异

4.1.4　城乡居民家庭能源消费

本轮调查发现，城市家庭能源消费显著高于农村家庭，2022 年农村家庭直接能源消费量为 755.18 千克标准煤（含交通），而城市家庭为 1673.89 千克标准煤，这表明了我国存在碳不平等现象，农村家庭碳排放相对较少，却与城市家庭共同承担环境恶化的负外部性。

从能源消费品种来看，城市家庭的几种主要能源品种消费均高于农村家庭（图 4-8）。城市家庭热力的直接能源消费量为 984.19 千克标准煤，而农村家庭仅为 159.47 千克标准煤，城市家庭该项能源消费大概是农村家庭的 6 倍。城市家庭电力的直接能源消费量为 458.19 千克标准煤，农村家庭为 405.26 千克标准煤，城市家庭该项消费相较农村家庭高 13.06%。城市家庭汽油的直接能源消费量为 126.19 千克标准煤，农村家庭为 110.18 千克标准煤，城市家庭该项能源消费相较农村家庭高 14.53%。

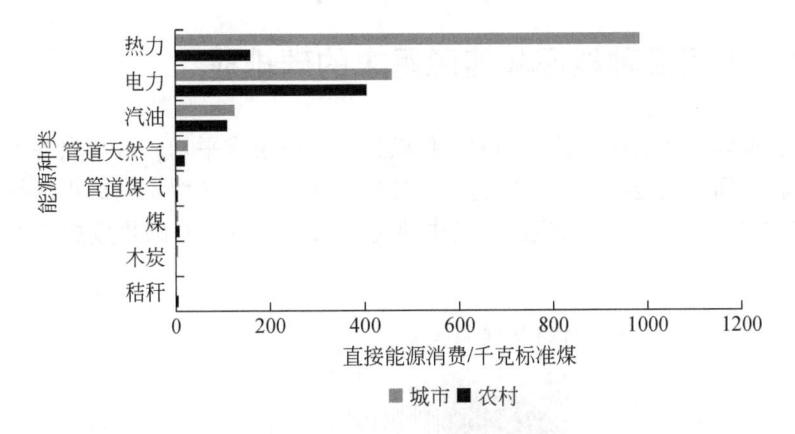

图 4-8 城乡居民家庭能源消费品种差异

从能源用途来看，城市家庭超过一半的能源消费来自制暖，农村家庭能源消费最高的部分为家用电器，农村家庭能源需求结构相对平衡（图 4-9）。城市家庭制暖能源消费占家庭总能源消费的 53.15%，家用电器能源消费占 22.35%，制冷能源消费占 18.35%，交通能源消费仅占 6.15%。农村家庭能源消费占比最高的为家用电器，家用电器能源消费占家庭总能源消费的 42.19%，其次为制暖能源消费，占家庭总能源消费的 24.96%，制冷能源消费占家庭能源消费的 21.38%，交通能源消费同样最低，仅占家庭能源总消费的 11.47%。

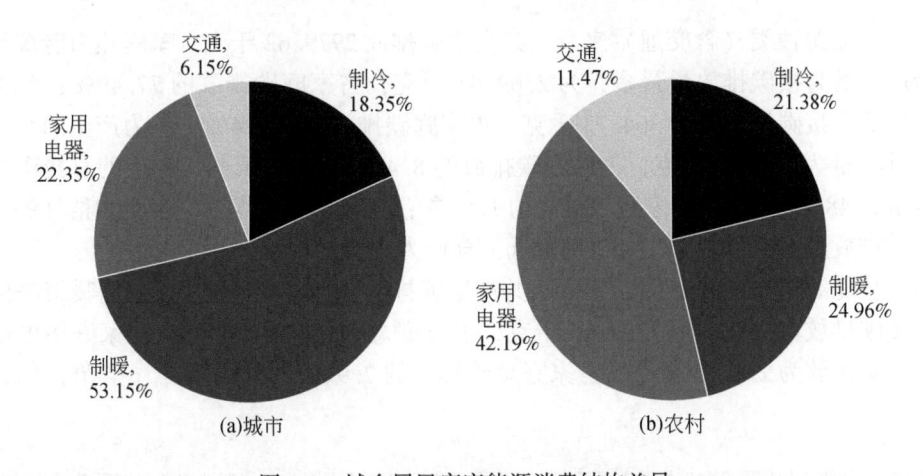

图 4-9 城乡居民家庭能源消费结构差异

4.2 直接碳足迹分析

4.2.1 不同品种能源和能源需求的碳排放

按照碳排放系数法计算得到的直接碳排放分省份求平均,再按照各省户数比例加权后得到不同能源种类、用途的直接碳排放。我国典型家庭每年加权碳排放量为2652.72千克(不含交通),其中热力、汽油和电力是碳排放的三大主要来源(图4-10)。

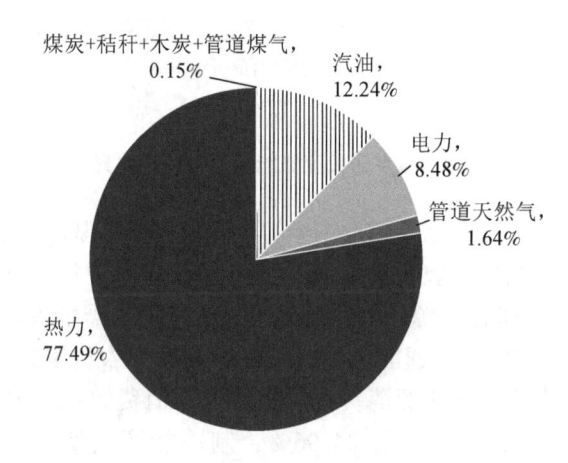

图4-10 碳排放来源构成:按能源种类

从能源种类(含交通)来看,共产生碳排放2979.62千克。家庭热力能源消费产生的直接碳排放量最多,为2309.05千克,占家庭碳排放的77.49%;汽油产生的直接碳排放量为364.73千克,占家庭碳排放的12.24%;电力产生的直接碳排放量为252.69千克,占家庭碳排放的8.48%;管道天然气产生的直接碳排放量为48.87千克,占家庭碳排放的1.64%;煤炭、管道煤气、木炭和秸秆的直接碳排放量占家庭碳排放量比例极低,合计为0.15%。

从能源用途(含交通)来看,共产生碳排放3196.39千克[①]家庭制暖带来的直接碳排放量最高,为2399.95千克,占家庭总碳排放的75.08%;家庭用电的直接碳排放为252.85千克,占家庭总碳排放的7.91%;家庭制冷(空调)的直

---

① 分种类与分用途的碳排放总量不同,原因在于统计口径的不同,与能源消费总量两种分类方式统计口径不同导致家庭能源消费总量的差异的情况一样。本书下同。

接碳排放为 179.01 千克，占家庭碳排放总量的 5.60%；家庭交通（汽车）直接碳排放为 364.72 千克，占家庭总碳排放的 11.41%（图 4-11）。

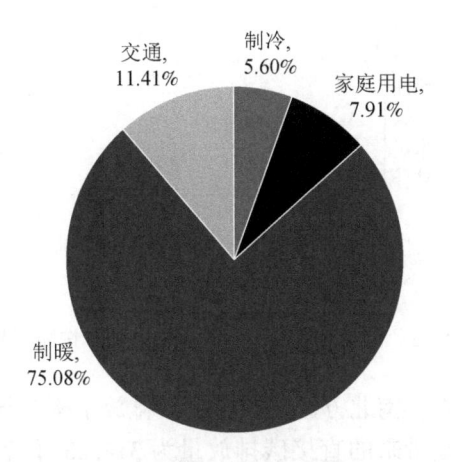

图 4-11　碳排放来源构成：按能源用途

4.2.2　南北方居民家庭碳排放比较分析

南北方家庭直接碳排放的计算中使用南方或北方的权重，即按照省份求得碳排放均值后，碳排放按照所在区域户数比例加权，权重为所在省份家庭户数占该省份家庭总户数之比。从居民家庭碳排放用途来看，南北方家庭制暖带来的直接碳排放均为最高。

从产生碳排放的能源种类来看，南方家庭中热力产生的直接碳排放量为 242.86 千克，占家庭直接碳排放总量的 50.23%；电力碳排放量为 207.91 千克，占家庭直接碳排放总量的 43.00%；管道天然气产生的直接碳排放量为 31.28 千克，占比 6.47%；煤产生的直接碳排放量为 0.67 千克，管道煤气产生的直接碳排放量为 0.41 千克，秸秆带来的直接碳排放量为 0.27 千克，木炭带来的直接碳排放量为 0.09 千克，占比均不足 1%。北方家庭的直接碳排放主要来自热力能源的消费，热力带来的直接碳排放量为 5651.04 千克，占家庭直接碳排放总量的 93.21%；电力带来的直接碳排放量为 319.50 千克，占比为 5.27%；管道天然气带来的直接碳排放量为 31.3 千克，煤带来的直接碳排放量为 8.7 千克，管道煤气带来的直接碳排放量为 0.39 千克，占比均不足 1%。北方家庭热力带来的直接碳排放为南方家庭的 20 多倍，其次北方家庭消费电力、管道天然气和煤带来的直接碳排放高于南方家庭，而秸秆、木炭、管道煤气方面的消费相近，相对于之前的调研大幅减少，基本都接近于 0（图 4-12）。

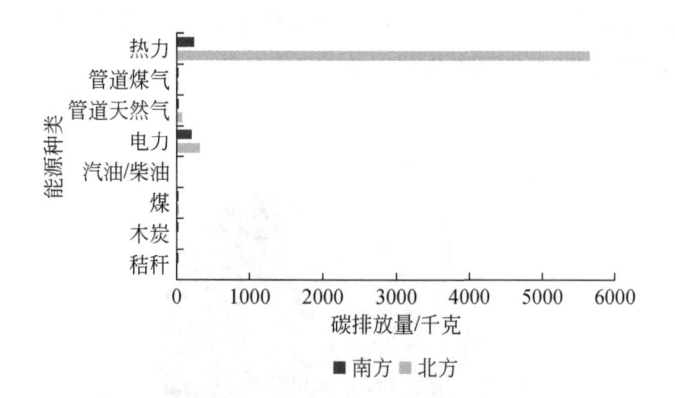

图 4-12　南北方居民家庭碳排放差异：按能源品种

从家庭用能方式看，南北方家庭的直接碳排放结构差异较大（图 4-13）。南方家庭碳排放中，制暖带来的直接碳排放量为 314.23 千克，占家庭直接碳排放总量的 46.12%；家用电器带来的直接碳排放量为 207.9 千克，占比 30.52%；制冷带来的直接碳排放量为 159.16 千克，占比为 23.36%。北方家庭制暖带来的直接碳排放量占绝大部分，为 5773.53 千克，占比 91.50%；家用电器带来的直接碳排放量为 325.60 千克，占比为 5.16%；制冷带来的直接碳排放量为 211.38 千克，占比为 3.35%。北方家庭整体碳排放相对较高，在三种用能方面的直接碳排放均高于南方家庭，尤其是制暖方面，北方家庭制暖带来的碳排放约为南方家庭的 18 倍。

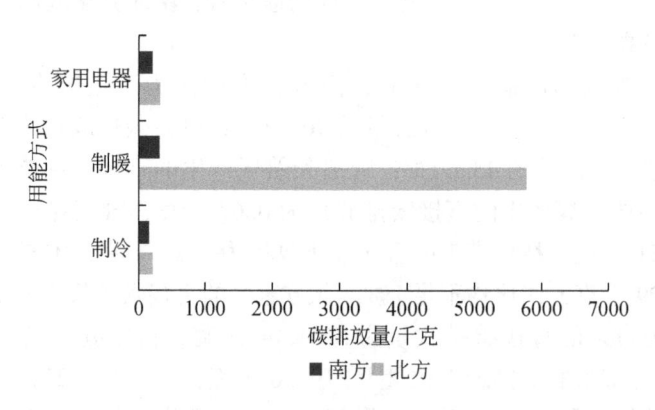

图 4-13　南北方居民家庭碳排放差异：按能源用途

4.2.3　分区域居民家庭碳排放比较分析

本轮调查发现，不同地区碳排放差异较大。不考虑交通用能，东部地区的直接碳排放量为4212.6千克，中部地区的直接碳排放量为1491.88千克，西部地区的直接碳排放量为2318.04千克，东北地区的直接碳排放量为6463.5千克。其中，集中供暖、电力和管道天然气能源消费是家庭直接碳排放的主要来源。集中供暖的碳排放差异是造成不同地区碳排放差异的主要原因，而集中供暖主要存在于北方家庭，不同区域内抽样的北方省份数量将极大影响该地区碳排放。整体而言，区域碳排放特点和往年报告保持一致，说明不同区域碳排放结构相对稳定。

4.2.3.1　居民家庭碳排放主要差异来自集中供暖、电力和管道天然气消费

如图4-14所示，分能源种类看，集中供暖仍然是不同地区直接碳排放的最重要来源，占据不同区域碳排放的70%以上，也造成了不同区域碳排放的差异。东北地区集中供暖带来的直接碳排放量为5532.38千克，东部地区为3427.76千克，西部地区为1662.58千克，中部地区为874.67千克。

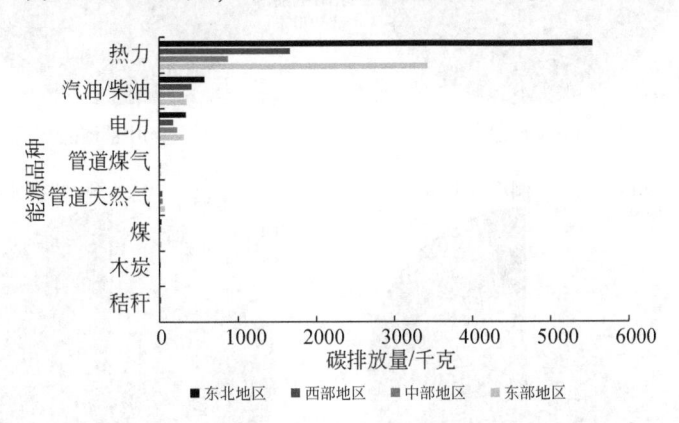

图4-14　不同区域居民家庭碳排放差异：按能源品种

电力消费是直接碳排放第二大来源。东北地区电力消费带来的直接碳排放量为341.15千克，东部地区为312.66千克，中部地区为226.74千克，西部地区为174.26千克。

管道天然气消费是直接碳排放的第三大来源，但相对于集中供暖和电力消费带来的碳排放少得多。东部地区的管道天然气消费带来的直接碳排放量为68.08千克，中部地区为40.58千克，西部地区为37.66千克，东北地区没有消费管道

天然气。

4.2.3.2 区域之间碳排放差异在家庭制暖、制冷和家庭用电方面均有体现

从能源用途角度看，地区间碳排放在制暖、制冷和家用电器三方面均存在差异（图4-15）。东部地区、中部地区、西部地区和东北地区碳排放总量各为4475.78千克、1631.32千克、2437.34千克和6512.21千克。

制暖方面，东北地区家庭制暖产生的直接碳排放量为5546千克，占地区碳排放总量的85.16%；东部地区制暖碳排放为3552千克，占地区碳排放总量的79.36%；中部地区制暖碳排放为953千克，占地区碳排放总量的58.41%；西部地区制暖碳排放为1731千克，占地区碳排放总量的71.03%。

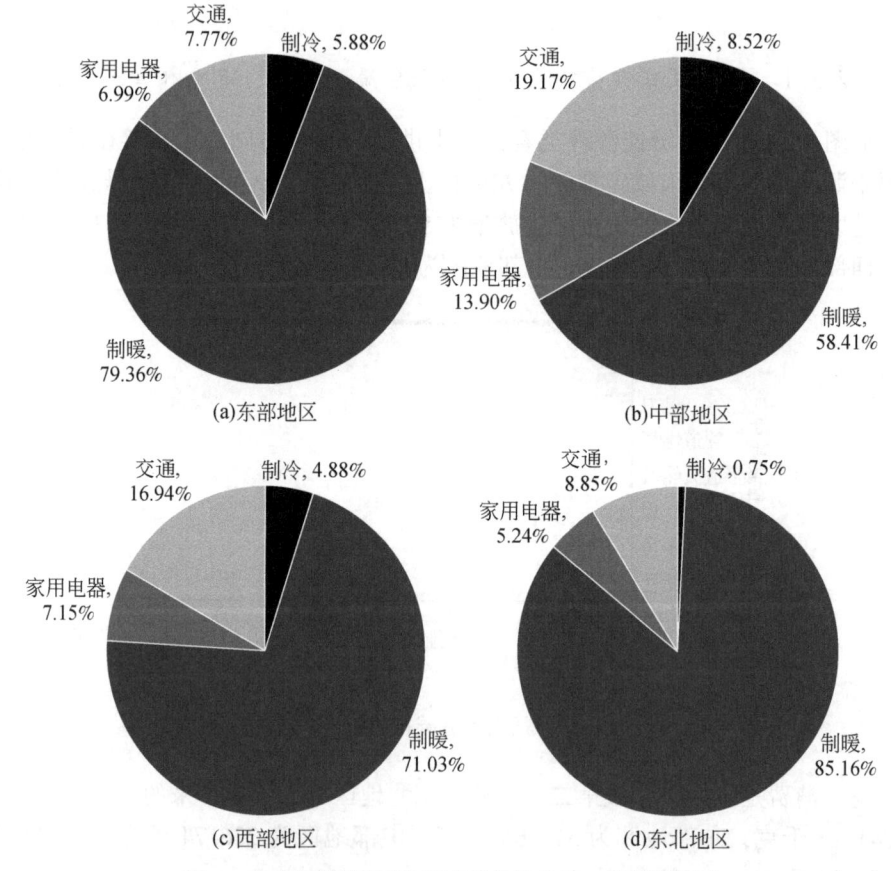

图4-15 不同区域居民家庭碳排放差异：按能源用途

制冷方面，不同地区制冷碳排放也存在一定差异，这可能由于不同地区气候和生活水平差异导致。东部地区制冷的直接碳排放量为263千克，约占地区碳排

放总量的 5.88%；中部地区为 139 千克，约占 8.52%；西部地区为 119 千克，约占 4.88%；东北地区为 48.7 千克，约占 0.75%。

家用电器方面，东部地区家庭家用电器产生的直接碳排放量为 312.66 千克，约占地区碳排放总量的 6.99%；中部地区为 226.74 千克，约占 13.90%；西部地区为 174.26 千克，约占 7.15%；东北地区为 341.15 千克，约占 5.24%。

交通方面，东部地区家庭交通产生的直接碳排放量为 347.92 千克，占碳排放总量 7.77%；中部地区家庭交通产生的直接碳排放量为 312.72 千克，占比为 19.17%；西部地区交通产生的直接碳排放量为 412.88 千克，占比为 16.94%；东北地区交通产生的直接碳排放量为 576.54 千克，占比为 8.85%。

4.2.4 城乡居民家庭碳排放比较分析

居民家庭城乡界定是根据问卷问题"家庭位于城市还是农村？"来确定的。与其他分析不同的是，城乡家庭的直接碳排放总量和单项碳排放量均通过计算家庭碳排放均值得到。如果家庭没有某种能源或某种能源用途的能源消费，则该家庭该项碳排放记为 0。本轮调查中，城市居民家庭直接碳排放均值为 3902.24 千克，农村家庭直接碳排放均值为 1163.51 千克，城市家庭直接碳排放高于农村家庭，并且在制暖、制冷和家用电器方面碳排放均高于农村家庭。

4.2.4.1 城乡家庭碳排放差异主要来源于热力和电力等能源种类

从产生碳排放的能源种类看（图 4-16），热力产生的碳排放在城市家庭和农村家庭的碳排放中均占主要部分，且城市家庭碳排放约为农村家庭碳排放的 6 倍，这可能是因为城市拥有更完备的供暖设施。城市家庭热力产生的直接碳排放

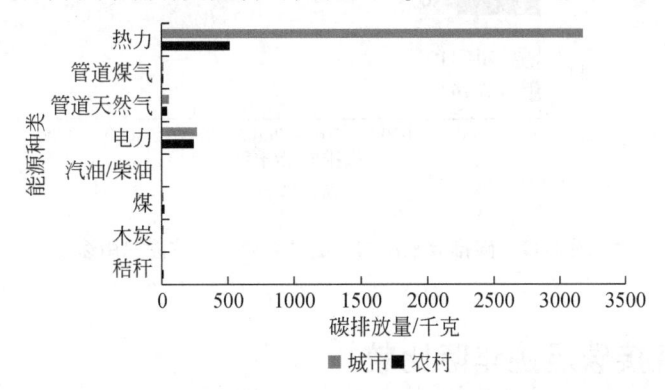

图 4-16 碳排放来源构成的城乡差异：按能源品种

量为 3173.03 千克，占城市家庭总排放的 90.82%，农村家庭热力产生的直接碳排放量为 514.12 千克，占农村家庭碳排放的 63.96%。城市和农村家庭电力消费和管道天然产生的碳排放绝对值差异相对较小，城市家庭电力消费带来的直接碳排放为 264.75 千克，农村家庭为 241.71 千克；城市家庭管道天然气消费带来的直接碳排放量为 54.46 千克，农村家庭为 40.25 千克。城市家庭煤炭消费带来的直接碳排放量为 0.61 千克，农村家庭为 7.23 千克。城市和农村家庭在秸秆、木炭、管道煤气方面的直接碳排放均接近于 0。

4.2.4.2 城乡家庭碳排放差异主要来源于制暖

从能源用途来看，城市家庭碳排放在制暖、制冷和家用电器方面均高于农村家庭，制暖是城市和农村家庭碳排放的主要来源（图 4-17）。城市家庭制暖带来的直接碳排放量为 3268.37 千克，占城市家庭碳排放总量的 87.45%，农村家庭制暖带来的直接碳排放量为 599.5 千克，占农村家庭碳排放总量的 61.9%；城市家庭家用电器带来的直接碳排放量为 264.61 千克，占城市家庭碳排放总量的 7.08%；农村家庭家用电器带来的直接碳排放量为 241.74 千克，占比为 24.96%；城市家庭制冷带来的碳排放为 204.44 千克，占城市家庭碳排放总量的 5.47%；农村家庭制冷带来的碳排放为 127.26 千克，占比为 13.14%。以上分析没有包含家庭私人交通带来的碳排放，城市家庭交通（汽车）带来的直接碳排放量为 369.12 千克，农村家庭为 322.3 千克。

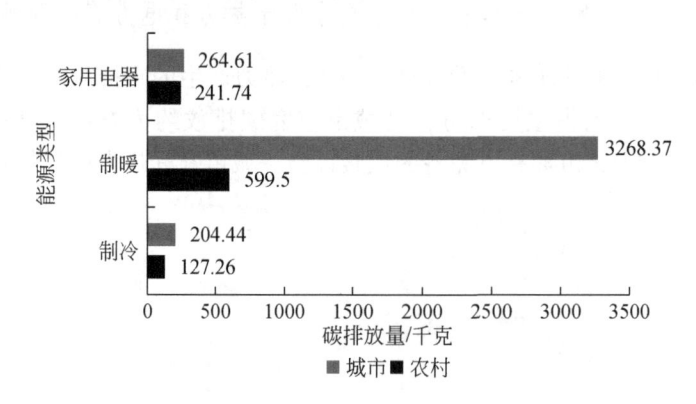

图 4-17　碳排放来源构成的城乡差异：按能源用途

4.2.5　直接碳足迹年际比较

本轮调查中的典型家庭平均直接碳排放量为 3017.37 千克，2021 年为

2073.17千克。两次调查在抽样、问卷设计等方面存在较大差异。2021年家庭问卷调查在北京、浙江、广东、甘肃、广西、贵州、河北、河南、山西和吉林展开，相比于上一次调查，本轮调查没有继续在山西、吉林两省展开问卷调查，新增调查省份有上海、山东、重庆、四川、陕西、江西、湖南、湖北、安徽和辽宁。在问卷设计方面，相比于上一次调查，本轮调查没有继续调查家庭在烹饪、热水方面的用能情况。本轮调查没有调查具体的家用电器（如冰箱、电视机等）用能情况，因此本次调查中的家用电器碳排放通过家庭用电量折算得到。本轮调查在私人交通方面没有采集家用电动车的用能情况，但是采集了家庭汽车的使用情况，家庭汽车是私人交通中能源消费的主要部分。在能源种类方面，本轮调查主要涉及热力、电力、管道天然气、管道煤气、汽油、煤炭、秸秆、木炭，相对于上一轮调查减少了薪柴、瓶装液化气、沼气、太阳能、柴油等能源种类使用的调查。

从能源种类来看，本轮调查和上次调查中居民家庭消费的能源种类基本相同，主要集中在热力、管道天然气、电力、汽油/柴油、煤炭等。2021年家庭热力消费带来的碳排放量为1041.46千克，2022年家庭热力消费带来的碳排放量为2309.05千克，这可能是由于抽样调整较大的原因，其次不同地区的供暖设施可能有所改进，集中供暖覆盖家庭增多。2021年家庭电力消费带来的碳排放量为654.81千克，2022年家庭电力消费带来的碳排放量为252.77千克，这一差异可能是统计口径差异。2021年家庭汽油/柴油消费带来的碳排放量为369.41千克，2022年为364.65千克，变化不大。此外，家庭在有些能源种类的碳排放差异可能是由于统计口径造成，2021年家庭管道天然气消费带来的碳排放量为231.6千克，2022年这一数据为48.8千克；2021年家庭煤炭消费带来的碳排放量为80.53千克，2022年这一数据为3.74千克；2021年家庭薪柴/秸秆消费带来的碳排放量为18.79千克，2022年这一数据为0.16千克。两次调查中家庭木炭、管道煤气消费带来的碳排放均较低（图4-18）。

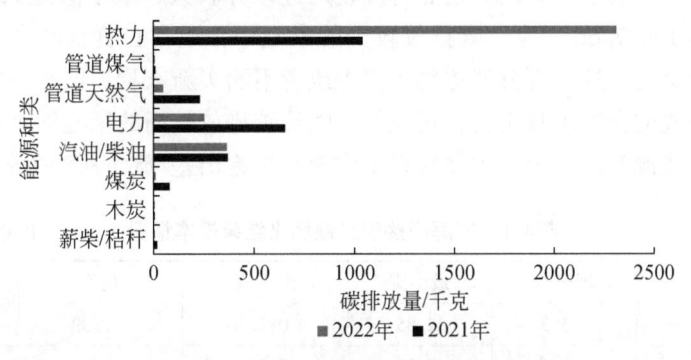

图 4-18 碳排放年际比较：按能源种类

在家庭用能方面，2022年家庭供暖带来的碳排放显著高于2021年，2022年家庭供暖带来的碳排放量为2399.95千克，2021年为1203.77千克，可能主要由于抽样差异造成。私人交通带来的碳排放在两年间差异不大，2022年家庭私人交通带来的碳排放量为364.65千克，2021年为383.70千克。家用电器方面，2022年家庭对应的碳排放略高于2021年，2022年为252.77千克，2021年为219.26千克。制冷方面带来的碳排放有所上升，2022年家庭对应的碳排放量为179.02千克，2021年为127.67千克（图4-19）。

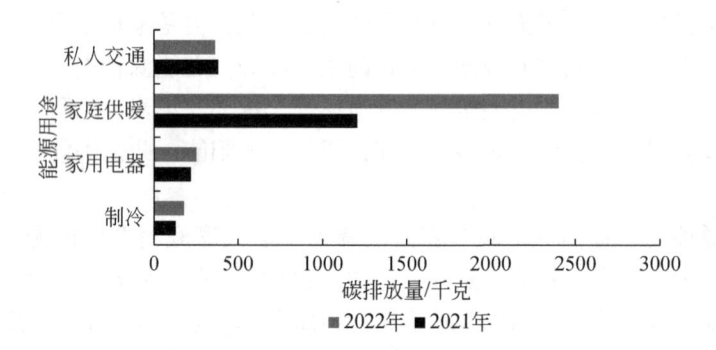

图4-19 碳排放年际比较：按能源用途

4.3 间接碳足迹分析

4.3.1 总体特征

相对于2021年家庭能源调查，本轮调查计算了家庭的间接碳足迹，最终核算结果如表4-1所示。居民家庭的间接碳足迹差异较大，最小值为918.84千克，最大值高达18687.66千克。碳排放较少的家庭中，通常在食宿两个方面的排放大于衣物和交通，这一部分群体每年很少或者不购买新衣物，同时一年内基本不使用高碳排放的交通工具出行；对应的，间接碳排放较高的家庭通常在住和行两方面的日常能源消耗较大，主要来自于供暖与长途出差/旅游所产生的碳排放。

表4-1 家庭间接碳足迹优化结果基本情况　　　　（单位：千克）

碳足迹	观测值	最小值	最大值	均值	标准差
衣	593	12.85	1 053.70	232.39	169.36
食	597	13.90	8 002.20	2 464.18	1 061.70

续表

碳足迹	观测值	最小值	最大值	均值	标准差
住	1 814	576.92	15 973.79	3 559.73	2 111.11
行	1 164	8.34	13 462.34	992.83	1 979.02
间接碳足迹	1 814	918.84	18 687.66	5 112.57	3 382.64

4.3.2 衣食住行特征

不同家庭在衣、食、住、行四个板块所产生的碳排放差距也较大，其人均年碳足迹分别约为 237 千克、2464 千克、3560 千克、992 千克。

从图 4-20 可以看出，家庭在衣、食、住三方面的碳排放量相对集中，个体之间碳足迹差异较大主要受出行影响。由于城市化进程的加速与经济的发展，家庭大幅增加了驾驶私家车的频率，家庭私家车使用在出行引致的碳排放量中占比高达 77%，其中通勤和出差/长途旅行是出行碳排放最主要的驱动因

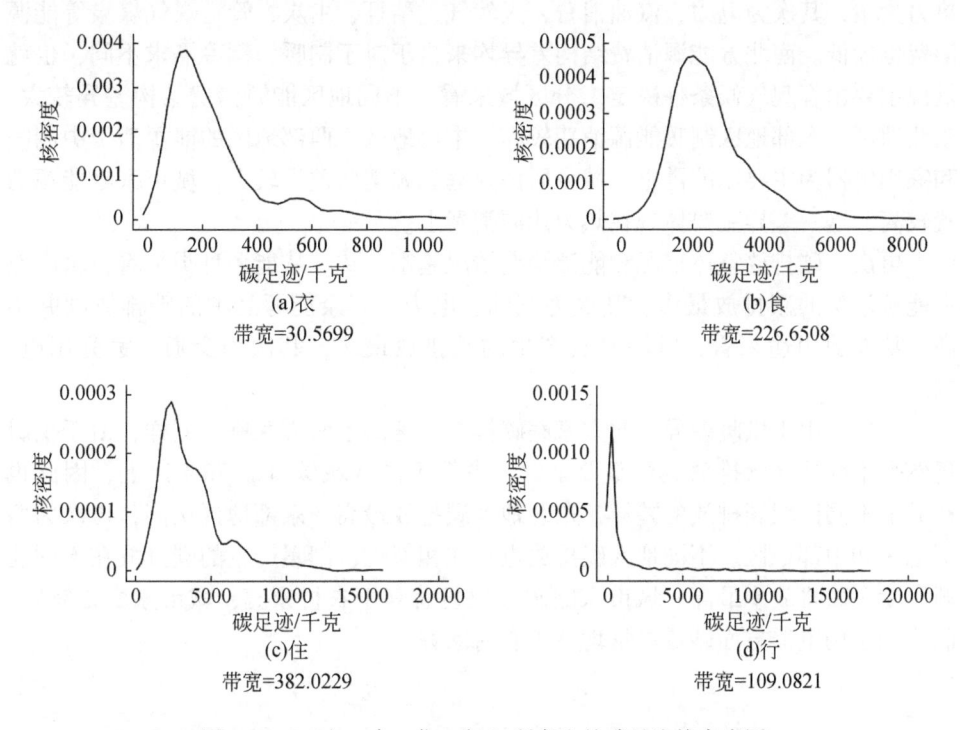

图 4-20 "衣、食、住、行"所产生的碳足迹核密度图

素。飞机作为碳排放最高的交通方式，同样在出行板块中占比较大，约占出行带来的碳排放总量的14%，大幅增加不同个体的家庭间接碳足迹总量。另外，居民家庭一年在衣物上的消费量均较少，因此相较于其他板块衣服所产生的碳排放总量较小。

4.4 本章小结

本章基于第3章的计算结果，分析了中国家庭直接能源消费、直接碳足迹及间接碳足迹的主要特征。

首先，从整体能源消费情况来看，不同能源品种能源消费和能源结构差异较大。从能源品种来看，家庭能源消费以热力、电力和汽油消费为主；从能源用途来看，家庭能源消费占比较高的依次为制暖、家庭用电、制冷和交通。

其次，分南北方来看，北方家庭能源消费显著高于南方家庭，这一部分差异主要来自于集中供暖差异。南方家庭能耗以电力为主，其次为汽油消费和热力消费，天然气、秸秆、木炭、管道煤气煤炭等能源消费较低；北方家庭能源消费以热力为主，其次为电力、汽油消费，天然气、秸秆、木炭、管道煤气煤炭等能源消费也较低。南北方能源消费结构差异均来自于对于制暖、制冷需求不同，也就是说主要由客观气候条件决定。分区域来看，不同地区能源消费结构差异较大，东北地区、东部地区制暖能源消费较高，中部地区、西部地区的能源消费中制暖和家用电器为主要用能需求。城乡居民家庭能源消费差异较大，城市家庭能源消费较高，这一差异主要体现在热力能源消费上。

再次，碳排放整体情况和能源消费情况基本一致。从能源种类来看，家庭热力能源消费的碳排放最多，其次为汽油、电力，其余能源品种的碳排放则并不高。从能源用途来看，家庭制暖产生的碳排放最多，其次为交通、家庭用电、制冷。

最后，由于供暖差异，北方家庭碳排放显著高于南方家庭。同样，由于供暖仍然是不同地区碳排放的最重要来源，占据不同区域碳排放70%以上，因此也造成了不同区域碳排放的差异，东北地区碳排放最高，东部地区次高，再次为西部地区和中部地区。不同地区碳排放也存在相似性，制暖产生的碳排放在不同能源用途总碳排放中最高。城市家庭碳排放显著高于农村家庭，城市家庭在制暖、制冷和家用电器方面碳排放量均高于农村家庭。

第二篇
中国家庭碳素养、碳意愿与碳行为

第 5 章　中国居民碳素养

在全球气候变化的大环境下，中国作为一个有责任担当的大国提出了"双碳"目标，致力于节能减排。本章首先在相关文献综述的基础上，凝练明晰碳素养的概念，从碳认知、碳态度、碳行为三方面构建碳素养的模型，构建要素间相互关联的理论模型，并提出相应的研究假设；而后优化完善碳素养量表，通过问卷调查获得研究数据，选用更加适合探索性研究的偏最小二乘结构方程模型（PLS-SEM）方法对理论模型和研究假设进行全面评估和分析验证，以确定碳素养内部要素间的作用效应；进而根据测算的结果，使用主成分分析（principal component analysis）的方法得到碳素养的综合指标，阐述碳素养及其内部要素间的基本特征，分析它们在受访者基本社会人口信息和家庭特征等方面表现出的异质性，从而提升研究的丰富度和系统性；此外还简单分析了家庭对碳价的可接受性与受到碳价波动的影响。

5.1　文献综述

5.1.1　碳素养的概念

素养是在自然素质之上融入人通过后天的学习或修习而逐步形成的对人、事、物的看法以及将这些看法转换成一些外在素质，如体质、知识、能力和行为。在 20 世纪 90 年代，诸多学者在环境教育领域进行了大量研究，以期开发一套框架来定义环境素养的组成部分（Hungerford and Volk，1990；Roth，1992）。碳素养使得具有适当知识、态度、动机和承诺的微观个体能够单独或者集体工作，以解决当前的环境问题并且防止新问题的产生（Roth，1992；Orr，1992）。碳素养是一项基本的教育目标，它使得个人有动力和能力来应对环境需求，同时鼓励他们为可持续发展作出贡献（Marcinkowski，1991）。

关于碳素养的概念界定，Horng 等（2013）将碳素养理解为个体在日常生活中能够理解与认识节能减排，并能够付诸实践的能力；Roth（1992）将碳素养定义为人们通过后天学习而获得和形成的有关碳减排和能源节约的知识、态度与行为模式的总和；李朝军等（2014）以环境素养、环境意识、环境态度和环境行为为基础开发了碳素养量表；陈鹏（2022）认为碳素养包括社会责任、国家认同、国际理解、劳动意识、问题解决、技术应用等六个具体要素。综合国内外相关研究成果，本报告认为碳素养表征着一种为节能减排准备就绪的状态，其构成要素可归纳总结为碳认知、碳态度和碳行为三大类别，体现了个体在日常活动中对节能减排的理解与认知，并做出行为决策的能力。碳素养高的群体能够充分了解低碳生活、低碳经济，在生活中践行低碳理念，为"双碳"目标作出贡献（肖云雅等，2012）。

具体而言，碳认知代表了人们对于碳排放相关客观知识或规律的了解与认识程度。主要可从碳减排方面的基础科学知识（Schahn and Holzer，1990）、对气候变化后果及碳危机的认识（Ernst，1994）、与节能减排有关的实践技能（Stern and Gardner，1981）这三个角度考量个体的碳认知情况。碳认知程度高者更容易意识到个体出行行为的环境影响，从而有更大可能形成低碳出行意向。

碳态度集合了人们对待碳事宜所持有的价值观、行为意愿及自我效能（汪兴东和景奉杰，2012）。具体而言，碳价值观是指个体对碳活动或行为的理解、判断或者抉择，也是人们在认定事物、辨别是非时的思维或取向；碳行为意愿是指个体对碳活动或行为所持有的稳定心理倾向，蕴含着人们的主观评价和由此产生的行为倾向性；碳自我效能是指个体对自己能否真正做到低碳生活或有效节能减排的主观判断。

碳行为反映了人们在日常生活中围绕节能减排已经形成的、一时不易改变的行为倾向或模式。可将其划分为自我型习惯和社会型习惯，前者主要反映为个体活动场景下的行为模式，而后者侧重于与亲友或其他个体共同参与的活动场景，两者都属于亲环境型习惯，能够有效呈现认识和态度对碳行为的影响能力（芈凌云等，2016）。

5.1.2 碳素养的影响因素

5.1.2.1 外部因素

（1）宏观因素

宏观层面的影响因素在公民碳素养的形成过程中呈现出普遍性和系统性特征。这些宏观层面的影响因素主要体现为法律法规体系和政策导向机制。作为碳需求管理的有效干预工具，它们逐渐演变为相关决策者和管理者在碳治理过程中的关键工具。

以公共交通为例，大量实证研究表明，对公共交通实行政策补贴和优惠能够鼓励更多居民选择此类交通出行方式，通过发展公共交通可以逐渐提高居民个体的碳素养水平。例如，Cervero等（2004）研究发现，低碳交通政策法规的完善有利于促进居民选择绿色的出行方式，提升公共交通出行率；Yang和Li（2017）及Morris和Guerra（2015）认为完善的公共交通基础设施建设和配套服务水平（如公共交通站点分布、线路设计、班次频率等）能够促使居民在日常出行中选择公共交通；Eliasson和Proost（2015）及Barla和Proost（2012）提出的增加汽车燃油税被许多经济学家认可，被认为是解决道路拥堵的有效政策；Sardianou（2007）认为除了燃油税以外，车辆购置税、增值税、停车费等对限制私家车使用和缓解道路拥堵方面也比较有效；Ahmed等（2008）在对北京市居民出行行为的研究中发现，适当的政策宣传、教育引导对居民出行习惯的养成有显著的促进作用；Avineri和Waygood（2013）认为由于出行行为是一种社会行为，居民往往会根据社会的期望、政府的引导来主动调节自身的认知、态度、意向乃至行为；Geng等（2016）使用聚类分析方法将人群分为经济型、舒适型和低碳型三类，并通过实证研究来验证信息政策对个体出行行为的影响，实验结果发现政策干预措施对居民选择低碳的交通方式出行（如公共交通、自行车、步行等）有显著影响，但对小汽车的抑制作用不明显，同时提出针对不同类型的人群应量身制定相应的政策。

（2）微观因素

个体的属性及其所处的具体特定环境对其碳素养的形成过程同样也会产生不可忽视的影响，主要包括个人属性（如性别、年龄、受教育程度、收入水平、工作时间、驾照等）和家庭特征（如家人数量、孩子情况等）。

Prillwitz等（2006）和Clark等（2014）研究发现，年轻、高收入、拥有私家车少的一类群体更倾向选择公共交通、自行车等低碳的交通方式出行。Böhle等（2006）指出高受教育程度、高收入水平和高社会地位的人群反而对小汽车出行的依赖性更高。Susilo等（2012）通过实证研究发现，家庭小汽车的拥有量对居民选择步行出行没有显著的影响，但会直接影响自行车、公共交通的选择，家庭拥有小汽车的居民选择此类低碳的交通工具出行的概率大幅下降。此外，一些研究发现当生命中的转折点，或是重大生活事件发生时，居民出行行为发生变化的可能性更大（Clark et al., 2014），如孩子的诞生是其中一种导致习惯性出行行为发生改变的时机（Mc Carthy et al., 2017）。Lanzendorf（2010）在对德国家庭的调查研究中发现，多数父母在孩子出生后使用小汽车出行的频率有所增加。Prillwitz等（2006）发现，在经常选择环境友好型交通工具出行的居民中，有将近60%家庭中没有孩子，同时孩子数量越多的家庭往往对私家车的依赖程度越高。然而，在对一些发达国家的调研中发现，有年纪较小的孩子的家庭正在逐渐从依赖私家车出行转向低碳交通方式（Mclaren，2016）。这意味着，有孩子的家庭也可以较少采用私家车作为主要的出行方式。

5.1.2.2 内部因素

个人内在的影响因素主要指个体能够自我控制的因素，如对碳的认知水平，对碳持有的态度、价值观等，以及一些碳行为习惯等。每一个人所处的环境不同、经历不同，因而对碳的相关知识储备、对环境保护所持有的情感，以及在节能减排方面养成的行为习惯都是不同的。而这些内在的因素往往对居民碳素养的形成起到非常重要的作用。

现有文献主要通过调查、访谈等定性方式探究家庭个人的内部因素如何影响其能源消费。Dianshu等（2010）通过对辽宁省600户家庭进行调查和访谈，分析节能教育对家庭住户减少用电量行为的潜在作用。Wang等（2011）分析了居民节约用电的意愿和行为特征，发现经济利益、制度政策、社会规范和过去经历对家庭的能源消费有积极作用。Hori等（2013）通过对大连、重庆等城市的居民节能行为进行调查，发现全球气候变化意识、环保行为和社会互动显著提高了居民的节能行为。Xu等（2013）评估了采用货币激励、电价计费方式改革、对单个公寓的供暖计量等外部干预对家庭的能源消费影响，研究发现这些外部干预并未产生相应效果，因此需要创新的能源政策、碳教育来促进消费的改变。

Schahn和Holzer（1990）将环境知识进行了细分，分为事实类知识和行动类知识，并通过实证研究发现行动类环境知识对态度和实际行为的影响更大。Marcinkowsk（2009）发现环境认知与亲环境行为之间具有正相关性，环境知识储备丰富且有一定批判性思考的人越容易参与到对环境有利的行为活动中，其中解决环境问题的认知与其行为意向的相关性最强。Iosifidi（2016）的研究表明，在美国，个体和家庭的环境认知水平正在逐步提高，这促使私家车的使用频率减少，乘坐公共交通的居民数量相比之前翻了一倍。Black等（1985）认为个体对于环境保护所持有的态度对其出行方式选择等低约束的行为有较强的解释力。Bamberg等（2007）研究发现愧疚感作为情感的一部分，对出行中选择小汽车的方式存在显著的负向影响，也即因自身行为会造成一定的环境污染而内疚和自责的人们在日常出行中会更愿意选择低碳的交通方式。De Groot和Steg（2008）指出利他型价值观导向越明显，个体越容易产生节能减排的行为，越容易选择低碳的生活方式。王建明和王俊豪（2011）研究发现公众低碳心理意识对其低碳消费模式存在显著影响。

习惯通过影响个体对交通相关情境信息的获取和处理进而影响其出行行为意

向，当个体将低碳的生活方式作为一种习惯时，这种作用会保持其低碳出行行为的稳定性与持续性（Friedrichsmeier 等，2013）。Aarts 等（1997）在出行方式选择的研究中发现，习惯作为一个调节变量，会影响感知行为控制、个人规范与出行行为之间的关系。De Pelsnacker 和 Janssens（2007）发现个体习惯与感知行为控制对其出行行为意向存在显著影响，但二者的作用体现在不同的方面，前者会影响偏惯性的行为，而后者会影响偏理性的行为。

5.2 碳素养内部要素的测度与影响关系

作为处于经济转型的发展中国家，我国的经济转型给人们的共同价值观、消费行为、生活水平和其他社会人口指标带来了巨大变化。多年来，我国各行业的能源消费量一直在增加，根据国家统计局发布的《中华人民共和国 2021 年国民经济和社会发展统计公报》，2021 年全年能源消费总量为 52.4 亿吨标准煤，比 2020 年增长 30.4%。鉴于能源消费的上升趋势，对节能措施有效性的系统性评估和研究变得越发重要。尽管政府颁布和设立诸多法律法规和奖励制度，以期实现能源效率的提升，然而在实际运用中并未在家庭层面的能源消费产生显著效果。究其原因，一个很重要的解释在于，家庭层面的能源消费在很大程度上取决于家庭成员的碳素养，即他们是否接受过相关教育或者有动力为节能作出贡献。

5.2.1 理论模型

在 5.1 节中，回顾梳理了已有文献关于碳素养的概念和内涵、影响因素等相关研究成果，可以看到，现有文献中有少量关于碳素养的研究，这些文献借鉴环境保护、环境素养等方面的研究成果，通过实证研究探索碳素养所包含的维度及其重要性，关注个体的行为意向和决策、行为态度、不同结构类型家庭个体的碳行为分析等方面。此外，关于微观个体碳素养的认知、态度、行为等方面的研究文献较多，这些文献中同样也存在微观个体行为决策的研究。然而，这些研究的深度大部分仍然局限在宏观定性阶段，深入具体地对碳素养的内涵与构成的实证研究相对较少。因此，本部分着力于开发设计家庭个体层面的碳素养量表，借鉴环境素养以及国内外关于碳素养量表设计等方面的文献，根据认知-态度-行为的分析框架，深入挖掘微观个体碳素养的内涵及其结构，试图对家庭个体碳素养的状况进行系统分析。

本报告认为，在碳素养这一综合系统中，碳认知是素养形成的发端，往往起基础性作用；认知内化过程中碳态度逐渐产生，并在个体行为过程中强化或改变；碳行为则是在这个基础上经较长时间确立起的行为模式，是碳素养的直接表现（Hungerford and Volk, 1990；Ölander and Thøgersen, 1995；芈凌云等, 2019）。基于此，本报告构建出个体碳素养内部的影响理论模型，如图5-1所示，并提出下列研究假设：

H1：居民碳认知对其碳态度存在显著的正向直接影响；

H2：居民碳态度对其碳行为存在显著的正向直接影响；

H3：居民碳认知对其碳行为存在显著的正向间接影响。

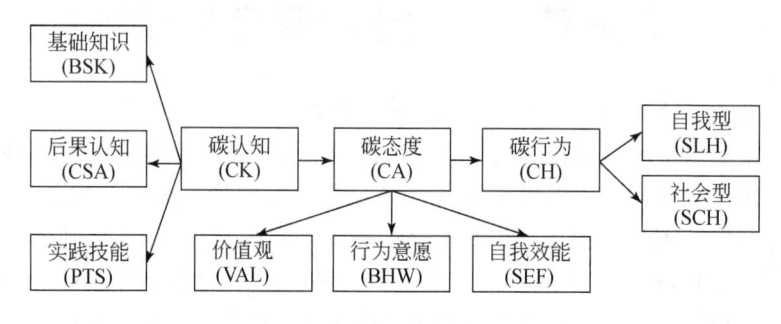

图 5-1 理论模型示意

5.2.2 问卷设计

问卷设计是开展研究的关键基础，高质量的问卷有助于研究者与受访者间信息交换的准确实现。借鉴既有经典思路，本研究的问卷设计遵循以下步骤：首先围绕研究目标整理综合国内外现有研究成果，明晰研究问题所涉及的关键构念（特别是碳素养的理论构成），确定对应的变量与关系模型；进而在梳理相关领域成熟量表的基础上，结合目标地区和人群的实际情况，形成各构念的具体题项；再通过预调研判断设计的合理性，并据此调整优化至形成正式问卷。具体过程概况如图5-2所示。

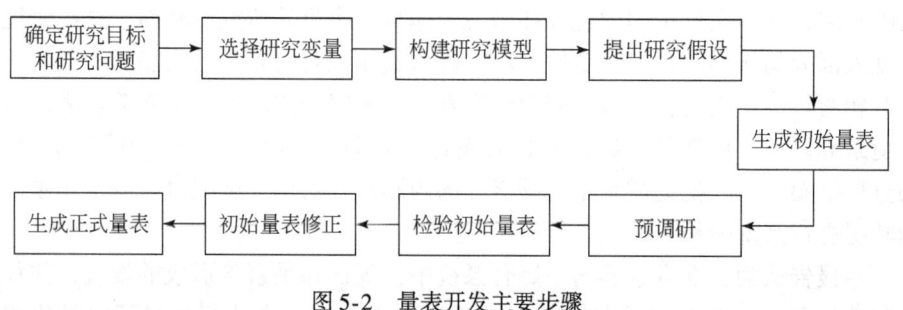

图 5-2 量表开发主要步骤

问卷设计细节上本研究参考以下原则（Hinkin，1998；Sekaran and Bougie，2016）：

1）问卷主要采用 Likert 量表。通常意义下，量表的可靠性随着所分点数增加而提升，但由于多数人对 5 分以上的量表辨识度不高，因此 5 分制量表在大多数情况下被认为可靠性最高，也是学界普遍采用的量表设计方法。本研究对主观题项采用 5 分制 Likert 量表，即针对每个题目设置完全不同意、不同意、不确定、同意、完全同意五个选项，分值对应从 1 至 5，反向题项则分值反之。此外，由于客观认知的部分有相对正确的答案，因此，答对题项记 1 分，答错不计分。

2）问卷内容方面，同一变量的量表设计需要考虑题项之间的相关性和同质性，而不同变量之间的题项需要体现异质性。一般情况下，反向题项的使用可以减少反馈偏差，但是使用不合理或者使用过多都有可能降低问卷的有效性，因此，反向题项应当合理使用。本研究中的正式问卷是在预调研分析结果基础上修正得到的，已经删除或修改同一变量中相关性较低的题项，并已对反向题项的可靠性进行检验。

3）问卷结构方面，问卷长度会间接影响受访者的关注度，通常越长的问卷，受访者注意力分散的可能性越高，进而会降低问卷的有效性，因此问卷不宜过长。同时，问卷的表述应该通俗易懂，避免生涩的词汇。本研究中的问卷在设计时已经不断修正语言表述，力求简洁明了，避免语义模糊或者解释不明，并且控制整体作答时间不少于 30 分钟。同时在问卷中设计了反向问题等检验类题项，避免受访者乱答，保障最终获取样本信息的有效性。

经过多次完善和修正，本章研究中碳素养的正式量表共计包括 68 个题项，如表 5-1 所示。

表 5-1　碳素养量表构成

构成	变量	题项
碳认知（CK）	基础知识（BSK）	气候变化只是自然循环的一部分，不需要任何人为干扰会恢复到正常水平*
		二氧化碳只占大气的一小部分，对气候变化的影响不大*
		导致气候变化的主要原因是人类大量使用化石燃料（如石油、煤炭），产生了大量的二氧化碳等温室气体
		目前二氧化碳排放量居前三名的国家是中国、印度、美国*
		减少碳排放特指减少二氧化碳的排放，而不包括减少甲烷、氢氟碳化物、全氟化碳等其他温室气体的排放*
		核电属于绿电的一种

续表

构成	变量	题项
碳认知 （CK）	基础知识 （BSK）	在2035年前实现"碳达峰"目标*
		碳中和是指中国温室气体排放量为零*
		"双碳"目标要求，到2060年非化石能源消费比重达到80%以上
		碳市场的交易品种为碳配额，即二氧化碳排放权
		我国目前还未开始征收碳税
		《巴黎协定》的长期目标是将全球平均气温较前工业化时期上升幅度控制在2摄氏度以内，并努力将温度上升幅度限制在1.5摄氏度以内
		为实现"双碳"目标，可再生能源可以替代全部化石燃料，应该引导短期内化石能源大规模退出*
		不破坏既有森林可吸收更多的碳
		推动电气化是实现减排的重要途径
		可再生能源如小水电、风电的生产过程中，实现碳减排的同时，可能对生态环境造成负面影响
	后果认知 （CSA）	气候变化将提升洪涝灾害发生率
		气候变化会导致物种灭绝
		极寒天气、寒潮的出现与二氧化碳排放无关*
		气候变化是引起近年来传染病频发的重要原因
	实践技能 （PTS）	衣服的生产、加工和运输过程会产生碳排放
		使用电脑、洗衣机、冰箱不会产生碳排放*
		食用肉类食品比素食造成的碳排放更多
		短途飞机是碳排放强度（行驶相同公里产生的碳排放）最大的出行方式
		合理进行垃圾分类，有助于节约能源、减少排放
碳态度 （CA）	价值观 （VAL）	我们应该更多地从可再生资源中获得电力（如风电、水电、光伏发电等）
		开发可再生能源技术比寻找和开采新的化石燃料来源更重要
		更多的油田在发现后应该进行开发，即使它们位于受环境法保护的地区*
		应该在全国范围内大力发展碳捕获与封存技术，即将二氧化碳从工业或相关排放源中分离出来，输送到封存地点，并长期与大气隔绝的过程
		人类有权利改变自然环境以适应生活、生存需求*
		人类对气候变化负有责任
		地球上有大量的自然资源，只要我们能学会如何开采
		动植物和人类一样有生存的权利

续表

构成	变量	题项
碳态度（CA）	价值观（VAL）	大量温室气体排放将对自然环境以及人类社会产生严重的影响
		我个人/家庭产生的碳排放对我们国家面临的碳排放问题没有什么影响，因为我产生的碳排放微乎其微*
		碳的相关教育应该成为学校课程的重要组成部分
		我们现在不必担心减排问题，因为新技术将被开发出来，可为后代解决排放问题*
		人类应该比现在更努力地减少碳排放
		我关注低碳问题主要是为了保护自然环境和生态系统
		我关注低碳问题主要是为了人类的生存和发展
		我认为低碳生活对于减缓气候变化的作用不大*
		我不知道有哪些行为是低碳的*
		我很难找到合适的方式参与低碳活动*
		低碳生活对我来说不方便*
		我无法承担低碳生活的成本*
	行为意愿（BHW）	如果我知道更多的如何在日常生活做到节能减碳的知识，我会更多地改变自己的行为，从而为保护环境作出贡献
		我更愿意购买带能效标志的家用电器，即使价格会更贵
		我不愿意改变现有的生活习惯（如减少使用空调、电梯、减少购买衣服）来适应低碳生活，因为这样会降低我的生活质量*
		我认为垃圾分类很麻烦*
		我愿意承担额外的财务支出（如更换节能灯泡）来进行节能减排
		为了降低排放，我愿意减少不必要的购物和使用
		我愿意鼓励我的家人冬天在晚上把暖气调低，或者夏天在晚上把空调温度调高，以减少排放
		如果身边的朋友、亲戚都不采取低碳行动，我也不愿意继续参与到低碳行动中*
	自我效能（SEF）	我认为"双碳"目标可以如期实现
		我愿意通过做出适当的与减排有关行动，为实现"双碳"目标作出贡献
		我相信，通过与他人合作，我可以为实现"双碳"目标作出贡献

续表

构成	变量	题项
碳行为 (CH)	自我型 (SLH)	我不需要担心在工作单位/学校里关灯的问题，因为电费是由单位/学校支付的*
		我有时候会忘记随手关灯、关闭电子设备、拔掉充电器、关闭水龙头、纸张双面使用等节能行为*
		购买产品时我不会考虑生产该产品的过程中造成的碳排放*
		我在乘坐出租车时，不会关注是否是新能源汽车*
		使用清洁的能源（原来家里频繁使用煤炭等能源，后改为用瓶装气、电等）
		购买低碳环保的衣服，如竹纤维面料的衣服、袜子等，不穿皮草类衣物
		购买新鲜的、当季的、本地的食品
		可回收的生活垃圾（如饮料瓶、包装纸、金属等）分类回收
		避免使用一次性筷子
		更换、升级、使用节能产品，如使用节能、节电等具有能效标志等家用电器
	社会型 (SCH)	我和家人、亲戚、朋友在交流时会经常提到碳排放相关的话题
		我看到身边的人会在社交媒体上分享低碳成果及感受，因此会改变自己的行为

注：标*题项采用反向设计；碳认知有正确答案，结果表示为0或1

5.2.3 数据收集

表5-2给出了碳素养相关题项的平均分和标准差。碳认知是从基础知识、后果认知和实践技能三个方面考量的，每个方面都有一些题项，答对得1分，答错得0分。在有效样本数据得汇总分析中，受访者在这三方面得平均得分分别为0.44、0.71和0.60。这表明，多数受访者对碳排放相关的科学问题并不明确，但对当前全球气候变化和全球气候带来的严重后果，以及日常生活中一些有助节能减排的举措知晓得相对较多。

从分析中可以发现，碳态度中价值观、行为意愿和自我效能平均得分分别为3.71、3.83和4.00，这说明多数受访者在观念上对低碳事宜有所重视，愿意为其采取积极行动，而且具有较强的自我效能，普遍认为自身付出的努力能够为低碳环保作出贡献。此外，碳行为中以个人参与为主的自我型得分及与家人和朋友共同参与的社会型得分为3.48和3.51，总体水平良好。

表 5-2　碳素养各题项的总体水平

变量		题项	均值	标准差
碳认知（CK）	BSK	BSK 小计	0.44	0.19
		BSK1	0.59	0.49
		BSK2	0.70	0.46
		BSK3	0.79	0.41
		BSK4	0.10	0.30
		BSK5	0.38	0.49
		BSK6	0.38	0.49
		BSK7	0.04	0.20
		BSK8	0.36	0.48
		BSK9	0.33	0.47
		BSK10	0.30	0.46
		BSK11	0.37	0.48
		BSK12	0.36	0.48
		BSK13	0.27	0.44
		BSK14	0.80	0.40
		BSK15	0.76	0.43
		BSK16	0.47	0.50
	CSA	CSA 小计	0.71	0.29
		CSA1	0.83	0.37
		CSA2	0.80	0.40
		CSA3	0.61	0.49
		CSA4	0.59	0.49
	PTS	PTS 小计	0.60	0.25
		PTS1	0.74	0.44
		PTS2	0.54	0.50
		PTS3	0.37	0.48
		PTS4	0.43	0.50
		PTS5	0.94	0.24

续表

变量		题项	均值	标准差
碳态度（CA）	VAL	VAL 小计	3.71	0.37
		VAL1	4.42	0.65
		VAL2	4.18	0.74
		VAL3	3.24	1.18
		VAL4	3.52	0.83
		VAL5	2.47	1.08
		VAL6	4.30	0.68
		VAL7	3.26	1.12
		VAL8	4.51	0.59
		VAL9	4.15	0.70
		VAL10	3.09	1.03
		VAL11	4.19	0.68
		VAL12	3.44	1.07
		VAL13	4.32	0.59
		VAL14	4.17	0.61
		VAL15	4.11	0.67
		VAL16	3.68	0.99
		VAL17	3.21	0.94
		VAL18	3.06	1.02
		VAL19	3.51	0.85
		VAL20	3.42	0.84
	BHW	BHW 小计	3.83	0.48
		BHW1	4.30	0.64
		BHW2	3.89	0.78
		BHW3	3.36	0.98
		BHW4	3.71	1.00
		BHW5	3.84	0.80
		BHW6	3.88	0.71
		BHW7	4.16	0.74
		BHW8	3.53	0.98
	SEF	SEF 小计	4.00	0.52
		SEF1	3.66	0.72
		SEF2	4.25	0.63
		SEF3	4.09	0.68

续表

变量		题项	均值	标准差
碳行为（CH）	SLH	SLH 小计	3.48	0.58
		SLH1	3.85	1.00
		SLH2	2.92	1.18
		SLH3	2.97	0.95
		SLH4	2.89	0.99
		SLH5	3.66	1.27
		SLH6	3.63	1.39
		SLH7	4.26	0.91
		SLH8	3.75	1.38
		SLH9	3.48	1.60
		SLH10	3.39	1.52
	SCH	SCH 小计	3.51	0.65
		SCH1	3.12	0.95
		SCH2	3.90	0.68

5.2.4 分析方法

结构方程模型（structural equation modeling，SEM）是一类建立评估并检验因果关系的方法。它融合了因子分析、线性回归、协方差分析等多种传统多变量统计分析方法，模型中的变量既可以是可直接观察的显变量，也可以是无法直接观测，需要由其他变量表示的潜变量。由于 SEM 具有可以同时处理多个因变量，允许自变量和因变量包含测量误差，能够同时估计因子结构和因子关系等优势，学术界已经广泛采用 SEM 来做路径分析研究（Golob，2003；Richter et al.，2016）。最常使用的结构方程模型有两种，分别是 CB-SEM（covariance-based structural equation modeling，基于协方差的结构方程模型）和 PLS-SEM（partial least squares-structural equation modeling，偏最小二乘法结构方程模型）。两种模型各有所长，表 5-3 展示了二者的主要特点（Sarstedt et al.，2016；Hair et al.，2021），本研究选取相对更为契合的 PLS-SEM 作为主要分析方法。

表 5-3 两类 SEM 方法的特点比较

指标	CB-SEM	PLS-SEM
理论基础	需要有坚实的理论依据	无需坚实的理论依据
适合研究	适合验证性分析研究	适合探索性分析研究
分析目标	验证整体模型零假设的合理性，拒绝无效路径的零假设	拒绝无效路径的零假设
假设分布	如使用极大似然估计法（ML），观测变量需要服从多元正态分布	不要求观测变量为多元正态分布
最小样本量	大样本（至少 200 个）	支持小样本（至少 30 个）
潜变量的指标	主要为反映型指标（可以使用 MIMIC 做形成型指标）	反映型指标和形成型指标
潜变量最小指标数	理想为 4 个以上	1 个以上
模型复杂度	处理复杂模型（指标 100 个以上）有困难	可以处理复杂模型

5.2.5 主要结果

在依据 PLS-SEM 的结果进行假设检验、确定研究结论之前，需要对其测量模型（外部模型）和结构模型（内部模型）进行全面评估（Hair et al., 2019）。

评估结构方程模型的观测变量是否具有一致性和匹配度通常考量其信度和效度，而对于 PLS-SEM 中的反映型测量模型，常用的检验指标有因子载荷、内部的一致性信度、聚合效度及区分效度等（Hair et al., 2019）。

5.2.5.1 题项可靠性分析

在评估反映型测量模型时，首先要检验指标的因子载荷，学者建议因子载荷应高于 0.70，因为此时构念能够解释超过 50% 的因子方差，进而可以认为题项可靠性良好。从表 5-4 可以看出，本研究中每个构念的因子载荷均在 0.70 及以上，表明题项可靠性较好，对研究维度有较强的解释力。

表 5-4 测量模型的因子载荷

	碳认知（CK）	碳态度（CA）	碳行为（CH）
基础知识（BSK）	0.86		
后果认知（CSA）	0.76		
实践技能（PTS）	0.74		

续表

	碳认知（CK）	碳态度（CA）	碳行为（CH）
价值观（VAL）		0.87	
行为意愿（BHW）		0.86	
自我效能（SEF）		0.74	
自我型（SLH）			0.90
社会型（SCH）			0.70

5.2.5.2 内部一致性信度分析

一致性信度（internal consistency reliability）主要用来评判量表跨项目的一致性，也即检验量表同一组内的题项是否能代表同一概念。常用于评估内部一致性信度的指标是克朗巴哈系数（Cronbach's alpha）。Nunnally 和 Bernstein（1994）指出，在检验信度问题时，克朗巴哈系数在0.5以上时表示量表在接受范围内，克朗巴哈系数在0.7以上则为满意。不过由于PLS-SEM优先考虑指标各自的信度，所以需要再通过引入组合信度（composite reliability，CR）来综合评估内部一致性信度。在一般探索性研究中，组合信度值处于0.6~0.7表明一致性可以被接受，若处于0.7~0.9则表示一致性很好（Fornell and Larcker, 1981）。

观察表5-5可以发现，本研究中采用反映型测量方式中的潜变量（碳认知、碳态度）组合信度值均在0.7以上，同时克朗巴哈系数在0.7及以上，尽管碳行为的组合信度值和克朗巴哈系数偏低，但是与临界值相比，并不是低很多，因此可以认为本研究中的测量模型具有较好的内部一致性信度。

表5-5 测量模型的内部一致性信度分析

潜变量	Cronbach's Alpha	CR
碳认知（CK）	0.70	0.73
碳态度（CA）	0.76	0.78
碳行为（CH）	0.47	0.55

5.2.5.3 聚合效度分析

聚合效度（convergent validity）是指采用不同测度方法测定同一构念时所得结果的相关程度。对于本研究中的测量模型，同一构念的测量指标可视为不同的测度方法，聚合效度便是要求这些指标（题项）共有较高比例的方差（Hair et al.，2021），与之对应的主要参考指标为平均方差抽取量（average variance extracted，AVE）。平均方差抽取量通常以 0.50 为临界标准，可被接受的测量指标的平均方差抽取量需要达到 0.50 或者更高（Fornell and Larcker，1981）。

表 5-6 的结果显示，本研究中每个潜变量的 AVE 值均在 0.50 以上，因此可以认为测量模型具有较好的聚合效度。

表 5-6　测量模型的聚合效度分析

潜变量	AVE
碳认知（CK）	0.63
碳态度（CA）	0.68
碳行为（CH）	0.65

5.2.5.4　区别效度分析

区别效度（discriminant validity）用于检验不同构念的指标之间关联度，确保不存在高度相关性，即通过实证标准来检验某个构念与其他构念不相同的程度。检验区别效度的方式很多，在学界比较成熟且使用较为广泛的有三种，分别为弗奈尔-拉克准则法、交叉载荷量法和 HTMT 法。

Fornell 和 Larcker（1981）提出通过对比每个构念内的 AVE 值是否大于构念之间的相关系数来检验区别效度。表 5-7 为弗奈尔-拉克准则法区别效度检验矩阵，对角线上的数据分别是各构念内的 AVE，其余的数字代表各个构念之间的相关系数。可以发现，本研究中每个潜变量的 AVE 值均为各列的最大值，明显大于构念间的相关系数。

表 5-7　弗奈尔-拉克准则法区别效度检验矩阵

	碳认知（CK）	碳态度（CA）	碳行为（CH）
碳认知（CK）	0.83		
碳态度（CA）	0.44	0.86	
碳行为（CH）	0.22	0.53	0.78

交叉载荷是指某一特定题项对其他潜变量的贡献，因此可以通过判别指标在相关构念上的因子载荷量是否大于其在其他构念上的所有载荷来检验区别效度。表 5-8 给出了本研究中指标变量的交叉载荷表，可以看到各个指标变量中最高的因子载荷均出现在其所属的潜变量下，满足交叉载荷准则的要求。

表 5-8　交叉载荷准则区别效度检验矩阵

	碳认知（CK）	碳态度（CA）	碳行为（CH）
BSK	0.86	0.41	0.20
CSA	0.76	0.33	0.17
PTS	0.74	0.29	0.15
VAL	0.46	0.87	0.41
BHW	0.27	0.86	0.55
SEF	0.35	0.74	0.33
SLH	0.17	0.51	0.90
SCH	0.19	0.31	0.70

HTMT 法是 Henseler 等（2015）提出的检验区别效度的方法，该指标是特质间相关与特质内相关的比率，即不同构念指标相关性的均值与同一构念指标相关性的均值的比值。当 HTMT 较高时，则区别效度可能存在问题；一般情况下阈值为 0.90，即两构念之间的 HTMT 不能大于 0.90。表 5-9 给出了本研究不同构念之间的 HTMT 值，可以看到所有 HTMT 值均在允许范围内。

表 5-9　异质–单质比率准则区别效度检验矩阵

	碳认知（CK）	碳态度（CA）	碳行为（CH）
碳认知（CK）			
碳态度（CA）	0.19		
碳行为（CH）	0.05	0.28	

本研究中的数据均通过以上三种检验准则，这表明测量模型具有良好的区别效度。在测量模型评估得到满意的结果后还需要对结构模型进行评估。具体分析如下。

(1) 路径系数显著性评估

PLS-SEM 不限定观测数据呈现正态分布趋势，主要采用非参数拔靴程序（bootstrapping）来检测系数的显著性水平。拔靴法的原理是不断尝试各种可能性的组合使得估计矩阵和观察矩阵的差异化最小，进而得到最佳的结果。拔靴程序提供估计系数的标准误差，因此可以得出实证 t 值。当 t 值>1.96 时，p 值小于 0.05，表明路径在 95% 的置信水平下显著；当 t 值>2.58 时，p 值小于 0.01，表明路径在 99% 的置信水平下显著；当 t 值>3.29 时，p 值小 0.001，表明路径在

99.9%的置信水平下显著。由此，可以考察变量之间因果关系是否达到显著性要求。

通过对模型内各个潜变量之间的路径系数进行估计，得到结构方程模型的路径系数及相应检验值的结果，如表5-10所示。从表中可以看到，所有路径均在99%的置信水平下达到显著性要求。其中，居民碳态度对其碳行为的影响最大，路径系数为0.52，且可靠性水平达到99.9%。

表5-10　路径系数估计值及统计检验结果

路径	路径系数	标准差	t值	p值
CK→CA	0.44	0.02	24.94	0.000
CA→CH	0.52	0.02	30.65	0.000

由于本研究中存在碳态度（CA）这个起到中介作用的变量，所以还需要检验路径总体的影响效果。表5-11和表5-12给出了本研究模型中间接效应和总效应的计算结果，可以发现碳认知对于碳行为并不存在总效应，而仅存在间接效应，即碳认知只能通过影响碳态度，从而间接影响碳行为。

表5-11　间接效应及统计检验结果

路径	路径系数	标准差	t值	p值
CK→CH	0.23	0.01	16.56	0.000

表5-12　总效应及统计检验结果

路径	路径系数	标准差	t值	p值
CK→CH	-0.01	0.02	-0.57	0.572
CA→CH	0.53	0.02	27.62	0.000

（2）可决系数分析

可决系数（coefficient of determination），即R^2，在PLS-SEM中用来测量模型内生潜变量的解释力，是通过计算内生构念的预测值与实际值的平方相关性得到。R^2介于0~1，值越大代表模型的解释力度更强，一般以0.1为界，高于0.1表示模型的解释力是可以被接受的。而根据Hair等（2019）提出的R^2标准，R^2的值在0.10~0.25时内生潜变量解释程度为弱，0.25~0.75时解释程度为中等，0.75~0.90时解释程度为较强。

表5-13显示本研究主要内生潜变量的R^2处于中等程度，高于0.1的临界标准，表明本研究模型具有较好的解释力。

表 5-13　内生潜变量的可决系数

	可决系数 R^2
碳态度（CA）	0.23

前述评估分析已证实构建的结构方程模型具有良好的信度和效度，并具有较好的解释力，适用于碳素养内部的影响分析研究。根据实证分析结果，下面对本研究提出的假设分别进行检验。

H1：居民碳认知对其碳态度存在显著的正向直接影响。据前文数据结果可知，碳认知到碳态度的直接效应 t 值为 24.94，大于 3.29，表明碳认知对碳态度的正向直接影响在 99.9% 的置信水平下显著，路径系数为 0.44，检验结果与理论模型中的关系假设保持一致，故假设 H1 成立。

H2：居民碳态度对其碳行为存在显著的正向直接影响。据前文数据结果可知，碳态度到碳行为的直接效应 t 值为 30.65，大于 3.29，表明碳态度对碳行为的正向直接影响在 99.9% 的置信水平下显著，路径系数为 0.52，检验结果与理论模型中的关系假设保持一致，故假设 H2 成立。

H3：居民碳认知对其碳行为存在显著的正向间接影响。据前文数据结果可知，碳认知到碳行为的间接效应 t 值为 16.56，大于 3.29，表明碳认知对碳行为的正向间接影响在 99.9% 的置信水平下显著，路径系数为 0.23，检验结果与理论模型中的关系假设保持一致，故假设 H3 成立。

5.3　我国家庭碳素养的基本特征

5.3.1　碳素养的测算方法及结果

根据前一节对 PLS-SEM 模型的测量模型（外部模型）和结构模型（内部模型）进行全面评估后，本研究得到了碳素养的三个构成要素的概率密度及统计描述，如图 5-3 和表 5-14 所示。受访者的碳认知、碳态度及碳行为均总体呈现出钟型分布，两头低、中间高。但是，值得注意的是，在碳态度方面，受访者在低水平处呈现出最长的肥尾状，即在低水平处，碳态度的差距较大。但总体来看，三个构成的要素在分布上较为接近。因此，本研究采用主成分分析法进行评价，该方法可以根据多个有相关性的指标得出一个评价碳素养的综合得分，避免信息重复的问题，且权数是在指标合成过程中自动生成的客观权数，避免了人为确定权数时主观因素的影响。

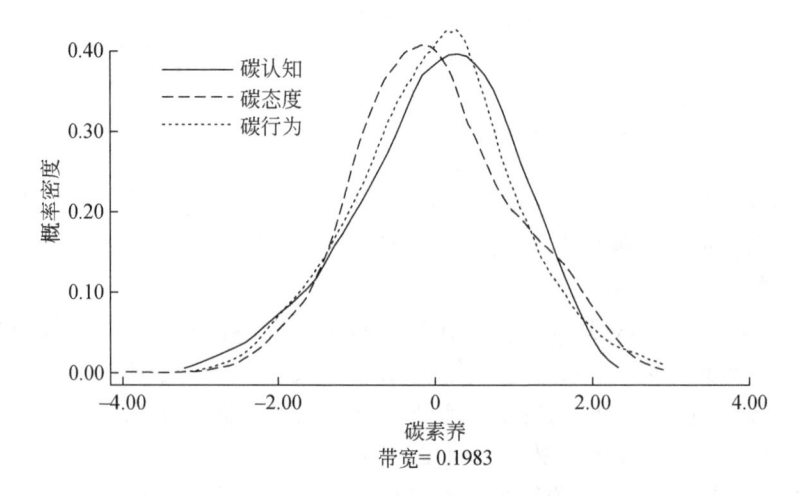

图 5-3　碳素养三个构成要素的概率密度

表 5-14　碳素养及其构成的描述性统计

变量	均值	标准差	最小值	最大值
碳认知（CK）	0.000 000 002 9	1.00	−3.01	2.13
碳态度（CA）	0.000 000 000 037	1.00	−3.96	2.90
碳行为（CH）	0.000 000 001 7	1.00	−3.31	2.92

5.3.1.1　相关性分析

主成分分析需要建立在各指标有强相关性的基础之上，因此在主成分分析之前，需要先进行相关性分析，观察指标间的相关性，如表 5-15 所示。碳认知与碳态度之间的相关系数为 0.439，碳认知与碳行为之间的相关系数为 0.220，碳态度与碳行为之间的相关系数为 0.525.并且都在 1% 的显著性水平下，因此认为各指标之间存在显著的相关关系，能够进行主成分分析。

表 5-15　相关性矩阵

	碳认知（CK）	碳态度（CA）	碳行为（CH）
碳认知（CK）	1.000		
碳态度（CA）	0.439***	1.000	
碳行为（CH）	0.220***	0.525***	1.000

*、**和***分别表示显著性水平为 10%、5% 和 1%

5.3.1.2　KMO 和 Bartlett 检验

参考 Kaiser 和 Rice（1974）的相关研究，KMO>0.5 就可以粗劣地使用主成分分析法，KMO>0.6 就可以普遍地接受这一方法，KMO>0.7 是较为适合这一方法，KMO>0.9 则非常适合选择这一方法，结果如表 5-16 所示。本研究中，受访者碳素养构成指标的 KMO 值为 0.67，同时 Bartlett 球形度检验对应的 p 值为 0.000，表明在 1% 的显著性水平下，所选指标能够进行主成分分析。

表 5-16　KMO 和 Bartlett 球形度检验

取样足够度的 KMO 度量		0.669
Bartlett 球形度检验	近似卡方	991.151
	df	3
	Sig.	0.000

5.3.1.3　总方差解释

主成分分析是通过提取主成分因子构造一个综合指标，用少数指标衡量总体指标的分析方法。表 5-17 表明只有主成分 1 的特征值大于 1，但是其只能解释 60% 的受访者碳素养水平。而提取的两个主成分能够解释受访者碳素养水平的 86%，因此，可以认定两个主成分能够作为衡量受访者碳素养水平的指标。随后即可根据主成分 1 和主成分 2 的方差及其贡献度计算出综合得分。

表 5-17　解释的总方差

成分	特征值	方差贡献率	累计方差贡献率
1	1.80	0.60	0.60
2	0.78	0.26	0.86
3	0.41	0.14	1.00

5.3.2　碳素养的基本特征

在前面的检验和成分选取后，需要计算各综合指标的贡献权重。这里可以通过计算各因子方差贡献率与四个因子总方差贡献率的比值来表示。进一步加权汇总，即可计算得出受访者碳素养的综合评价得分，其概率密度及统计描述如图 5-4

和表 5-18 所示。可以看出，受访者的碳素养水平总体呈现出钟型分布，两头低、中间高。但是，在碳素养低水平处呈现出肥尾状，即在低水平处，碳素养的差距较大。

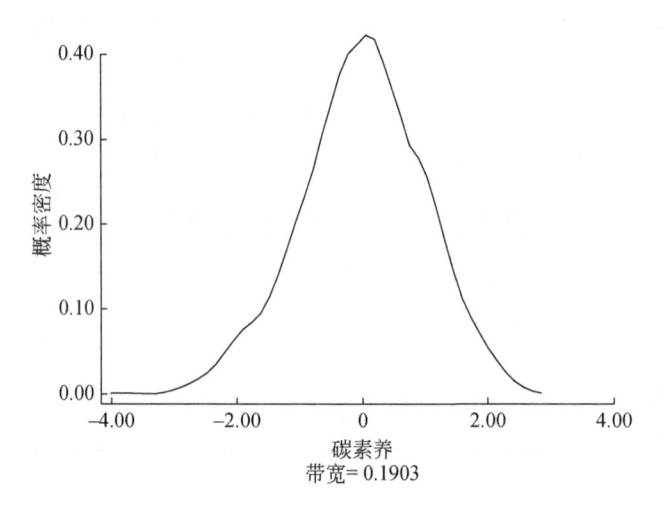

图 5-4 碳素养的概率密度

表 5-18 碳素养的描述性统计

变量	均值	标准差	最小值	最大值
碳素养（CAC）	0.000 000 000 97	0.97	−3.83	2.66

与《碳中和背景下的中国家庭低碳认知与能源消费行为》相比，本报告在中国家庭的低碳知识、低碳态度与低碳行为方面有以下两方面的特色与创新：①凝练出碳素养的核心指标。在前一版的报告中，仅仅描述了低碳知识、低碳态度、低碳行为三个指标，并分析三个指标之间的逻辑关系。然而，从解锁家庭能源消费的内生因素而言，这无法观察每个内在因素对家庭能源消费影响的重要程度，同时也无法实现不同家庭个体之间的比较，因此不具有实践意义。通过构造碳素养综合指标，能够如实刻画和反映家庭个体在能源消费方面的内在素养，有助于探究未来如何实现碳素养的提升。②针对碳认知、碳态度、碳行为的刻画描述更为翔实严谨。在前一版报告中，仅仅利用极个别问题来分析家庭个体三个指标的表现，这难以评估家庭个体在碳认知、碳态度、碳行为方面的具体水平，容易造成较大的偏误。在本报告中，每一个大类指标均由几个小类指标构成，且在每个小类指标中均会涉及多个调查问卷问题，同时在调查问卷的问题中区分主观题和客观题，主观题采用更细化的 5 分制量表，客观题

采用有标准答案的知识判断，使得所计算得到的指标更加真实地反映出每个家庭个体的实际碳素养水平。

5.4 我国家庭碳素养的异质性分析

根据前面的分析，本报告已经计算得到了碳素养及其三个构成要素的指标。接下来将分析它们在受访者基本社会人口信息和家庭特征等方面所表现出的异质性，探讨这些方面对受访者碳素养及其构成要素的影响。选取受访者在地区、性别、受教育水平、职业、收入水平、受气候变化影响程度等指标进行独立样本 t 检验和单因素方差分析（One-Way ANOVA），检验受访者在这些维度上有无显著差异，从而增加本研究的丰富程度和系统程度。

5.4.1 不同地区人群碳素养水平的异质性

一般而言，经济发展水平越高，人均碳素养就会越高。本研究将样本中18个省份，按照区域划分为东部、中部和西部三个区域。其中，东部地区包括北京市、河北省、辽宁省、上海市、浙江省、山东省和广东省；中部地区包括安徽省、江西省、河南省、湖北省和湖南省；西部地区包括广西壮族自治区、重庆市、四川省、贵州省、陕西省和甘肃省。图5-5展示了碳素养及其构成要素的区域分布。在碳认知方面，东部地区的平均得分为0.05分，中部地区的平均得分为-0.05分，西部地区的平均得分为-0.01分；在碳态度方面，东部地区的平均得分为0.18分，中部地区的平均得分为-0.06分，西部地区的平均得分为-0.14分；在碳行为方面，东部地区的平均得分为0.12分，中部地区的平均得分为-0.06分，西部地区的平均得分为-0.10分；在碳素养方面，东部地区的平均得分为0.13分，中部地区的平均得分为-0.08分，西部地区的平均得分为-0.09分。因此，总的来看，受访者的碳素养和地区经济发展水平呈现出正相关，符合基础认知。然而，需要注意的是，中部地区的受访者在碳认知方面水平较低，需要政府加强对于碳排放相关客观知识的了解与认识程度。

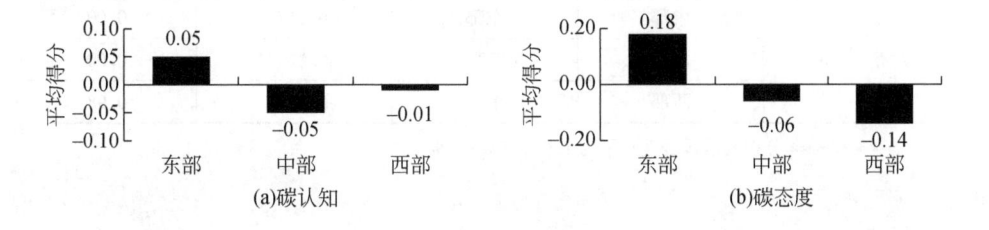

| 中国家庭低碳行为及支付意愿 |

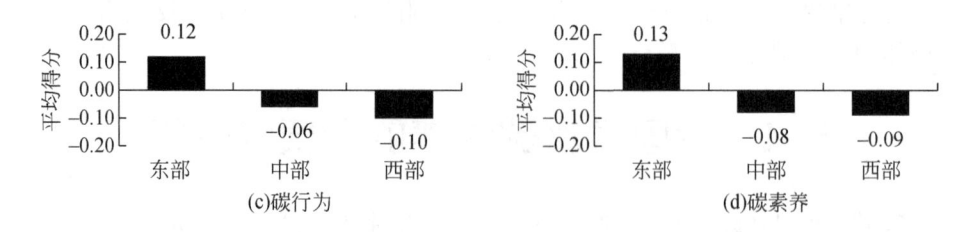

```
    0.20  0.12                           0.20  0.13
平   0.10                            平   0.10
均   0.00                            均   0.00
得  -0.10       -0.06                得  -0.10       -0.08
分  -0.20              -0.10         分  -0.20              -0.09
         东部   中部    西部                 东部   中部    西部
            (c)碳行为                           (d)碳素养
```

图 5-5　不同地区人群的碳素养

　　表 5-19 是不同地区人群碳素养及其构成要素的单因素方差分析。从单因素方差分析结果来看，在碳认知方面，东部地区、中部地区、西部地区的均值没有显著差别；在碳态度方面，东部地区显著高于中部地区和西部地区，而中部地区和西部地区之间没有显著差别；在碳行为方面，东部地区显著高于中部地区和西部地区，而中部地区和西部地区之间没有显著差别；在碳素养方面，东部地区显著高于中部地区和西部地区，而中部地区和西部地区之间没有显著差别。基于单因素方差分析的结果进一步验证了先前的理论假设：经济发展水平与人口碳素养水平呈现显著的正相关关系。

表 5-19　不同地区人群的碳素养单因素方差分析结果

变量	地区	地区	均值差	p 值
碳认知（CK）	中部	东部	-0.11	0.18
	西部	东部	-0.06	0.51
	西部	中部	0.04	0.80
碳态度（CA）	中部	东部	-0.26***	0.00
	西部	东部	-0.32***	0.00
	西部	中部	-0.06	0.58
碳行为（CH）	中部	东部	-0.18***	0.01
	西部	东部	-0.23***	0.00
	西部	中部	-0.04	0.75
碳素养（CAC）	中部	东部	-0.21***	0.00
	西部	东部	-0.22***	0.00
	西部	中部	-0.01	0.98

*、**和***分别表示显著性水平为10%、5%和1%

5.4.2 不同性别人群碳素养水平的异质性

图 5-6 展示了碳素养及其构成要素的性别分布。在碳认知方面，女性的平均得分为-0.08 分，男性的平均得分为 0.14 分；在碳态度方面，女性的平均得分为 0.05 分，男性的平均得分为-0.09 分；在碳行为方面，女性的平均得分为 0.06 分，男性的平均得分为-0.10 分；在碳素养方面，女性的平均得分为-0.02 分，男性的平均得分为 0.03 分。总体来看，尽管男性的碳素养水平比女性的碳素养水平要高，但这仅仅是由于其在碳认知方面的水平比女性高很多。因此，应当加强女性对于碳排放相关客观知识的了解与认识程度，提高男性对待碳事宜所持有的价值观、行为意愿及自我效能，并且加强他们有效转化呈现认识和态度对碳行为的影响能力。

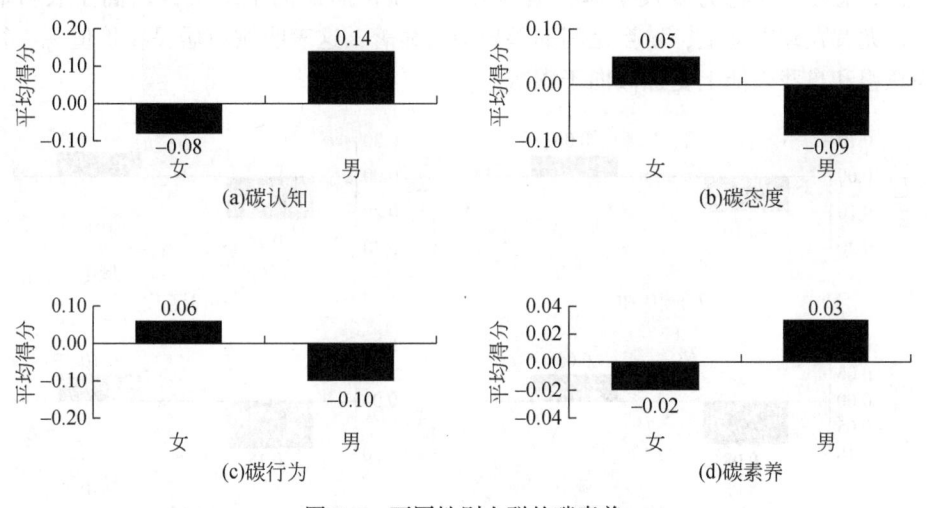

图 5-6 不同性别人群的碳素养

表 5-20 是不同性别人群碳素养及其构成要素的独立样本 t 检验。从独立 t 检验结果来看，在碳认知、碳态度、碳行为中，t 检验的概率 p 均小于 0.01，达到显著水平。这说明不同性别的受访者在碳认知、碳态度、碳行为上存在显著不同，具体表现为女性在碳态度、碳行为方面的均值显著高于男性，而男性在碳认知方面的均值则显著高于女性。由于普遍的性格特征，男性受访者与女性受访者的知识构成与兴趣点不同，男性受访者比女性受访者更愿意接受低碳方面的知识，导致差异产生，因此对碳知识的知晓程度上会稍高于女性受访者。相比之下，男性和女性在碳素养上没有显著差别。

表 5-20　不同性别人群的碳素养独立样本 t 检验结果

变量	女性	男性	均值差	t 值
碳认知（CK）	−0.08	0.14	−0.23***	−4.76
碳态度（CA）	0.05	−0.09	0.14***	2.96
碳行为（CH）	0.06	−0.10	0.16***	3.27
碳素养（CAC）	−0.02	0.03	−0.04	−0.88

*、**和***分别表示显著性水平为 10%、5% 和 1%

5.4.3 城乡人群碳素养水平的异质性

图 5-7 揭示了城乡人群之间在碳素养及其构成要素上的分布差异。在碳认知、碳态度、碳行为以及整体碳素养方面，城市居民的平均得分均高于农村居民。尤其在碳态度上，城乡之间的差异最为显著，这表明城市居民在价值观、行为意愿和自我效能上更加倾向于碳减排。

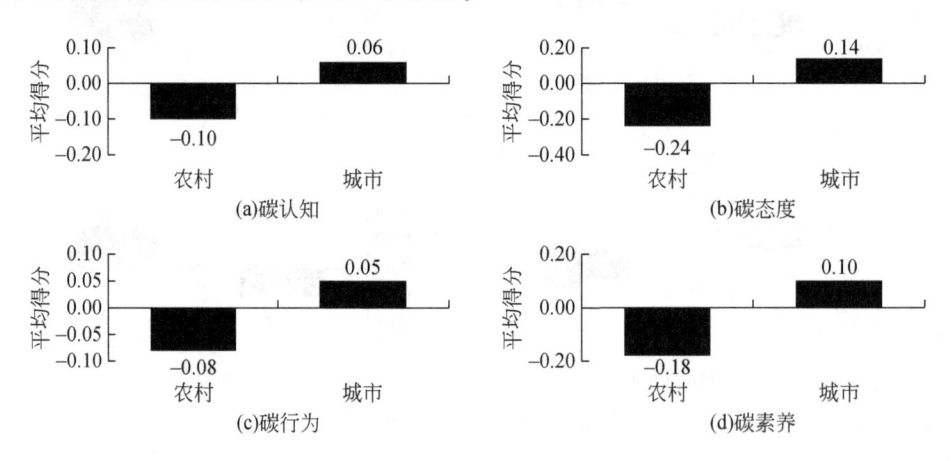

图 5-7　城乡人群的碳素养

表 5-21 是城乡人群碳素养及其构成要素的独立样本 t 检验。从独立 t 检验结果来看，在碳认知、碳态度、碳行为、碳素养中，t 检验的概率 p 均小于 0.01，达到显著水平。这说城市和乡村人群的受访者在碳认知、碳态度、碳行为、碳素养上均存在显著不同，具体表现为城市人群在碳认知、碳态度、碳行为、碳素养方面的均值显著高于农村人群，独立 t 检验的再次验证符合基础认知。

表 5-21 城乡人群的碳素养独立样本 t 检验结果

变量	农村	城市	均值差	t 值
碳认知（CK）	-0.10	0.06	-0.16***	-3.31
碳态度（CA）	-0.24	0.14	-0.38***	-7.91
碳行为（CH）	-0.08	0.05	-0.13***	-2.72
碳素养（CAC）	-0.18	0.10	-0.28***	-6.08

*、** 和 *** 分别表示显著性水平为 10%、5% 和 1%

5.4.4 不同受教育水平人群碳素养水平的异质性

图 5-8 展示了不同受教育水平人群在碳素养及其构成要素上的分布情况。随着教育水平的提高，各项碳素养得分均呈现出上升趋势，其中碳认知和碳态度分别从负分的范围转变为正分，而碳行为得分则逐渐提高但幅度较小。综合所有构成要素，碳素养的平均得分随着教育水平的提升而显著增加，这一趋势符合基本认知，即认为教育水平越高，个人对于碳减排的知识、态度和实践行为越积极。

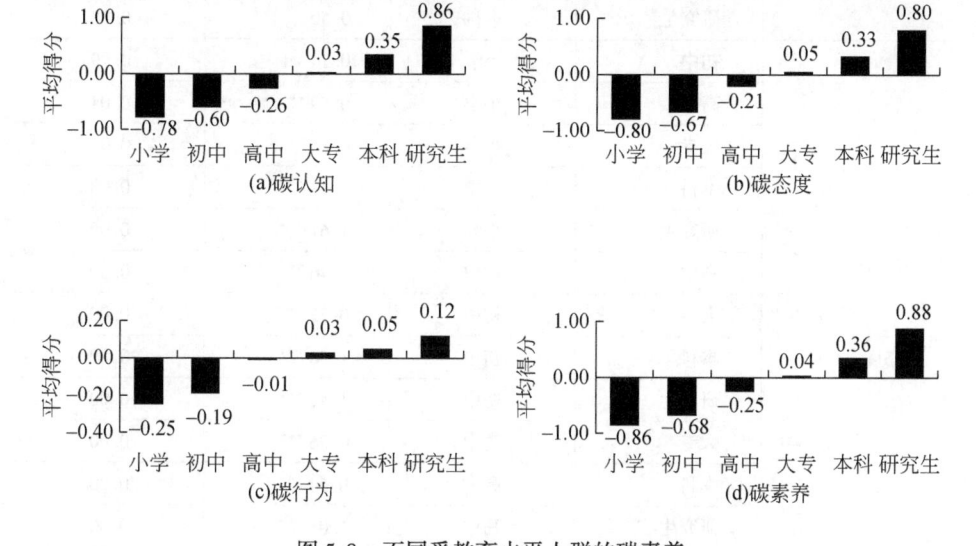

图 5-8 不同受教育水平人群的碳素养

表 5-22 是不同受教育水平人群碳素养及其构成要素的单因素方差分析。从单因素方差分析结果来看，在碳认知方面，除了初中与小学、研究生和本科这两个最低和最高受教育程度之间没有显著差别之外，大致呈现出随受教育水平的提升而增加的情况；在碳态度方面，除了初中与小学、研究生和本科这两个最低和

表 5-22 不同受教育水平人群的碳素养单因素方差分析结果

变量	受教育水平	受教育水平	均值差	p 值
碳认知（CK）	初中	小学	0.19	0.96
	高中	小学	0.52*	0.10
	大专	小学	0.81***	0.00
	本科	小学	1.14***	0.00
	研究生	小学	1.64***	0.00
	高中	初中	0.34***	0.01
	大专	初中	0.63***	0.00
	本科	初中	0.95***	0.00
	研究生	初中	1.45***	0.00
	大专	高中	0.29***	0.00
	本科	高中	0.61***	0.00
	研究生	高中	1.12***	0.00
	本科	大专	0.32***	0.00
	研究生	大专	0.83***	0.01
	研究生	本科	0.50	0.28
碳态度（CA）	初中	小学	0.14	0.99
	高中	小学	0.59**	0.04
	大专	小学	0.85***	0.00
	本科	小学	1.13***	0.00
	研究生	小学	1.61***	0.00
	高中	初中	0.46***	0.00
	大专	初中	0.72***	0.00
	本科	初中	1.00***	0.00
	研究生	初中	1.47***	0.00
	大专	高中	0.26***	0.00
	本科	高中	0.54***	0.00
	研究生	高中	1.01***	0.00
	本科	大专	0.28***	0.00
	研究生	大专	0.75**	0.02
	研究生	本科	0.47	0.35

续表

变量	受教育水平	受教育水平	均值差	p 值
碳行为（CH）	初中	小学	0.06	1.00
	高中	小学	0.25*	0.87
	大专	小学	0.28	0.79
	本科	小学	0.30	0.72
	研究生	小学	0.37	0.87
	高中	初中	0.18	0.49
	大专	初中	0.22	0.22
	本科	初中	0.24	0.13
	研究生	初中	0.31	0.85
	大专	高中	0.03	1.00
	本科	高中	0.05	0.98
	研究生	高中	0.12	1.00
	本科	大专	0.02	1.00
	研究生	大专	0.09	1.00
	研究生	本科	0.07	1.00
碳素养（CAC）	初中	小学	0.18	0.95
	高中	小学	0.61**	0.02
	大专	小学	0.91***	0.00
	本科	小学	1.22***	0.00
	研究生	小学	1.74***	0.00
	高中	初中	0.43***	0.00
	大专	初中	0.72***	0.00
	本科	初中	1.04***	0.00
	研究生	初中	1.56***	0.00
	大专	高中	0.29***	0.00
	本科	高中	0.61***	0.00
	研究生	高中	1.12***	0.00
	本科	大专	0.32***	0.00
	研究生	大专	0.83***	0.00
	研究生	本科	0.52	0.21

*、**和***分别表示显著性水平为10%、5%和1%

最高受教育程度之间没有显著差别之外，大致呈现出随受教育水平的提升而增加的情况；在碳行为方面，不同受教育程度之间均没有显著差别；在碳素养方面，除了初中与小学、研究生和本科这两个最低和最高受教育程度之间没有显著差别之外，大致呈现出随受教育水平的提升而增加的情况。总体来看，单因素方差分析的再次验证符合基础认知，即随着受教育的程度不断提升，碳素养也会不断提高。

进一步地，本报告还展示了在不同学习阶段中接受关于碳排放教育的碳素养情况。如图 5-9 所示，在小学学习阶段的群体中，各项得分均为负值，反映出缺乏碳教育可能与较低的碳素养相关。随着教育阶段的提高，碳认知、碳态度、碳行为以及碳素养的得分均逐渐增加，尤其是在研究生阶段，各项得分均有显著的提高，说明更高层次的教育对提升个人的碳素养有重要的促进作用。值得注意的是，除了最低级别（小学阶段）和最高级别（研究生阶段）之间存在显著差异外，其他各教育阶段之间的差距相对较小，特别是在从初中到大专阶段。这表明一定程度的基础碳教育就能够建立起基本的碳素养，但要实现更深层次的理解和行为变化，可能需要更高级别的教育支持和更专业的课程内容。因此，未来的教育策略可能需要考虑如何更有效地在早期教育阶段整合碳素养教育，并在更高的教育水平上提供更深入的专业知识，以进一步提高全社会的碳素养。

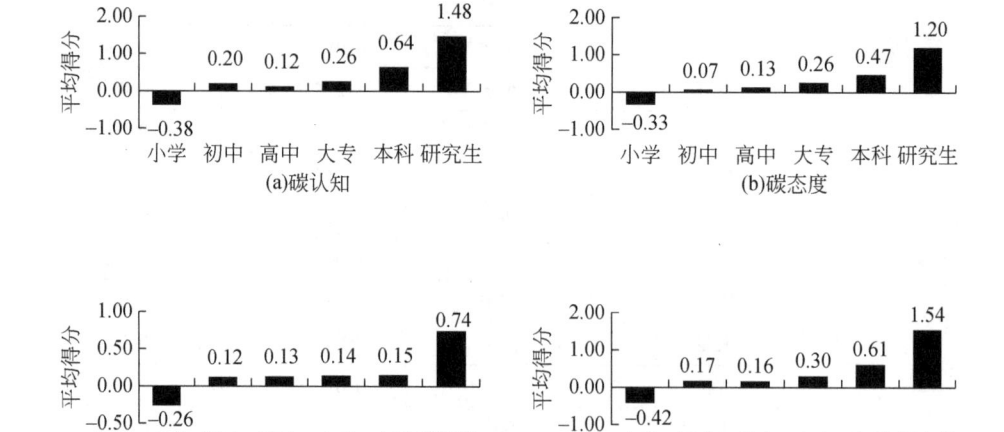

图 5-9　不同阶段接受碳教育的碳素养

5.4.5 不同职业人群碳素养水平的异质性

图 5-10 是碳素养及其构成要素的职业分布。在碳素养方面，个体经营者的平均得分为-0.15 分，事业单位职工的平均得分为 0.27 分，公务员的平均得分为 0.00 分，农民的平均得分为-0.66 分，国企职员的平均得分为 0.33 分，学生的平均得分为 0.37 分，工人的平均得分为-0.20 分，服务业从业人员的平均得分为-0.19 分，自由职业者的平均得分为-0.09 分，非国企职员的平均得分为 0.16 分。从分析结果来看，碳素养及其构成要素在不同职业人群之间存在异质性。

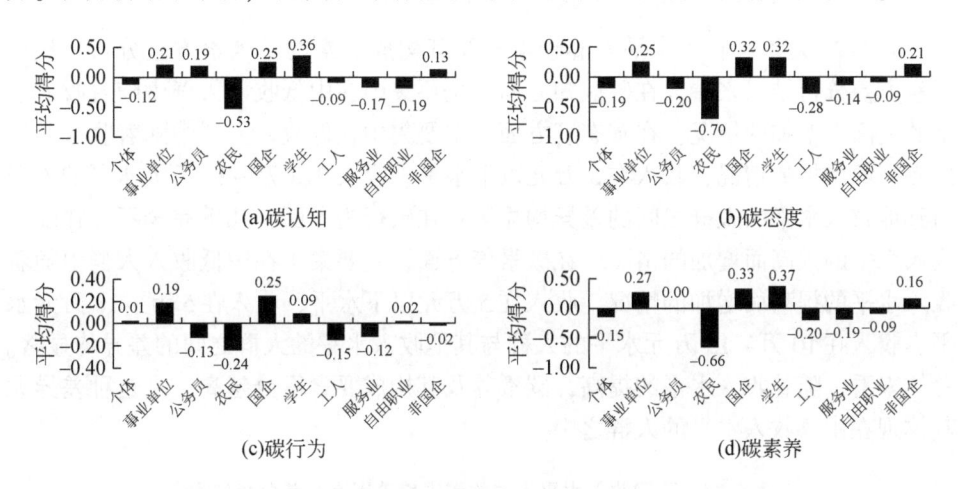

图 5-10 不同职业人群的碳素养

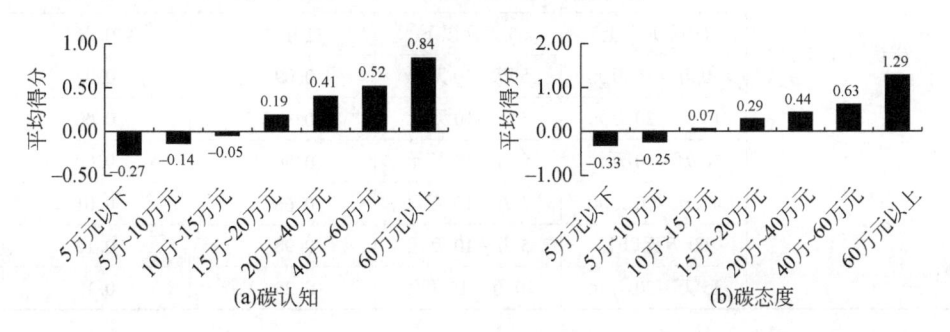

5.4.6 不同收入水平人群碳素养水平的异质性

图 5-11 是碳素养及其构成要素在不同收入水平下的分布。从分析结果来看，随着收入水平的提升，碳素养及其构成要素得分越高。

| 中国家庭低碳行为及支付意愿 |

(c)碳行为

(d)碳素养

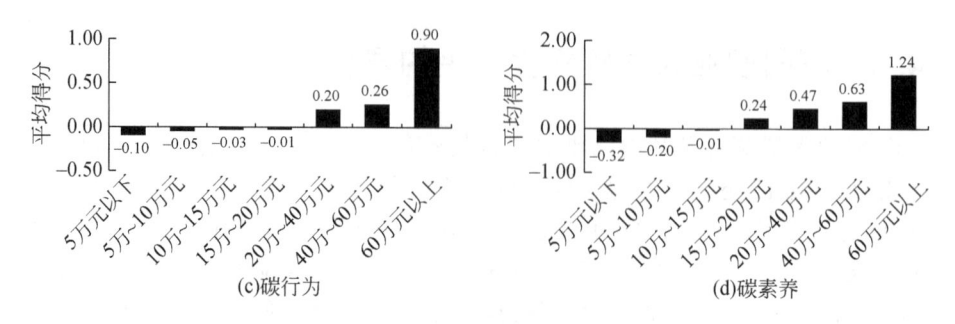

图 5-11 不同收入水平人群的碳素养

表 5-23 是不同收入水平人群碳素养及其构成要素的单因素方差分析。从单因素方差分析结果来看，在碳认知方面，主要集中在中低收入人群中随着收入水平的提高而增加的情况；在碳态度方面，主要集中在低收入人群中随着收入水平的提高而增加的情况，收入在 5 万元以下水平、收入在 5 万~10 万元水平的人群与其他收入水平的人群之间的差异均显著；在碳行为方面，几乎完全不存在随着收入水平的提高而增加的情况；在碳素养方面，主要集中在中低收入人群中随着收入水平的提高而增加的情况，收入在 5 万元以下水平、收入在 5 万~10 万元水平、收入在 10 万~15 万元水平的人群与其他收入水平的人群之间的差异均显著。总体来看，随着收入水平的提高，碳素养及其构成要素得分越高，且这种差异尤其体现在中低收入水平的人群之中。

表 5-23 不同收入水平人群的碳素养单因素方差分析结果

变量	收入水平	收入水平	均值差	p 值
碳认知（CK）	5 万~10 万元	5 万元以下	0.12	0.85
	10 万~15 万元	5 万元以下	0.21	0.37
	15 万~20 万元	5 万元以下	0.46***	0.00
	20 万~40 万元	5 万元以下	0.68***	0.00
	40 万~60 万元	5 万元以下	0.79***	0.00
	60 万元以上	5 万元以下	1.11*	0.06
	10 万~15 万元	5 万~10 万元	0.09	0.92
	15 万~20 万元	5 万~10 万元	0.34***	0.00
	20 万~40 万元	5 万~10 万元	0.56***	0.00
	40 万~60 万元	5 万~10 万元	0.66**	0.01
	60 万元以上	5 万~10 万元	0.98	0.12
	15 万~20 万元	10 万~15 万元	0.25	0.12

续表

变量	收入水平	收入水平	均值差	p 值
碳认知（CK）	20万~40万元	10万~15万元	0.47***	0.00
	40万~60万元	10万~15万元	0.57*	0.07
	60万元以上	10万~15万元	0.89	0.23
	20万~40万元	15万~20万元	0.22	0.36
	40万~60万元	15万~20万元	0.33	0.72
	60万元以上	15万~20万元	0.65	0.64
	40万~60万元	20万~40万元	0.11	1.00
	60万元以上	20万~40万元	0.43	0.94
	60万元以上	40万~60万元	0.32	0.99
碳态度（CA）	5万~10万元	5万元以下	0.08	0.98
	10万~15万元	5万元以下	0.40***	0.00
	15万~20万元	5万元以下	0.62***	0.00
	20万~40万元	5万元以下	0.76***	0.00
	40万~60万元	5万元以下	0.96***	0.00
	60万元以上	5万元以下	1.62***	0.00
	10万~15万元	5万~10万元	0.32***	0.00
	15万~20万元	5万~10万元	0.54***	0.00
	20万~40万元	5万~10万元	0.68***	0.00
	40万~60万元	5万~10万元	0.87***	0.00
碳态度（CA）	60万元以上	5万~10万元	1.54***	0.00
	15万~20万元	10万~15万元	0.23	0.18
	20万~40万元	10万~15万元	0.37***	0.00
	40万~60万元	10万~15万元	0.56*	0.08
	60万元以上	10万~15万元	1.22**	0.01
	20万~40万元	15万~20万元	0.14	0.83
	40万~60万元	15万~20万元	0.33	0.68
	60万元以上	15万~20万元	1.00	0.10
	40万~60万元	20万~40万元	0.19	0.97
	60万元以上	20万~40万元	0.86	0.26
	60万元以上	40万~60万元	0.66	0.70

续表

变量	收入水平	收入水平	均值差	p 值
碳行为（CH）	5万~10万元	5万元以下	0.05	1.00
	10万~15万元	5万元以下	0.07	1.00
	15万~20万元	5万元以下	0.09	0.99
	20万~40万元	5万元以下	0.30	0.12
	40万~60万元	5万元以下	0.35	0.68
	60万元以上	5万元以下	1.00	0.14
	10万~15万元	5万~10万元	0.02	1.00
	15万~20万元	5万~10万元	0.04	1.00
	20万~40万元	5万~10万元	0.25 *	0.10
	40万~60万元	5万~10万元	0.30	0.77
	60万元以上	5万~10万元	0.95	0.18
	15万~20万元	10万~15万元	0.02	1.00
	20万~40万元	10万~15万元	0.23	0.29
	40万~60万元	10万~15万元	0.28	0.84
	60万元以上	10万~15万元	0.93	0.21
	20万~40万元	15万~20万元	0.21	0.47
	40万~60万元	15万~20万元	0.26	0.89
	60万元以上	15万~20万元	0.91	0.24
	40万~60万元	20万~40万元	0.06	1.00
	60万元以上	20万~40万元	0.70	0.57
	60万元以上	40万~60万元	0.64	0.77
碳素养（CAC）	5万~10万元	5万元以下	0.12	0.84
	10万~15万元	5万元以下	0.31 **	0.02
	15万~20万元	5万元以下	0.56 ***	0.00
	20万~40万元	5万元以下	0.79 ***	0.00
	40万~60万元	5万元以下	0.95 ***	0.00
	60万元以上	5万元以下	1.56 ***	0.00
	10万~15万元	5万~10万元	0.19	0.12
	15万~20万元	5万~10万元	0.44 ***	0.00
	20万~40万元	5万~10万元	0.67 ***	0.00
	40万~60万元	5万~10万元	0.83 ***	0.00

续表

变量	收入水平	收入水平	均值差	p 值
碳素养（CAC）	60 万元以上	5 万~10 万元	1.44***	0.00
	15 万~20 万元	10 万~15 万元	0.25*	0.08
	20 万~40 万元	10 万~15 万元	0.48***	0.00
	40 万~60 万元	10 万~15 万元	0.64**	0.02
	60 万元以上	10 万~15 万元	1.24***	0.01
	20 万~40 万元	15 万~20 万元	0.23	0.23
	40 万~60 万元	15 万~20 万元	0.39	0.45
	60 万元以上	15 万~20 万元	1.00*	0.09
	40 万~60 万元	20 万~40 万元	0.16	0.99
	60 万元以上	20 万~40 万元	0.76	0.38
	60 万元以上	40 万~60 万元	0.61	0.77

*、** 和 *** 分别表示显著性水平为 10%、5% 和 1%

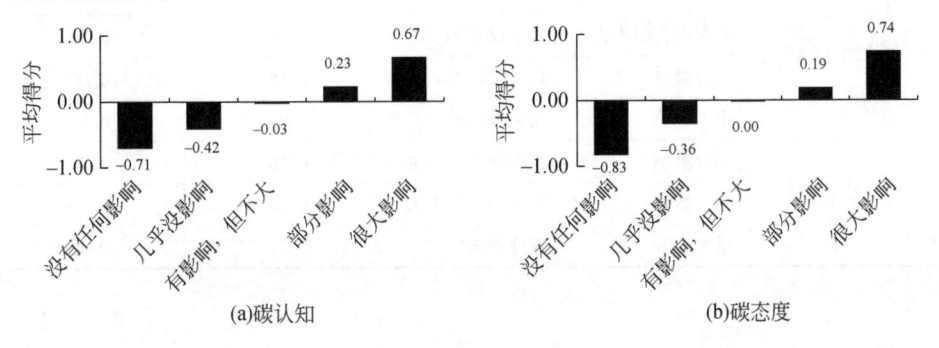

5.4.7 不同气候变化影响程度的人群碳素养水平的异质性

除了前面研究的分析以外，本报告还认为，碳素养的形成，一定程度上还会受到个体某些经历的影响，存在经历上的异质性，分析结果如图 5-12 所示。气候变化对许多居民产生了深远的影响，如极端高温、暴雨等。研究表明，经历过气候灾害的居民往往会对气候变化更加关注。在碳素养方面，没有受到任何气候变化影响的平均得分为 -0.81 分，几乎没有受到气候变化影响的平均得分为 -0.48 分，受气候变化影响不大的平均得分为 -0.01 分，受到气候变化部分影响的平均得分为 0.24 分，受到气候变化很大影响的平均得分为 0.79 分。从分析结果来看，随着个体受到气候变化影响程度的增加，碳素养及其构成要素普遍呈现出提升的趋势。

(a)碳认知

(b)碳态度

(c)碳行为　　　　　　　　　　　　(d)碳素养

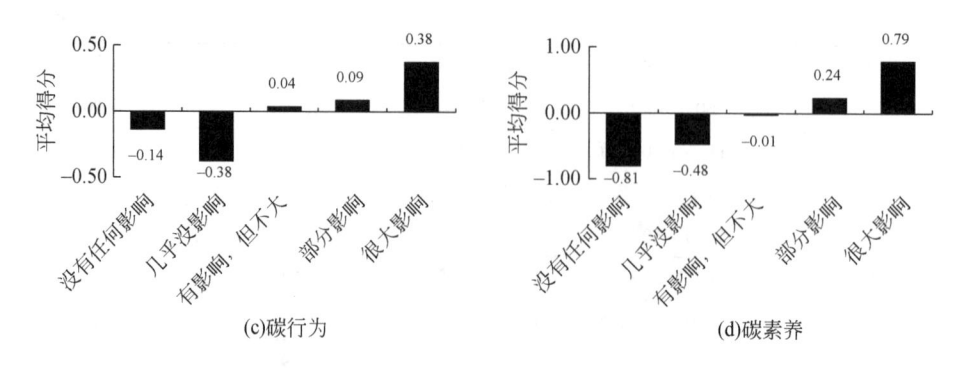

图 5-12　不同气候变化影响程度人群的碳素养

表 5-24 是不同气候变化影响程度人群碳素养及其构成要素的单因素方差分析。从单因素方差分析结果来看，在碳认知方面，除了受访者几乎不受气候变化影响和气候变化对受访者没有任何影响之间没有显著差别之外，大致呈现出随着气候变化影响程度的增加而不断提升的情况；在碳态度方面，完全呈现出随着气候变化影响程度的增加而不断提升的情况；在碳行为方面，主要集中在受访者受到气候变化很大影响、受访者受到气候变化部分影响、受访者受到气候变化影响不大与受访者几乎不受气候变化影响之间的差异较为显著；在碳素养方面，完全呈现出随着气候变化影响程度的增加而不断提升的情况。本报告认为这样的结果，主要存在两个原因：一方面是受到气候变化影响的居民，往往更有动力去了解气候变化和低碳相关知识，也会对减碳持有更积极的态度和价值观，日常生活

表 5-24　不同气候变化影响程度人群的碳素养单因素方差分析结果

变量	影响程度	影响程度	均值差	p 值
碳认知（CK）	几乎没影响	没有任何影响	0.29	0.17
	有影响，但不大	没有任何影响	0.69***	0.00
	部分影响	没有任何影响	0.94***	0.00
	很大影响	没有任何影响	1.38***	0.00
	有影响，但不大	几乎没影响	0.39***	0.00
	部分影响	几乎没影响	0.65***	0.00
	很大影响	几乎没影响	1.09***	0.00
	部分影响	有影响，但不大	0.26***	0.00
	很大影响	有影响，但不大	0.69***	0.00
	很大影响	部分影响	0.43***	0.00

续表

变量	影响程度	影响程度	均值差	p 值
碳态度（CA）	几乎没影响	没有任何影响	0.47***	0.00
	有影响，但不大	没有任何影响	0.83***	0.00
	部分影响	没有任何影响	1.02***	0.00
	很大影响	没有任何影响	1.57***	0.00
	有影响，但不大	几乎没影响	0.35***	0.00
	部分影响	几乎没影响	0.54***	0.00
	很大影响	几乎没影响	1.09***	0.00
	部分影响	有影响，但不大	0.19**	0.01
	很大影响	有影响，但不大	0.74***	0.00
	很大影响	部分影响	0.55***	0.00
碳行为（CH）	几乎没影响	没有任何影响	−0.24	0.40
	有影响，但不大	没有任何影响	0.18	0.62
	部分影响	没有任何影响	0.23	0.38
	很大影响	没有任何影响	0.51**	0.02
	有影响，但不大	几乎没影响	0.42***	0.00
	部分影响	几乎没影响	0.47***	0.00
	很大影响	几乎没影响	0.75***	0.00
	部分影响	有影响，但不大	0.05	0.93
	很大影响	有影响，但不大	0.34**	0.05
	很大影响	部分影响	0.29	0.15
碳素养（CAC）	几乎没影响	没有任何影响	0.33*	0.07
	有影响，但不大	没有任何影响	0.80***	0.00
	部分影响	没有任何影响	1.04***	0.00
	很大影响	没有任何影响	1.59***	0.00
	有影响，但不大	几乎没影响	0.47***	0.00
	部分影响	几乎没影响	0.71***	0.00
	很大影响	几乎没影响	1.27***	0.00
	部分影响	有影响，但不大	0.24***	0.00
	很大影响	有影响，但不大	0.80***	0.00
	很大影响	部分影响	0.55***	0.00

*、**和***分别表示显著性水平为10%、5%和1%

中也愿意积极参与减排；另一方面是因为碳素养高的受访者往往会意识到生活中出现的一些极端天气或者灾难是由于气候变化引起的，而碳素养低的受访者则往往将其归咎于自然产生的，与气候变化无关。

5.5 碳价接受度

自工业革命以来，人类向大气中排放的二氧化碳等温室气体逐年增加，大气的温室效应也随之增强，引发了气候变化并带来一系列严峻挑战，如气候异常现象和极端气候灾难频发等，对人类社会构成了重大威胁。随着气候变化问题逐渐发展为全球人类面临的最大非传统安全挑战，各国领导人逐渐意识到全球气候变化是世界各国面临的共同责任，并在第21届联合国气候变化大会上通过了《巴黎协定》，为全球应对气候变化做出统一安排，致力于将全球平均气温较前工业化时期上升幅度控制在2℃以内，并努力将温度上升幅度限制在1.5℃以内。

为了降低二氧化碳的排放，许多经济学者、环境学者和政府管理人员都呼吁在整个经济范围内实施碳定价，主要原因在于碳定价提高了高碳商品和服务相对于低碳商品和服务的价格，理论上能够通过抑制消费者和生产者的高碳行为，激励使用清洁能源，同时定价获得的收入也能够补贴企业进行技术创新，从而降低二氧化碳的排放（Nordhaus，2010；Baranzini et al.，2017）。然而，在现实应用中，碳价遭到了相当大的群众阻力和政治阻力。因群众抗议，2014年澳大利亚碳定价计划取消（Crowley，2017）；2016年和2018年华盛顿征收碳税的决议遭到大部分官员的投票反对（Carattini et al.，2019）；因民众抗议活动，2018年底法国的碳税暂定征收六个月。

在推进环境治理体系现代化建设的过程中，政府承担着对生态环境进行保护和治理的职责，政府的环境治理效能直接影响到群众对政府环境治理能力的评价，进而影响对政府环境治理的满意度（Konisky et al.，2008；唐啸等，2020）。政府环境治理能力的提升不仅关乎政府自身形象的建设，更关乎人民群众切身的生态环境权益。公众个体作为环境治理的重要社会型主体之一，随着公众对环境质量和生活水平满意度的提升，其参与环境治理的积极性也会提升（施生旭和甘彩云，2017）。公众参与环境保护可以为环境保护工作提供意见建议，对环境保护政策的落实提供必要的监督作用，是解决环境问题、提高环境治理的重要举措（王玉君和韩冬临，2019）。因此，公众对于政府环境治理的满意度和接受度是衡量政府环境治理能力和治理绩效的重要评价指标。基于此，本部分将描述分析本轮调查中发现的家庭对碳价的接受情况，然后利用文本分析简单考察碳价对居民生活波动的影响。

5.5.1 家庭对碳价的可接受性分析

碳价格作为市场信号，能够长效调节促进不同行业、不同地区的边际减排成本趋于均等化，促进清洁能源的消费，是应对气候变化的重要工具。然而，如果在实际的运用中，存在碳定价不合理的问题，并且碳价在不同地区间存在较大的异质性，将会导致环境不平等问题被放大，增加了创建良好低碳发展环境的难度。因此，政府在利用市场"看不见的手"为碳排放权制定价格时，仍然需要关注和把控碳价处于有效合理的范围内。

基于上述分析，本部分首先考查居民个体对碳价的了解程度，结果如图5-13所示。有646人完全没有听说过碳价，占全部调查人数的34.92%；有763人听说过但不太了解碳价，占全部调查人数的41.24%；有318人对于碳价一般了解，占全部调查人数的17.19%；有103人对于碳价了解，占全部调查人数的5.57%；有20人对于碳价非常了解并且持续关注，占全部调查人数的1.08%。从分析结果来看，一半以上的群体对于碳价都有所了解。接下来，将针对了解碳价的群体考察其对碳价的可接受性。

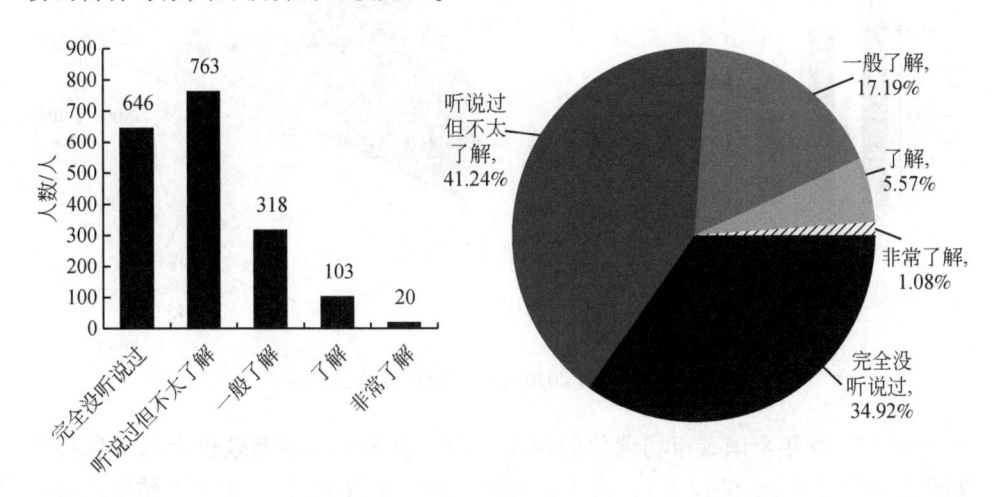

图5-13 对碳价的了解程度

为了解居民个体对碳价的可接受性，本部分主要从实际和预期两个角度进行分析。分析结果分别如图5-14和图5-15所示。在对当前全国碳市场的碳价的评价方面，有119人认为当前碳价低于预期，占了解碳价人数的9.88%；有742人认为当前碳价在自己的预期范围内，占了解碳价人数的61.63%；有343人认为当前碳价高于预期，占了解碳价人数的28.49%。从分析结果来看，绝大部分群

| 中国家庭低碳行为及支付意愿 |

体能够接受当前全国碳市场的碳价。

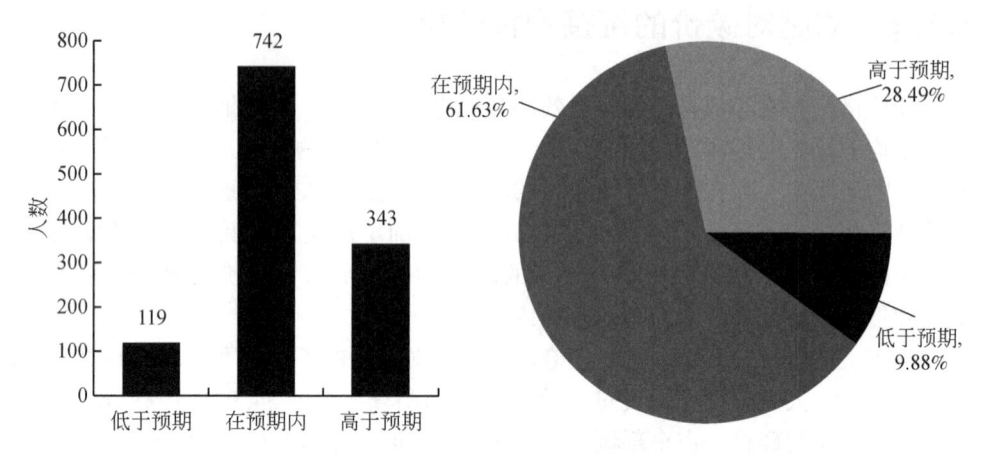

图 5-14 对当前碳市场的碳价评价

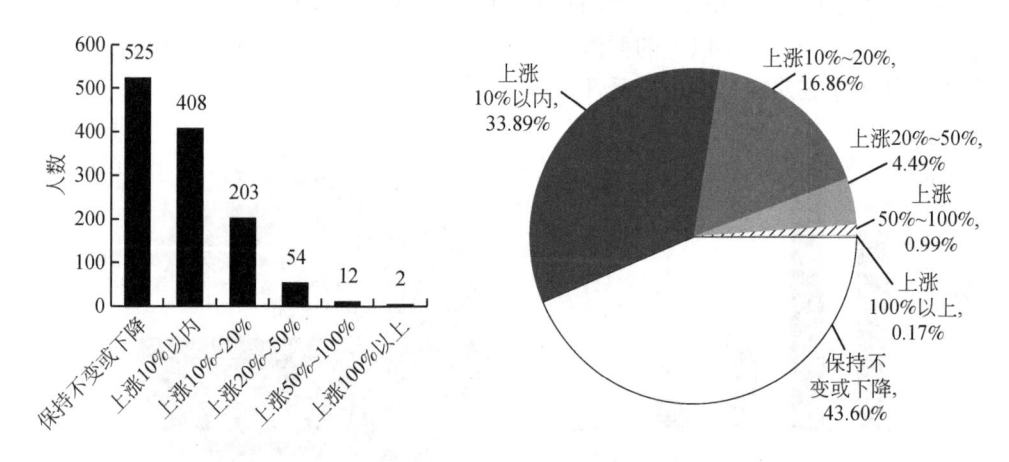

图 5-15 对 2030 年碳市场的碳价预期

在对 2030 年全国碳市场碳价的预期方面,有 525 人预期碳价会基本保持不变或者下降（60 元/吨以下），占了解碳价人数的 43.60%；有 408 人预期碳价会上涨 10% 以内（60～66 元/吨），占了解碳价人数的 33.89%；有 203 人预期碳价会上涨 10%～20%（67～72 元/吨），占了解碳价人数的 16.86%；有 54 人预期碳价会上涨 20%～50%（73～90 元/吨），占了解碳价人数的 4.49%；有 12 人预期碳价会上涨 50%～100%（91～120 元/吨），占了解碳价人数的 0.99%；有 2 人预期碳价会上涨 100% 以上（120 元/吨以上），占了解碳价人数的 0.17%。从分析结果来看，一半以上的群体预期全国碳市场碳价将会稳定在保持不变或上涨

10%的范围内。

5.5.2 碳价波动影响的文本分析

本部分考察了碳价波动对了解碳价的居民个体未来生活的影响及具体影响的词频分析，结果如图5-16所示。在碳价的波动对居民个体未来生活的影响的总体评估方面，有46人认为碳价的波动对以后的生活没有任何影响，占了解碳价人数的3.82%；有198人认为碳价的波动对以后的生活几乎没有影响，占了解碳价人数的16.44%；有487人认为碳价的波动对以后的生活有影响，但不大，占了解碳价人数的40.45%；有401人认为碳价的波动对以后的生活有部分影响，占了解碳价人数的33.31%；有72人认为碳价的波动对以后的生活有很大影响，占了解碳价人数的5.98%。从分析结果来看，大部分的群体认为碳价的波动对自己未来的生活会产生一定程度的影响。

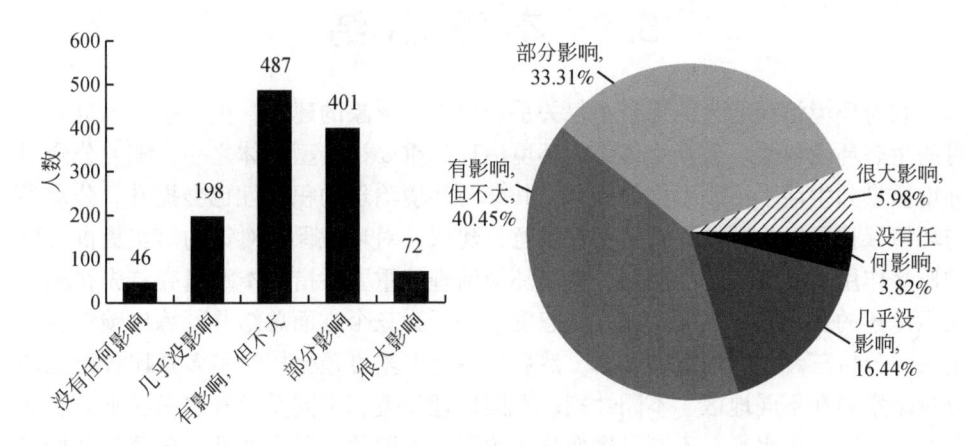

图5-16 碳价波动对生活影响

更进一步地，本轮调查还考察了居民个体认为碳价波动会对自己的未来生活造成哪些具体的影响，本报告根据居民个体的具体回答绘制了词云图，结果如图5-17所示。从分析结果来看，居民个体认为碳价波动主要会对未来生活产生生活成本增加、物价上涨、生活质量降低、能源价格增加等诸多负面影响。值得一提的是，也有部分受访者认为碳价的波动也能够使得低碳、节能等行为出现的频率增加，对自己的生活有着积极影响。但是总体而言，碳价波动对居民的生活还是以造成负面影响为主。因此，实现碳价的稳定对于居民的未来生活而言，极其重要。

图 5-17　碳价波动影响的文本分析

5.6　本章小结

　　政府环境治理能力的提升不仅关乎政府自身形象的建设，更关乎人民群众切身的生态环境权益。公众个体作为环境治理的重要社会型主体之一，随着公众对环境质量和生活水平满意度的提升，其参与环境治理的积极性也会提升。公众参与环境保护可以为环境保护工作提供意见建议，对环境保护对策的落实提供必要的监督作用，是解决环境问题、提高环境治理的重要举措。本章研究首先在相关文献综述的基础上，从碳认知、碳态度、碳行为三个方面总结并凝练出碳素养的定义，分析三者之间的影响逻辑。然后运用单因素方差分析法和多重比较检验法分析碳素养在不同地区、不同性别、不同地理位置、不同受教育水平、不同职业人群、不同收入水平、不同气候变化影响程度方面的差异。此外，还简单分析了家庭对碳价的可接受性与受到碳价波动的影响。结果表明，东部地区、位于城市、受教育水平越高、收入水平越高、受气候变化影响程度越大的居民碳素养水平越高，因此要加大对低碳知识的普及，提高人民的收入水平，促进居民自发减排。此外，大部分群体对于碳价都有所了解，并且能够接受当前全国碳市场的碳价，预期全国碳市场的碳价将会稳定在保持不变或上涨 10% 的范围内。然而，大部分的群体认为碳价的波动对自己未来的生活会产生一定程度的影响，这种影响主要体现在生活成本增加、物价上涨、生活质量降低、能源价格增加等众多负面影响。因此，政府要加大对碳市场的监督与管理，将碳价控制在合理的区间范围内，尽最大可能降低碳价波动对公众生活的负面影响，努力构建群众满意的现代化环境治理体系。

第6章 中国居民碳支付意愿

随着温室气体的大量排放，气候变化成为全人类共同面临的难题与挑战，各国都实施了一系列政策促进低碳经济发展，降低碳排放。我国作为世界上最大的发展中国家，碳排放量一直居高不下，2020年我国二氧化碳排放量达98.94亿吨，约占全球二氧化碳排放量的30.9%，位列第一。随着经济进一步发展和城市化进程的不断推进，我国居民的生活水平还会进一步提高，随之而来的就是更多的碳排放。在碳减排势在必行的背景下，政府势必会制定相应的碳减排计划，计划实施有一定的成本费用，收益则是居民享受到的低碳产品、环境改善服务等。因此，了解居民愿意为碳减排计划支付的费用（即支付意愿），有助于政策制定者评估减排计划的收益和成本，更好地做出决策。本章将首先对碳支付意愿的相关文献进行梳理，其次介绍实验设计和两种支付意愿的测算方法，然后分析碳支付意愿和碳补偿意愿的基本特征及其影响因素，最后分析衣食住行领域的支付意愿和补偿意愿的基本特征及其影响因素。

6.1 文献综述

支付意愿（willingness to pay，WTP）指消费者消费一定数量的商品或劳务所愿意支付的金额，本报告中指受访者为享受更加低碳环保的产品或服务所愿意额外支付的金额，即碳支付意愿。已有的文献中，一般使用条件价值评估法（CVM）作为支付意愿的调查方法。条件价值评估法（CVM）是一种社会调查方法，向个人提供有关特定环境变化的信息，这些变化的价值没有在经济市场中得到解释，在调查中，个人对这些变化及其非市场价值的看法、态度和偏好会被引出。为了衡量环境变化对人们福利的影响，会询问被调查者对所涉及的收益的支付意愿，这就是WTP（Brouwer et al.，2008）。根据问卷形式，CVM方法可分为开放式问卷、支付卡式、单边二分法、双边二分法等形式。开放式问卷直接询问受访者支付意愿是多少，调查比较容易，成本较低，但结果分析相对简单，特别是面对不熟悉的商品或服务时，受访者回答问题存在一定难度，放弃回答的比例较高。相较而言，支付卡式提供了一系列支付选择，二分法也仅需要受访者面对固定金额时回答接受或不接受，极大降低了受访者拒绝回答问题的概率。因此，本章选择双边二分法测算受访者的碳支付意愿，并进一步选择支付卡式测算受访者衣食住行分类别的碳支付意愿。

目前对居民碳减排支付意愿的研究主要分为三大类。第一类是综合性的，即直接询问居民愿意为二氧化碳减排计划支付多少费用，如段红霞等（2013）运用支付卡方法估算我国公众对二氧化碳减排政策的支付意愿，结果表明绝大部分参与者对减排政策持明显的支持态度，平均每人每年愿意支付201.86元人民币以支持减排行动；曾贤刚（2011）用支付卡方式估算我国城镇居民对二氧化碳减排的支付意愿，结果表明我国城镇居民愿意为到2050年全球减排30%而每年支付132元，减排60%而每年支付216元，减排85%而每年支付264元。第二类是针对特定行业或产品的减排意愿，如吴力波等（2018）使用双边条件价值评估法测算了上海市居民对绿色电力环境属性的额外支付意愿，并分析了影响该支付意愿的主要因素；Zhang和Wu（2012）使用支付卡式估算了江苏省城镇居民绿色电力的支付意愿；Yoo和Kwak（2009）运用单边选择法对韩国绿色电力的支付意愿进行了研究；Lin和Tan（2017）运用CVM评估我国四个最发达城市（北京、上海、广州和深圳）的居民对新能源公交车的支付意愿，结果显示约80%的受访者愿意支付额外票价来支持新能源公交车的使用，具体支付金额为0.653元/票；Zahedi等（2019）用单边二分法探索加泰罗尼亚的公众为减少私人道路运输造成的空气污染和温室气体排放的意愿，结果表明超过60%的受访者愿意增加目前的交通税以减少空气污染。第三类是针对某一具体环保项目的支付意愿，如魏同洋等（2015）运用双边二分式意愿调查法评估作为北京生态涵养区的延庆县生态保护和建设对改善北京大气质量的价值；Haque等（2022）使用支付卡方法研究了孟加拉国某市的低收入边缘社区为他们受益地区的蓝色生态系统服务的保护和恢复的支付意愿，发现约有三分之一的社区居民不愿意支付，希望成为搭便车者。本章包含了前两类研究内容，先询问受访者对碳减排的整体支付意愿，再分衣食住行四个类别询问受访者的碳支付意愿，可以更加直观地进行不同行业的对比。

考虑到居民的碳支付意愿对碳减排计划实施的重要影响，分析居民碳支付意愿的影响因素至关重要。已有文献对碳支付意愿影响因素的分析主要包括两大类：一是人口统计学特征，包括性别（Mair，2011；Choi and Ritchie，2014；Mackerron et al.，2019）、年龄（Lu and Shon，2012；Cheung et al.，2015；Seetaram et al.，2018）、受教育程度（Haque et al.，2022；王国友，2016）、收入水平（Nakamura and Kato，2013；Cheung et al.，2015；Loureiro et al.，2013）、居住地区（齐绍洲等，2019；王国友，2016）等。值得注意的是，关于性别对碳支付意愿影响的研究结果尚未定论。然而，多数研究表明，年轻、高学历和高收入群体往往表现出较高的碳支付意愿。二是受访者对环境的感知变量，如 Tan 等（2022）研究了政策关注、相关经验、相关知识等自变量对杭州市民是否支持电动汽车电池交换站的建设及 WTP 的影响；Choi 和 Ritchie（2014）关注道德责任、对环境和子孙后代的关注以及对灾害的恐惧等心理因素对支付意愿的影响；Birgelen 等（2011）研究了航空乘客在补偿二氧化碳排放方面的行为，结果表明对环境严重程度的感知、自我认知和补偿重要性与补偿意愿呈正相关。因此，本章研究影响居民碳支付意愿的影响因素时，同时加入了人口统计学特征和环境感知变量，从多角度分析影响居民碳减排支付意愿的因素。

目前学者对碳支付意愿的研究多专注一个特定场景，所有受访者收到的信息都相同，本章在此基础上设置了多组别情景，不同组别提供不同的背景信息，有利于进一步分析不同类别的信息对居民碳支付意愿的影响。因此，本章将先用双边二分法测算碳支付意愿并分析其影响因素，再利用支付卡式估算衣食住行的碳支付意愿并分析其影响因素。

6.2　实验设计

6.2.1　碳支付意愿

价值评估场景设计是条件价值评估法（CVM）问卷设计的核心。在此过程中，信息设计尤为关键，尤其是对受访者不熟悉的公共物品或服务的价值评价研究中，信息内容和呈现方式对于估值结果的准确性具有显著影响。通过研究不同场景对于受访者支付意愿和受偿意愿的影响，对于探寻更低的政策成本具有重要的启示意义。

本章在设计支付意愿问题时，为考虑信息效应，针对同样的碳减排目标设计了四个版本问卷，对受访者随机进行信息干预，研究不同信息设计对居民支付意愿的影响，包括基准组和 3 个实验组。设计的逻辑如图 6-1 所示：基准组仅提供文字信息，描述当前气候变化的影响；实验组 1 在基准组提供的文字信息基础上，加入气候变化对环境影响的图片，增强信息的直观性；实验组 2 在基准组的基础上，加入气候变化对人类社会影响的图片；实验组 3 综合前述组别，同时提供气候变化对环境和人类社会影响的图片，信息呈现最为全面。理论上，受访者接触到的信息越多，对气候变化的理解会更加深刻，这可能会体现在更高的碳支付意愿上。

```
                    ┌──────────────────────────────────────────────┐
                    │ 文字信息：二氧化碳等温室气体的排放是造成全球气候变化的 │
              ┌─基准组│ 一个重要因素。从2023年开始，想象全国将采取一系列更为严 │
              │     │ 格的控制手段和措施来减少碳排放和改善气候变化的影响，如 │
              │     │ 大力发展绿电、对畜牧业进行低碳化升级改造、碳中和航班占 │
              │     │ 比增加、限制制造业（如纺织业）排放等。除此之外，还会采 │
              │     │ 取其他措施……                                    │
              │     └──────────────────────────────────────────────┘
              │
              │     ┌──────────────────────────────────────────────┐
              │     │ 文字信息同基准组；环境影响：                      │
              ├─实验组1│   [图]  [图]  [图]   …                       │
              │     │                                              │
 WTP测算     │     └──────────────────────────────────────────────┘
 实验设计 ───┤
              │     ┌──────────────────────────────────────────────┐
              │     │ 文字信息同基准组；人类社会影响：                   │
              ├─实验组2│   [图]  [图]   …                              │
              │     │                                              │
              │     └──────────────────────────────────────────────┘
              │
              │     ┌──────────────────────────────────────────────┐
              │     │ 文字信息同基准组；环境影响+人类社会影响：           │
              └─实验组3│   [图][图][图][图][图]  …                     │
                    │                                              │
                    └──────────────────────────────────────────────┘
```

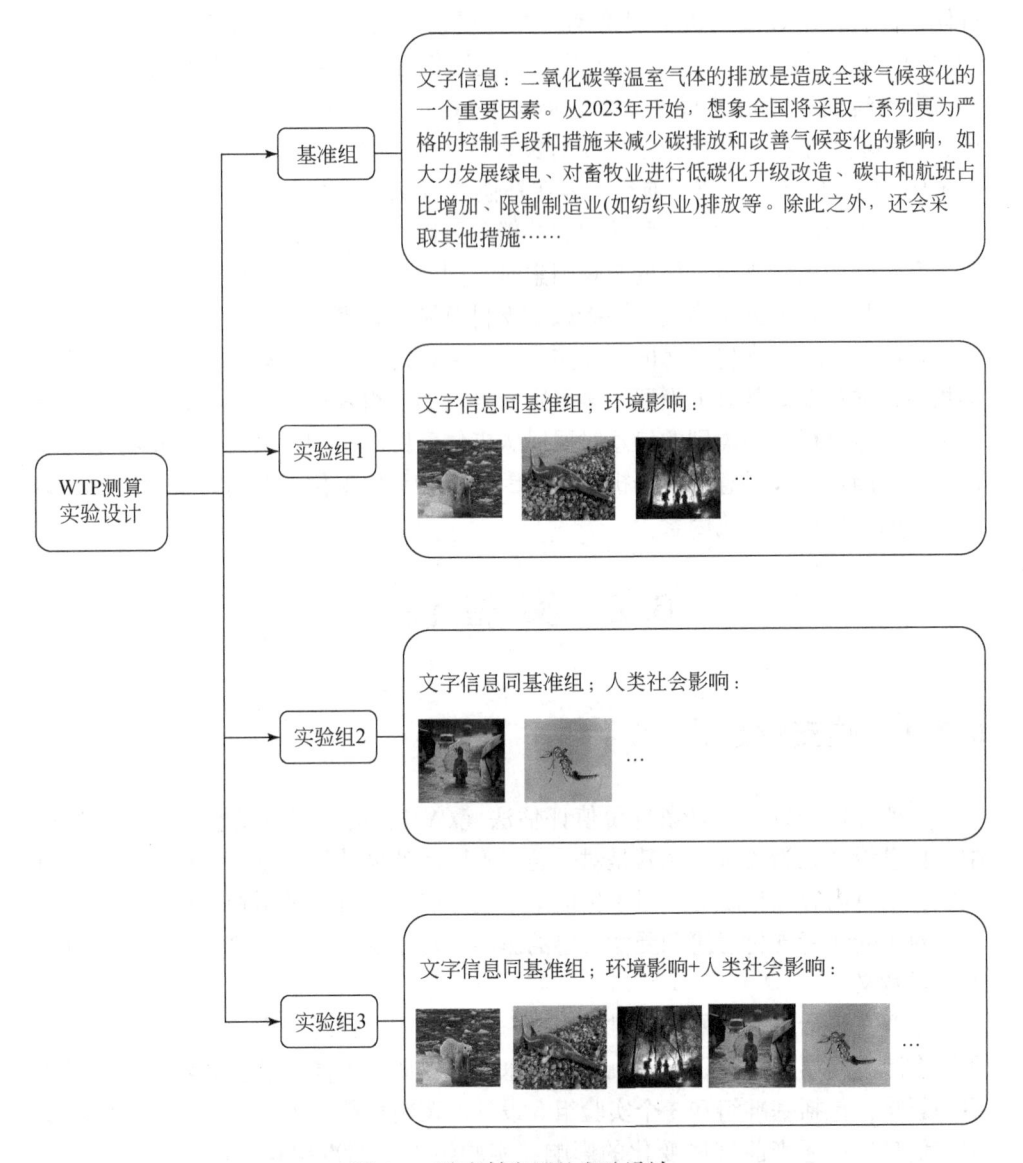

图6-1 碳支付意愿的实验设计

具体来看，对于基准组，采用文字描述提出问题背景："二氧化碳等温室气体的排放是造成全球气候变化的一个重要因素。从 2023 年开始，想象全国将采取一系列更为严格的控制手段和措施来减少碳排放和改善气候变化的影响，如大力发展绿电、对畜牧业进行低碳化升级改造、碳中和航班占比增加、限制制造业（如纺织业）排放等。除此之外，还会采取其他措施。现在，想象这一揽子政策措施能成功执行，这些措施将使我国的碳排放水平下降，以更好地实现《巴黎协定》设定的目标。为实现这个目标，联合国政府间气候变化专门委员会的报告称，2030年前全球每年的碳排放量需要缩减一半。但同时，这些控制措施的施行需要所有中国居民支付一笔强制性费用。因此，所有中国居民都必须投票决定是否赞成实施这些措施。"

对于实验组1的受访者，除了基准组的文字信息外，进一步加入了关于气候变化对环境影响的图片，包含北极冰川融化、长江白鲟灭绝和重庆森林火灾等；实验组2的受访者在接受文字信息外，进一步加入气候变化对人类社会的影响的图像，包括7·20郑州大暴雨、登革热、疟疾等虫媒传染病；对于实验组3的受访者，在获得文字信息的同时，还同时获得实验组2、实验组3的气候变化对环境和人类社会的影响的信息。除情境设计不同以外，其他部分的问卷设置完全一致。

研究受访者在不同情境设置下的支付意愿差异，对于推进双碳政策具有重要的意义。以碳减排为例，一般而言，若受访者接受到关于气候变化影响更多的信息，则更有可能增强受访者环境保护的意识，更可能倾向于更高的支付意愿。相比于传统的通过改变消费者偏好的方式，信息干预的方式往往可以以更低的成本让消费者参与到碳减排。因此，本研究旨在通过不同的情境设置，探究受访者在哪种信息环境下的支付意愿更高，寻找更低成本的居民碳减排政策。

6.2.2　衣食住行的支付意愿

在衣食住行领域中，评估碳支付意愿采用支付卡形式的测算方法。对应衣食住行领域选取以下代表性产品进行分析，其中"衣"选择低碳耐用型T恤，"食"选择猪肉（非汉族选择牛肉），"住"选择绿色电力，"行"选择航空出行。以绿色电力为例，问卷设计流程如图6-2所示。首先，提供关于发展绿色电力的背景信息，阐明其必要性。随后，询问受访者是否支持绿色电力的发展。若回答不支持，则该部分调查终止；若答案为肯定，则继续提问，询问受访者若将原本电力换成绿色电力，可以接受每度电[①]上涨多少，来进行支付意愿的测度。为此，设计了不同的投标额选项。若消费者不愿接受电力价格上涨，则表示为0分/度；若愿意，则受访者可以选择从1分/度到1角以上等投标值；若选择1角以上，将被要求填写一个具体数值。

---

① 1度电是日常生活中对电能的单位，通常被用来计量家用电器消耗的电能量，为非法定单位，1度电等于1千瓦时。为方便调查中受访者准确理解问卷，以度电来表示电器的耗电量。

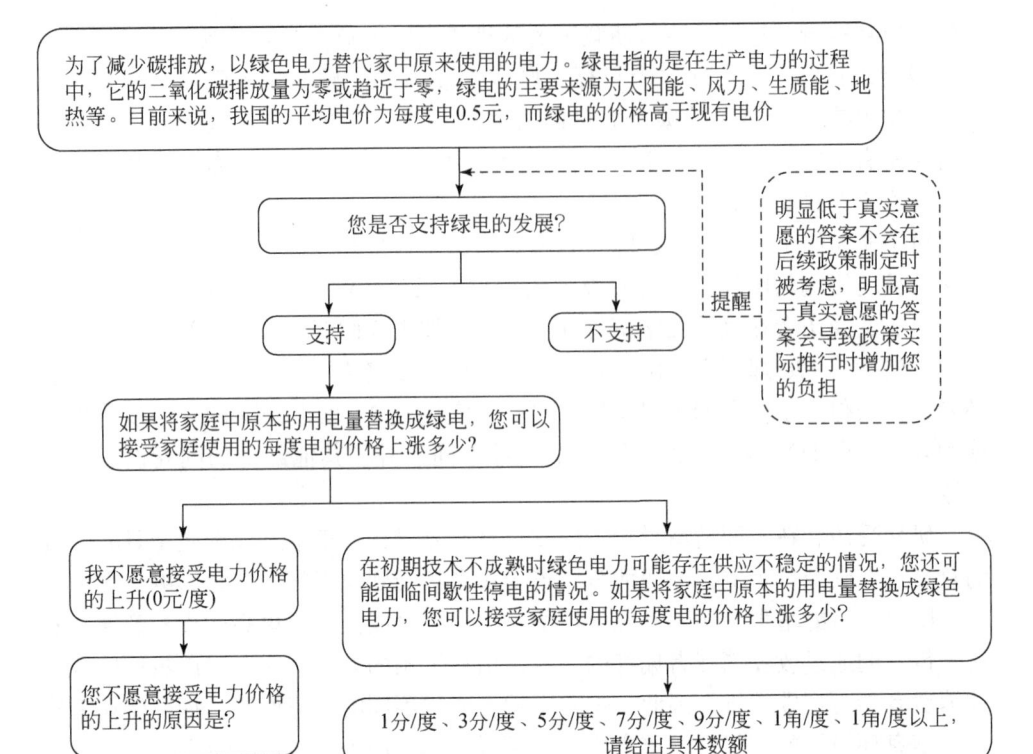

```
┌─────────────────────────────────────────────────────────┐
│ 为了减少碳排放,以绿色电力替代家中原来使用的电力。绿电指的是在生产电力的过程 │
│ 中,它的二氧化碳排放量为零或趋近于零,绿电的主要来源为太阳能、风力、生质能、地 │
│ 热等。目前来说,我国的平均电价为每度电0.5元,而绿电的价格高于现有电价 │
└─────────────────────────────────────────────────────────┘
```

绿电支付意愿的实验设计流程图:
- 您是否支持绿电的发展?
  - 支持
  - 不支持
- 提醒:明显低于真实意愿的答案不会在后续政策制定时被考虑,明显高于真实意愿的答案会导致政策实际推行时增加您的负担
- 如果将家庭中原本的用电量替换成绿电,您可以接受家庭使用的每度电的价格上涨多少?
  - 我不愿意接受电力价格的上升(0元/度)
  - 您不愿意接受电力价格的上升的原因是?
- 在初期技术不成熟时绿色电力可能存在供应不稳定的情况,您还可能面临间歇性停电的情况。如果将家庭中原本的用电量替换成绿色电力,您可以接受家庭使用的每度电的价格上涨多少?
  - 1分/度、3分/度、5分/度、7分/度、9分/度、1角/度、1角/度以上,请给出具体数额

图 6-2　绿电支付意愿的实验设计

6.3　测算方法

本节首先介绍测算碳减排平均支付意愿和平均受偿意愿的双边二分法。随后,详细介绍测算衣、食、住、行的支付意愿和受偿意愿的支付卡形式计算方法。

6.3.1　双边二分法

本章选择双边二分法来测算受访者对碳减排的总体支付意愿和受偿意愿。双边二分法是一种封闭式问卷调查方法,相较于开放式问卷更便于受访者回答,同时可以降低不回答及零支付答案的比例。

在测量碳减排的支付意愿时,先提出一个初始投标值,询问受访者是否接受。如果受访者接受初始投标额,则认为受访者的支付意愿高于该投标值,继续以较高的投标值询问受访者的支付意愿;相反,如果受访者不接受初始投标额,

则认为受访者的支付意愿低于该投标值，继续以较低的投标值询问受访者的支付意愿。对于碳减排的受偿意愿，同样先询问受访者是否接受一个给定的投标值，回答"可以"或"不可以"，称为初始投标值；如果受访者接受初始投标额，则认为受访者的受偿意愿低于该投标值，继续以较低的投标值询问受访者的受偿意愿；相反，如果受访者不接受初始投标额，则认为受访者的受偿意愿高于该投标值，继续以较高的投标值询问受访者的受偿意愿。为便于分析，记初始投标值为 bid^1，后续投标值为 bid^2。通过这种询问方式，受访者的支付意愿被划分为四种情况：

(1) 受访者接受 bid^1 并拒绝 bid^2，则 $bid^1 \leq WTP < bid^2$；
(2) 受访者接受 bid^1 和 bid^2，则 $bid^2 \leq WTP < \infty$；
(3) 受访者拒绝 bid^1 并接受 bid^2，则 $bid^2 \leq WTP < bid^1$；
(4) 受访者拒绝 bid^1 和 bid^2，则 $0 < WTP < bid^2$；

定义受访者 i 对第一次和第二次询问的响应结果变量为 y_i^1 和 y_i^2，二者均为二分变量。WTP 可由以下线性方程估计：

$$WTP_i(z_i, u_i) = z_i'\beta + u_i \qquad (6\text{-}1)$$

式中，z_i 是一系列解释变量的向量；β 是回归系数向量；u_i 是误差项且 $u_i \sim N(0, \sigma^2)$。如果受访者的 WTP 大于投标值，则受访者回答为"可以"，结果变量等于1。因此，受访者接受第一个投标值并拒绝第二个投标值的概率 $\Pr(y_i^1=1, y_i^2=0 \mid z_i)$ 可以表示为：

$$\Pr(y,n) = \Pr(bid^1 \leq WTP < bid^2) = \Pr(bid^1 \leq z_i'\beta + u_i < bid^2)$$

$$= \Pr\left(\frac{bid^1 - z_i'\beta}{\sigma} \leq \frac{u_i}{\sigma} < \frac{bid^2 - z_i'\beta}{\sigma}\right) = \Phi\left(\frac{bid^2 - z_i'\beta}{\sigma}\right) - \Phi\left(\frac{bid^1 - z_i'\beta}{\sigma}\right) \qquad (6\text{-}2)$$

式中，$\Phi(x)$ 为累积正态分布函数，利用正态分布的对称性，可得：

$$\Pr(y,n) = \Phi\left(z_i'\frac{\beta}{\sigma} - \frac{bid^1}{\sigma}\right) - \Phi\left(z_i'\frac{\beta}{\sigma} - \frac{bid^2}{\sigma}\right) \qquad (6\text{-}3)$$

同理，当 $y_i^1 = 1$，$y_i^2 = 1$ 时，可得：

$$\Pr(y,y) = \Pr(WTP > bid^1, WTP \geq bid^2) = \Pr(z_i'\beta + u_i > bid^1, z_i'\beta + u_i \geq bid^2)$$

$$= \Pr(z_i'\beta + u_i > bid^1 \mid z_i'\beta + u_i \geq bid^2) \cdot \Pr(z_i'\beta + u_i \geq bid^2) \qquad (6\text{-}4)$$

此时 $bid^2 > bid^1$，因此 $\Pr(z_i'\beta + u_i > bid^1 \mid z_i'\beta + u_i \geq bid^2) = 1$，则

$$\Pr(y,y) = \Pr(u_i \geq bid^2 - z_i'\beta) = 1 - \Phi\left(\frac{bid^2 - z_i'\beta}{\sigma}\right) = \Phi\left(z_i'\frac{\beta}{\sigma} - \frac{bid^2}{\sigma}\right) \qquad (6\text{-}5)$$

当 $y_i^1 = 0$，$y_i^2 = 1$ 时：

$$\Pr(n,y) = \Pr(bid^2 \leq WTP < bid^1) = \Pr(bid^2 \leq z_i'\beta + u_i < bid^1)$$

$$= \Pr\left(\frac{bid^2 - z_i'\beta}{\sigma} \leq \frac{u_i}{\sigma} < \frac{bid^1 - z_i'\beta}{\sigma}\right) = \Phi\left(\frac{bid^1 - z_i'\beta}{\sigma}\right) - \Phi\left(\frac{bid^2 - z_i'\beta}{\sigma}\right)$$

$$= \Phi\left(z'_i\frac{\beta}{\sigma} - \frac{\text{bid}^2}{\sigma}\right) - \Phi\left(z'_i\frac{\beta}{\sigma} - \frac{\text{bid}^1}{\sigma}\right) \tag{6-6}$$

当 $y_i^1 = 0$，$y_i^2 = 0$ 时：

$$\Pr(n,n) = \Pr(\text{WTP} < \text{bid}^1, \text{WTP} < \text{bid}^2) = \Pr(z'_i\beta + u_i < \text{bid}^1, z'_i\beta + u_i < \text{bid}^2)$$

$$= \Pr(z'_i\beta + u_i < \text{bid}^2) = \Phi\left(\frac{\text{bid}^2 - z'_i\beta}{\sigma}\right) = 1 - \Phi\left(z'_i\frac{\beta}{\sigma} - \frac{\text{bid}^2}{\sigma}\right) \tag{6-7}$$

构造似然函数，最大化方程：

$$\sum_{i=1}^{N}\left[\begin{array}{l} d_i^{yn}\ln\left(\Phi\left(z'_i\frac{\beta}{\sigma} - \frac{\text{bid}^1}{\sigma}\right) - \Phi\left(z'_i\frac{\beta}{\sigma} - \frac{\text{bid}^2}{\sigma}\right)\right) + d_i^{yy}\ln\left(\Phi\left(z'_i\frac{\beta}{\sigma} - \frac{\text{bid}^2}{\sigma}\right)\right) \\ + d_i^{ny}\ln\left(\Phi\left(z'_i\frac{\beta}{\sigma} - \frac{\text{bid}^2}{\sigma}\right) - \Phi\left(z'_i\frac{\beta}{\sigma} - \frac{\text{bid}^1}{\sigma}\right)\right) + d_i^{nn}\ln\left(1 - \Phi\left(z'_i\frac{\beta}{\sigma} - \frac{\text{bid}^2}{\sigma}\right)\right) \end{array}\right]$$

$$\tag{6-8}$$

式中，d_i^{yn}、d_i^{yy}、d_i^{ny}、d_i^{nn} 是二分类变量，表示受访者的不同选择结果。通过最大似然估计，可以得到 $\hat{\beta}$，则平均支付意愿为 $E(\text{WTP}|\bar{z}, \beta) = \bar{z}'\hat{\beta}$，其中 $\bar{z}'$ 是解释变量的平均值。本节选取的解释变量如表6-1所示，包括个体特征（性别、受教育程度、家庭收入水平、家庭成员数量、是否为城镇居民和婚姻状况）和环境感知变量（碳感知、碳态度和碳行为）。可以看到，样本中大部分为女性，平均受教育程度高于高中，家庭平均年收入在8万~10万元，平均常住人口3~4人，大部分为城镇居民，绝大多数为已婚状态，碳感知、碳态度、碳行为得分都较高。

表6-1 变量描述性统计

变量	变量描述	均值	标准差	最小值	最大值
性别	男性=1，女性=0	0.370	0.483	0	1
受教育程度	没有接受过正规教育=0，小学=1，初中=2，高中=3，大专及以上=4	3.520	0.764	0	4
家庭收入水平	年收入0~3万元=1，3万~5万元=2，5万~8万元=3，8万~10万元=4，10万元以上=5	4.043	1.136	1	5
家庭成员数量	常住人口数量	3.584	1.242	1	10
是否为城镇居民	城镇=1，农村=0	0.632	0.482	0	1
婚姻状况	已婚=1，未婚=0	0.693	0.462	0	1
碳感知	"您的生活是否已经受到了气候变化的影响"：没有任何影响=1，几乎没有影响=2，有影响但不大=3，部分影响=4，很大影响=5	3.180	0.920	1	5

续表

变量	变量描述	均值	标准差	最小值	最大值
碳态度	"人类对气候变化负有责任":完全不同意=1,不同意=2,不确定=3,同意=4,完全同意=5	4.299	0.683	1	5
碳行为	"为了降低排放,我愿意减少不必要的购物和使用":完全不同意=1,不同意=2,不确定=3,同意=4,完全同意=5	3.872	0.706	1	5

注：平均受偿意愿的计算原理与方法和平均支付意愿相同，不再赘述。

6.3.2　支付卡形式计算法

支付卡式（the payment card approach）的估计方法最开始由 Mitchell 和 Carson（1984）提出。支付卡情形下估算 WTP 与 WTA 具有多种方式，常见的包括 Ordered Logit WTP/WTA、Maximal Legal WTP/WTA、Interval Midpoint WTP/WTA 等，每种方法对应不同的假设，但它们在本质上并无显著区别，在接下来的分析中采用 Ordered Logit WTP/WTA 方法。采用该方法主要有 3 个理由：首先，本次问卷设计满足该方法的假定；其次，目前该方法在相关研究中应用较为广泛且成熟；最后，该方法有利于进一步分析影响 WTP 与 WTA 的影响因素。

下面以估计 WTP 为例，介绍估计方法的具体步骤。首先，受访者被要求选择一个值，这个值表示他们的最大支付意愿，则真实的 WTP 位于所选的投标值以上，但低于下一个更高的投标值。然后，通过构建受访者支付意愿选择的回归方程，利用回归结果中的参数值估算受访者平均支付意愿，并对影响支付意愿大小的相关因素进行分析。鉴于支付卡式引导技术下所获得的支付意愿是有序多分类变量，因此采用有序离散选择模型进行回归，模型设计如式（6-9）所示：

$$Y_i = \sum_{j=1}^{J} \beta_j X_{ji} + \varepsilon_i \tag{6-9}$$

式中，Y_i 表示投标值。如前文所述，以绿色电力为例，受访者可选择的投标额包括 0 分/度、1 分/度、3 分/度、5 分/度、7 分/度、9 分/度、1 角/度、1 角/度以上。Y_i 表示赋予的有序整数，若受访者选择 0 分/度则赋值为 0、1 分/度则赋值为 1，以此类推，1 角/度以上赋值为 7。X_{ji} 表示一系列会影响受访者选择投标值的因素，此处选择的控制变量包含家庭收入对数、家庭规模、年龄、教育年限、是否为汉族、是否为党员、性别、宗教信仰、居住地、婚姻状况、亲环境意愿、节能行为等，控制变量如表 6-2 所示。WTP 与 WTA 对应样本的控制变量特征并不存在明显差异,加之受篇幅限制,此处仅给出全样本的描述性统计。

采用有序离散模型进行参数估计并计算拟合值:

$$\text{WTP}(\text{OL}-\text{WTP}) = \frac{\sum_{i}^{n} A_i P_i}{\sum_{i}^{n} P_i} \tag{6-10}$$

根据式(6-10)进行 WTP 的估算,其中 P_i 表示通过式(6-9)参数估计后 Y_i 的预测值,A_i 表示个体 i 具体选择的投标值。

表6-2 变量的描述性统计

变量名称	变量符号	变量定义	样本量	均值	标准差	最小值	最大值
性别	male	是否为男性:是为1,否则为0	1850	0.371	0.483	0	1
居住地	rural	是否为农村:是为1,否则为2	1850	0.365	0.482	0	1
收入	lnincome	家庭年收入(单位:元)取对数	1850	11.688	0.636	9.903	13.911
年龄	age	年龄	1850	34.78	10.37	17	74
年龄的平方	age^2	年龄的平方	1850	1317	798.2	289	5476
家庭规模	size	家庭人口数量	1850	3.583	1.241	1	10
老年人口比例	oldrate	老年人口占家庭人口比例	1809	0.073	0.165	0	1
少年人口比例	childrate	少年人口占家庭人口比例	1841	0.223	0.192	0	1
党员	party	是否为党员或预备党员:是为1,否则为0	1850	0.082	0.275	0	1
宗教信仰	belief	是否具有宗教信仰:是为1,否则为0	1850	0.006	0.080	0	1
民族	race	是否为汉族,是为1,否则为0	1850	0.947	0.224	0	1
婚姻	unmarried	是否未婚,是为1,否则为0	1850	0.295	0.456	0	1
教育水平	eduy	教育年限	1849	13.94	2.573	6	22
节能行为	esbevior	是否已经做到更换、升级、使用节能产品,如使用节能、节电等具有能效标识等家用电器。是为1,否则为0	1850	0.733	0.442	0	1

续表

变量名称	变量符号	变量定义	样本量	均值	标准差	最小值	最大值
政策认知	policyknow	判断题：中国承诺在2035年前实现"碳达峰"目标	1850	0.038	0.192	0	1

注：在设置教育年限时，具体设置如下：小学则为6年，初中则为9年，高中（包含中专、技校和职高）为12年，大专为15年，大学本科为16年，硕士为19年，博士为22年

6.4 基本特征

本节首先对受访者的碳减排支付意愿的问卷结果进行描述性统计分析，关注总体样本情况和分实验组别情况；随后根据6.3节双边二分法的测算方法计算居民的碳减排平均支付意愿，并分析其影响因素；在影响因素的基础上，对居民碳减排支付意愿进行异质性分析。其次，分析居民碳减排受偿意愿的样本基本情况，计算平均受偿意愿并分析其影响因素。

6.4.1 碳减排支付意愿

6.4.1.1 碳减排支付意愿的基本特征

问卷中的投标数额包括5、10、20、50、100、150、200（单位：元），在调查过程中，分别以10、20、50、100、150（单位：元）为投标起点，且各个投标起点的受访者随机分配，数量相近，从全样本来看，样本量分别为309、300、299、277、302。图6-3展示了全样本受访者在不同初始投标值下的支付意愿响

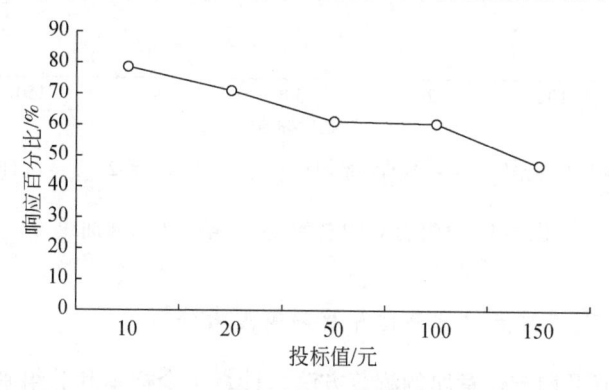

图6-3 全样本WTP初始投标值响应及分布曲线

应百分比,可以看到,投标值越高,受访者对碳减排的响应程度越低。当投标值为 10 元时,有 78.64% 的受访者愿意支付;投标值为 150 元时,仅有 47.02% 的受访者愿意支持碳减排。

基于不同背景信息对受访者进行随机分配,WTP 基准组、WTP 实验组 1、WTP 实验组 2、WTP 实验组 3 分别回收有效问卷 361 份、386 份、364 份、377 份。如图 6-4 所示,不同组别对于不同初始投标值的响应程度不同。WTP 基准组在投标值为 10 元时愿意支付的比例最高,为 80.49%,投标值为 150 元时响应比例最低,为 58.33%;WTP 实验组 1 在投标值为 10 元时响应比例最高,为 85.14%,高于 WTP 基准组,投标值为 150 元时响应比例最低,为 35.9%,远低于 WTP 基准组;WTP 实验组 2 同样在投标值为 10 元时响应比例最高,为 75.32%,低于 WTP 基准组和 WTP 实验组 1,投标值为 150 元时响应比例最低,为 57.14%,略高于 WTP 实验组 1;WTP 实验组 3 不同于前面 3 个组别,在投标值为 20 元时响应比例最高,为 75.34%,但其投标值为 10 元的响应比例也达到了 73.68%,投标值为 150 元时响应比例最低,为 38.75%,略高于 WTP 实验组 1,但低于 WTP 基准组和 WTP 实验组 2。整体来看,不同组别的支付意愿趋势和全样本类似,同意支付的比例随投标额的增加而下降。

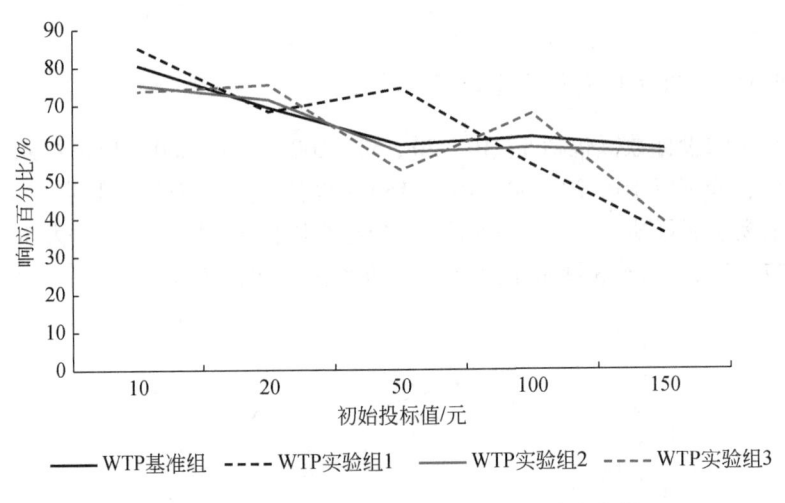

图 6-4 分组别 WTP 初始投标值响应及分布曲线

6.4.1.2 碳减排支付意愿估算及影响因素分析

根据 6.3 节平均支付意愿的测算方法,计算了全样本和分组别的碳减排平均支付意愿。本小节选择的解释变量包括性别、受教育程度、家庭收入水平、家庭成员数量、婚姻状况、是否为城镇居民、碳感知、碳态度和碳行为。

如表 6-3 所示，全样本的平均支付意愿为每人每月 85.10 元。段红霞等（2013）估算了公众对二氧化碳减排政策的支付意愿，结果为人均每月支付意愿 16.82 元。本节估算结果显著高于以往文献的结果，原因可能有两个：一是近年来居民的收入水平显著提高，支付意愿的绝对金额增加，为此计算了样本的平均家庭人均月收入和支付意愿占人均月收入的比例，全样本为 2.22%，但段红霞等（2013）未展示样本的平均收入，无法进行比较；第二个可能的原因是近年来居民对环境保护和可持续发展的了解逐渐加深，认识到绿色发展的必要性，愿意为碳减排支付更多费用。

表 6-3　各组别平均支付意愿

	平均支付意愿/（元/月）	家庭人均月收入/元	支付意愿占收入的比例/%
全样本	85.10	3831.20	2.22
WTP 基准组	91.39	3824.53	2.39
WTP 实验组 1	81.29	3691.68	2.20
WTP 实验组 2	88.25	3962.24	2.23
WTP 实验组 3	80.99	3854.29	2.10

为了比较不同信息对居民碳减排支付意愿的影响，估算了不同实验组的平均支付意愿。WTP 基准组的平均支付意愿最高，为 91.39 元，占收入比例为 2.39%。WTP 实验组 1 增加了气候变化对环境影响的信息，平均支付意愿反而降低为 81.29 元，占收入比例降至 2.20%，可能的原因是居民看到环境破坏的严重性后，产生了消极心理，对未来的环境发展持悲观态度，因而降低了其支付意愿。WTP 实验组 2 提供的信息增加了气候变化对人类社会的影响，平均支付意愿为 88.25 元，占收入比例为 2.23%，相比于 WTP 基准组也有所下降，可能的原因气候变化是对人类的负面影响使居民对未来持悲观态度，降低了其支付意愿；但与 WTP 基准组相比，WTP 实验组 2 的支付意愿下降程度较 WTP 实验组 1 小，这在一定程度上也可以说明相比于气候变化对生态环境的危害，居民对气候变化可能带来的自然灾害、病毒传播等涉及自身利益的影响更为关注。WTP 实验组 3 同时提供了环境影响和人类社会影响，平均支付意愿为 80.99 元，占收入的比例最低，为 2.10%。上述分析结果表明，为增加居民对碳减排的支付意愿，在进行宣传及提供相关信息时，应该对信息进行认真筛选，以防引起负面影响。

表 6-4 列出了影响碳减排支付意愿的因素及其回归系数，样本范围为全样本。在个体特征中，性别、受教育程度、家庭成员数量和是否为城镇居民对支付意愿的影响不显著；家庭收入水平显著影响支付意愿，收入越高，每月愿意为碳

减排支付的费用也越高，这符合常理，也和大多数研究的结果一致；值得注意的是，婚姻状况对碳减排的支付意愿影响很大，其系数显著为负且绝对值较大，说明相较于未婚，已婚居民的支付意愿显著降低，这可能是因为居民组成家庭后，对家庭、孩子的支出大幅增加，降低了其他方面的消费，而未婚单身的个体可以自由支配收入。在环境感知变量中，碳态度对支付意愿没有显著影响，但碳感知和碳行为对支付意愿的影响均显著为正，且从系数的大小来看，碳行为的正向影响效果更大，这表明当居民愿意为碳减排付出实际行动的时候，其对碳减排的支付意愿也会大幅增加，因此应让居民积极参与到碳减排的实际行动中来。

表6-4　碳减排支付意愿的影响因素

变量	回归系数
性别	1.405
受教育程度	4.739
家庭收入水平	7.216**
家庭成员数量	2.022
是否为城镇居民	10.89
婚姻状况	-16.29**
碳感知	10.79***
碳态度	-0.916
碳行为	24.51***

* $p<0.1$，** $p<0.05$，*** $p<0.01$

6.4.1.3　碳减排支付意愿的异质性分析

在碳减排支付意愿的影响因素分析基础上，本小节根据家庭收入水平、婚姻状况、碳感知程度、碳行为对支付意愿进行异质性分析，分组描述不同初始投标值下各组别的支付响应百分比，并计算各组别的平均支付意愿及占家庭月收入的比例。

（1）家庭收入水平

按家庭年收入水平划分为五个组别，包括低收入组（3万元以下）、中低收入组（3万~5万元）、中等收入组（5万~8万元）、中高收入组（8万~10万元）和高收入组（10万元及以上）。图6-5展示了不同家庭收入水平下碳支付意愿的初始投标值响应分布状况，整体来看，随着家庭年收入水平的提高，各初始投标值的响应比例也增加，且对于每个收入组别来讲，初始投标值增加，响应百分比下降，与全样本的趋势相同。分不同初始投标值来看，当初始投标值为10

元时，各收入组别愿意支付的比例均在80%左右；当初始投标值为20元时，除低收入组外，其余四组的支付比例随收入水平增加呈现显著上升的趋势，高收入组的响应比例达到77.78%；当初始投标值为50元时，除中高收入组的响应比例略微降低外，其余组别的响应比例也随收入增加而增加；当初始投标值为100元时，响应比例呈整体上升趋势，其中中高收入组响应比例最高，为67.35%，高收入组的响应比例比中高收入组略低；当初始投标值为150元时，除低收入组外，其余组别的响应比例随收入增加呈缓慢上升趋势，各组别间的差距不如初始投标值为20元、50元和100元的差距大。由此可见，当初始投标值较小时，收入水平的增加对支付意愿的促进作用更大，当初始投标值达到一定程度时，收入的促进作用降低。

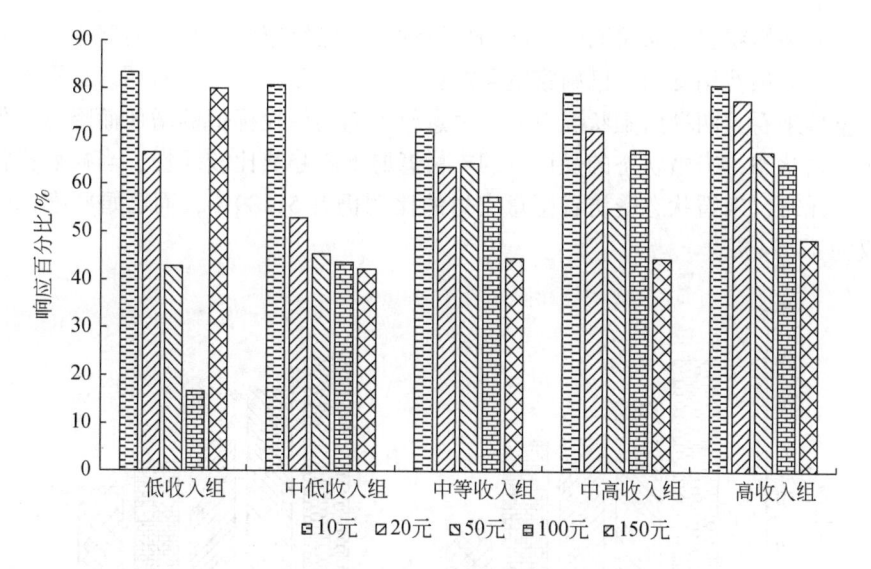

图6-5 不同家庭收入水平下的WTP初始投标值响应分布

表6-5计算了不同家庭收入水平下的碳减排平均支付意愿及其占家庭人均月收入的比例。可以看到，平均支付意愿的绝对值随着收入水平的增加而增加，低收入组的平均支付意愿仅为63.14元/月，高收入组的平均支付意愿达到了92.01元/月。但从支付意愿占收入的比例来看，其占比反而随着收入水平的增加而降低，低收入组的支付意愿占收入的比例达到了7.49%，而高收入组仅占1.64%，这说明如果为碳减排计划支付一定的费用，这笔费用对低收入组的生活质量造成的影响远大于高收入组，尽管高收入组支付的费用更高，这也在一定程度上表明碳减排在不同的收入群体间可能存在不公平现象，在制定政策时应该考虑公平性，降低碳减排对低收入群体的影响。

| 中国家庭低碳行为及支付意愿 |

表 6-5 不同家庭收入水平下的平均支付意愿

组别	平均支付意愿/（元/月）	家庭人均月收入/元	支付意愿占收入的比例/%
低收入组	63.14	843.19	7.49
中低收入组	70.36	1338.76	5.26
中等收入组	77.57	2154.03	3.60
中高收入组	84.79	2475.04	3.43
高收入组	92.01	5616.5	1.64

注：家庭人均月收入=家庭月收入/家庭总人数，家庭总人数包括非劳动力人口（如老人、儿童）和劳动人口。

（2）婚姻状况

不同婚姻状况的居民面临不同的预算约束，已婚家庭有小孩的概率大，考虑到孩子的各项费用支出，已婚家庭可能更不愿意为碳减排支付费用。如图 6-6 所示，整体来看，两种婚姻状况下的支付意愿均随初始投标值的增加而降低，但相比于已婚状态，未婚状态的受访者的支付意愿下降趋势比较缓慢，当初始投标值为 150 元时，未婚状态受访者愿意支付的比例仍有 51.89%，而已婚状态的受访者仅为 44.74%。

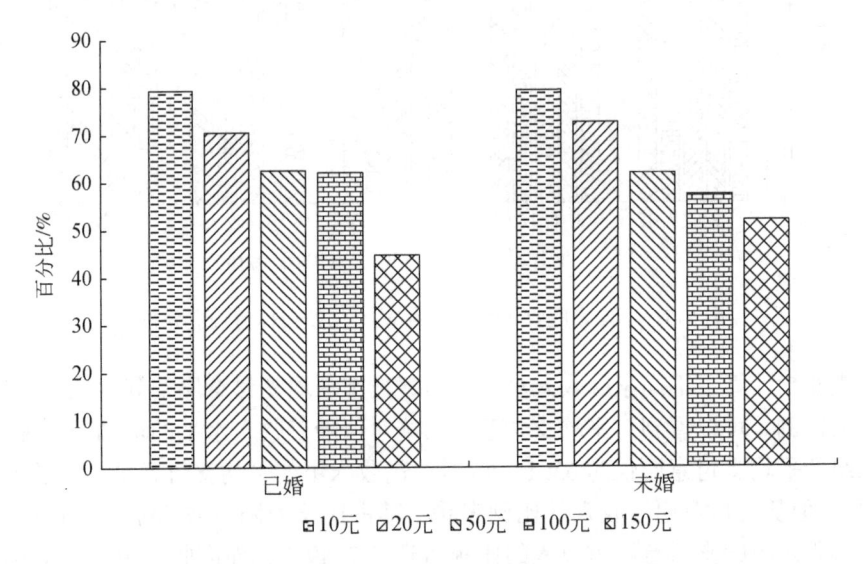

图 6-6 不同婚姻状况下的 WTP 初始投标值响应分布

表 6-6 为不同婚姻状况下的碳减排平均支付意愿及占收入的比例。未婚状态的平均支付意愿为 96.38 元/月，显著高于已婚状态的平均支付意愿 80.09 元/月，且未婚样本的平均家庭人均月收入低于已婚样本，因此未婚状态的支付意愿

占收入的比例也显著高于已婚状态。由此可见，影响已婚群体碳减排支付意愿的因素可能是预算约束。

表6-6 不同婚姻状况下的平均支付意愿

婚姻状况	平均支付意愿/（元/月）	家庭人均月收入/元	支付意愿占收入的比例/%
已婚	80.09	4253.65	1.88
未婚	96.38	3649.12	2.64

（3）碳感知

根据受访者对问题"您的生活是否已经受到了气候变化的影响"的回答对碳认知水平进行分组，受访者认为生活受到气候变化的影响越大，碳认知水平越高。如图6-7所示，受访者的碳认知水平越高，碳减排支付意愿越高，且初始投标值为20元、50元、100元时碳认知水平的提高对支付意愿的促进作用比初始投标值为150元时的促进作用更大。因此，在宣传气候变化对人类的影响时，应注重气候变化对生活方方面面的细节影响，让居民切实感受到气候变化对自身生活的影响，提高居民的碳感知水平，进而提高碳减排支付意愿。

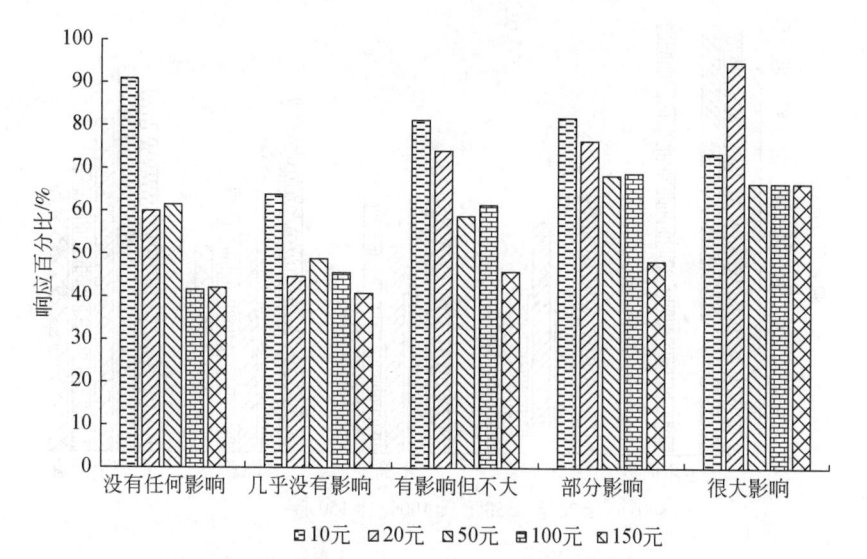

图6-7 不同碳感知水平下的WTP初始投标值响应分布

表6-7为不同碳感知水平下的平均支付意愿及占收入的比例，当受访者认为气候变化对生活有部分影响和很大影响时，碳减排平均支付意愿分别为93.95元/月和104.74元/月，均超过了全样本的平均支付意愿。但从支付意愿占收入的比例来看，不同碳感知水平下占比均在2.2%左右。

表 6-7　不同碳感知水平下的平均支付意愿

影响程度	平均支付意愿/（元/月）	家庭人均月收入/元	支付意愿占收入的比例/%
没有任何影响	61.59	2495.44	2.47
几乎没有影响	72.38	3311.12	2.19
有影响但不大	81.16	3837.47	2.11
部分影响	93.95	4121.8	2.28
很大影响	104.74	4727.34	2.22

（4）碳行为

根据受访者对问题"为了降低排放，我愿意减少不必要的购物和使用"的同意程度来衡量碳行为，同意程度越高，表明受访者的实际碳行为越多。如图6-8所示，"完全不同意"组别的样本量只有5，不具代表性。可以看到，随着受访者采取的碳行为越多，不同初始投标值下的响应比例越高，且初始投标值为20元时，响应比例随碳行为的增加趋势最显著，"完全同意"组别愿意支付的比例达到了89.36%。

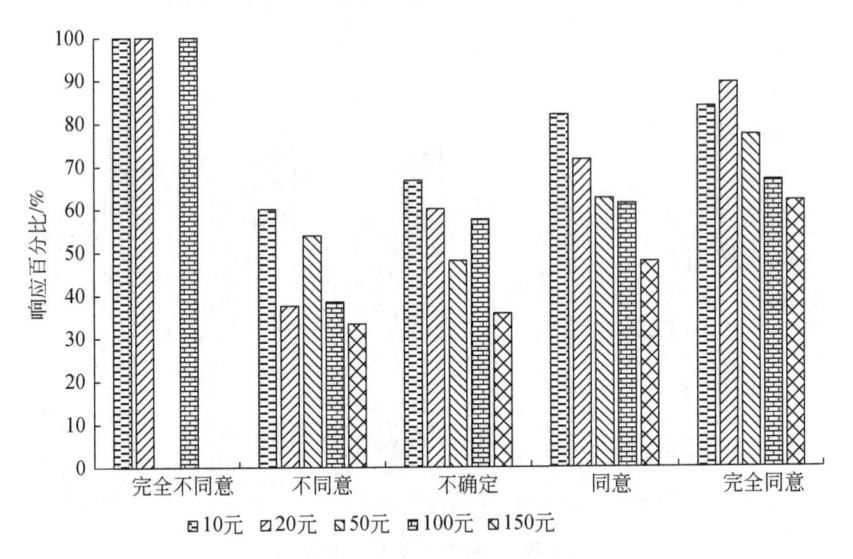

图 6-8　不同碳行为下的 WTP 初始投标值响应分布

如表6-8所示，当受访者完全不愿意为了减少排放而减少不必要的购物和使用时，其碳减排平均支付意愿很低，仅为14.71元/月，而当受访者非常乐意为了减少排放而减少不必要的购物和使用时，其碳减排平均支付意愿达到了112.74元/月，远超全样本均值。从支付意愿占收入的比例来看，受访者越愿意付出实际行动，占比越高。因此，应鼓励居民参与到实际的碳减排行动中来，当居民付出实际行动时，可能更容易获得参与感和成就感，深切感受到碳减排的好处，从而提高碳减排支付意愿。

表 6-8 不同碳行为下的平均支付意愿

同意程度	平均支付意愿/（元/月）	家庭人均月收入/元	支付意愿占收入的比例/%
完全不同意	14.71	8555.56	0.17
不同意	39.22	3787.8	1.04
不确定	63.72	3590.21	1.77
同意	88.23	3749.55	2.35
完全同意	112.74	4412.66	2.55

6.4.2 碳减排补偿意愿

6.4.2.1 碳减排补偿意愿的基本特征

对于受访者的碳减排受偿意愿，最终获得基准组的 363 份问卷，投标起点为 10、20、50、100、150（单位：元）的样本量分别为 75、71、81、54、82。图 6-9 展示了 WTA 不同初始投标值的响应及分布曲线，整体来看，投标值越高，受访者愿意接受补偿的比例越高。投标值为 10 元时，愿意接受补偿的比例仅有 45.33%；投标值为 150 元时，比例上升到 59.76%。

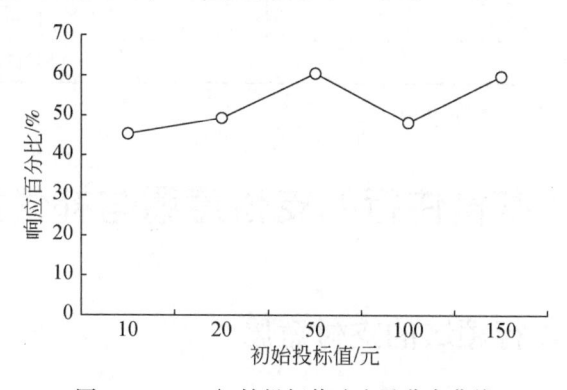

图 6-9 WTA 初始投标值响应及分布曲线

6.4.2.2 碳减排补偿意愿估算及影响因素分析

依据 6.3 节平均支付意愿的测算方法，计算了碳减排的平均受偿意愿。选择的解释变量仍包括性别、受教育程度、家庭年收入、家庭成员数量、婚姻状况、是否为城镇居民、碳感知、碳态度和碳行为。结果显示，碳减排的平均受偿意愿为每人每月 105.86 元，其样本的平均人均月收入为 3938.47 元，平均受偿意愿占收入的比例为 2.69%。

表 6-9 列出了影响碳减排受偿意愿的因素及其回归系数。在个体特征中，性别、家庭成员数量、是否为城镇居民仍然对受偿意愿没有显著影响；受教育程度对受偿意愿的影响在 5% 的水平上显著，受教育程度越高，对碳减排的受偿意愿越高；收入影响也显著为正，收入越高，受偿意愿越高；与支付意愿不同的是，婚姻状况对受偿意愿没有显著影响，可能的原因是补贴金额相比于收入过少，对家庭收入状况起不到明显的改善作用。在环境感知变量中，只有碳感知对受偿意愿有正向影响，认为生活受气候变化影响越大的居民，其受偿意愿越高。

表 6-9 碳减排受偿意愿的影响因素

变量	回归系数
性别	−41.27
受教育程度	120.0**
家庭收入水平	116.0***
家庭成员数量	−8.706
是否为城镇居民	−127.1
婚姻状况	−24.44
碳感知	144.8***
碳态度	1.368
碳行为	54.12

*$p<0.1$，**$p<0.05$，***$p<0.01$

6.5　衣食住行的支付意愿与补偿意愿

6.5.1　衣食住行领域的支付意愿

6.5.1.1　特征事实

在"住"的领域，本小节主要以估计绿色电力的支付意愿为例来研究受访者在"住"方面的碳支付意愿。对于绿色电力，问卷中首先陈述了当前的背景

"为了减少碳排放，可以绿色电力替代家中原来使用的电力。绿色电力指的是在生产电力的过程中，它的二氧化碳排放量为零或趋近于零，绿色电力的主要来源为太阳能、风力、生质能、地热等。目前来说，我国的平均电价为每度电5角，而绿色电力的价格高于现有电价"并依次设置了两个问题。问题1为"如果将家庭中原本的用电量替换成绿色电力，您可以接受家庭使用的每度电的价格上涨多少"，问题2为"在初期技术不成熟时绿色电力可能存在供应不稳定的情况，您还可能面临间歇性停电的情况。如果将家庭中原本的用电量替换成绿色电力，您可以接受家庭使用的每度电的价格上涨多少"。两个问题本质上也是情境设置的不同，相比第一个问题，第二个问题加入了绿色电力存在供应不稳定的问题，以此来研究在不同情境下居民对绿色电力的支付意愿。本小节在接下来的分析当中，分别将绿色电力的两个问题简称为"绿电1"与"绿电2"。受访者可以选择的具体投标额见6.2.2节。

表6-10和图6-10分别给出了绿色电力各投标数额的样本分布情况。绝大部分受访者选择了0~5分/度，占比超过了80%，这说明居民对于绿色电力支付意愿并不是特别高。其中，第一个问题选择5分/度的受访者占比最高，占比为29.82%；当情境中加入绿电可能存在的问题后，选择最多的就是0分/度。同时通过对比投标额样本分布表和图，不难发现，问题2受访者给出的支付数额会更低一些。也就是说，当进一步给出绿色电力存在供应不稳定的弊端后，受访者支付意愿会进一步降低。这也证明，设置更加负面的情境，的确会导致受访者呈现更低的支付意愿。通过前文计算群体平均WTP的方法，计算出对于没有给任何条件下的绿色电力（绿电1）平均支付意愿为3.482分/度，在给定条件下的绿色电力（绿电2）平均支付意愿为2.843分/度，绿色电力存在的缺点明显地降低了居民的平均碳支付意愿。对于政策制定来说，如果未来进行大规模绿色电能替代项目，让居民可以在传统电能和绿色电能中进行选择，通过计算的群体WTP可以为后续绿色电力的定价提供重要的参考价值。绿色电力的定价要充分从供需两个方面同时考虑，从供给角度来看核心就是考虑成本，从需求方面考虑核心就是居民的支付意愿。很多时候这两个维度往往难以统一，而需求侧的支付意愿就显得更为重要。具体来看，目前传统电能的价格约为5角每度，若从受访者的角度来看，价格上升至5.35角每度对于群体来说是可以接受的。

表6-10 绿电各投标数额样本分布

投标额/（分/度）	绿电1		绿电2	
	频数	百分比/%	频数	百分比/%
0	267	17.81	397	26.47

续表

投标额/（分/度）	绿电1 频数	绿电1 百分比/%	绿电2 频数	绿电2 百分比/%
1	243	16.21	262	17.47
3	290	19.35	316	21.07
5	447	29.82	345	23.00
7	46	3.07	32	2.13
9	12	0.80	14	0.93
≥10	194	12.94	134	8.93
合计	1499	100.00	1500	100.00

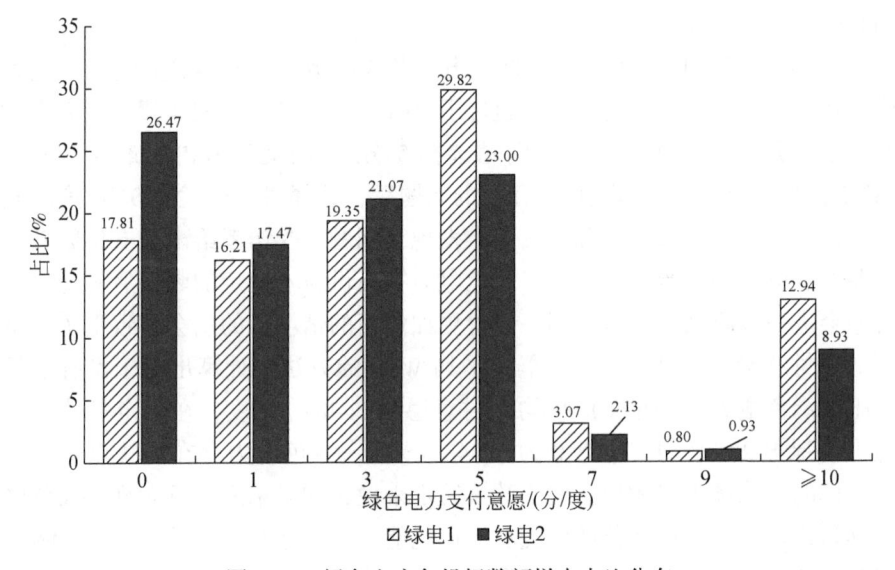

图 6-10　绿色电力各投标数额样本占比分布

在"食"的层面，本小节采用猪肉生产的低碳改造来测度居民的支付意愿。首先给出问题背景"食品的生产、加工、消费过程中也会产生大量的碳排放。我国是生猪生产大国，也是猪肉消费大国，生猪养殖业碳排放量不容忽视。为了减少猪肉生产过程中的碳排放，可以对生猪养殖业进行低碳化改造（如使用清洁饲料、在养猪场建立绿化隔离带、改造粪污处理器等），但这样会提高猪肉的生产成本，带来猪肉的价格上涨。目前猪肉的平均价格在 18 元/斤左右"[①]，进而设置

---

① 1 斤=500 克。

问题"如果对生猪养殖业进行低碳化改造,您可以接受每斤猪肉的价格上涨多少",并分别设置投标额为 0 元/斤、1 元/斤、3 元/斤、5 元/斤、7 元/斤、9 元/斤、11 元/斤及以上。考虑到少数民族人群独特的饮食习惯,若受访者的民族并非汉族,将问题中的猪肉改为牛肉,但投标值的设置不变。尽管在单价上二者存在一定的区别,但考虑到问卷中非少数民族人群占比很小,对结果基本不会产生较大影响。受访者所选投标值分布如表 6-11 和图 6-11 所示。不难发现,绝大多数受访者选择的投标数额在 0~5 元/斤,占比超过了 90%,有 28.04% 的受访者选择了 3 元/斤、26.89% 的受访者选择了 1 元/斤,还有 20.68% 的受访者选择了 0 元/斤,这三个投标值的占比均超过 20%。这一定程度上也说明,对于"食"的方面,居民的整体支付意愿并不高。最终通过计算群体的平均支付意愿发现,肉类的平均支付意愿为 2.426 元/斤。鉴于居民对肉类的平均支付意愿不是很高,如果采用提升价格或者征税的方式进行生猪的低碳化改造,从需求层面考虑,征税或者涨价可上升的幅度并不大。

表 6-11 肉类各投标数额样本分布

投标值/（元/斤）	频数	百分比/%	累计百分比/%
0	306	20.68	20.68
1	398	26.89	47.57
3	415	28.04	75.61
5	269	18.18	93.78
7	47	3.17	96.96
9	15	1.01	97.97
≥11	30	2.03	100.00
合计	1480	100.00	—

在"行"的层面,本小节采用航空出行作为案例,来研究人们对于低碳出行的支付意愿。在问卷设置层面,首先给出航空低碳出行的背景"随着中国民航运输规模的持续扩大,航空煤油消费产生的碳排放也不断攀升。为了减少使用飞机所产生碳排放,可以使用可持续航空燃料（如生物燃油）替代传统石油的航空煤油。由于可持续航空燃料的生产工艺较为复杂,会带来飞机飞行成本的增加和机票价格的上涨。例如,北京到上海飞行距离大约为 1160 公里,排放 0.161 吨二氧化碳,机票价格大约为 870 元",进而设置问题"如果碳中和航班需要采用生物燃油或购买碳配额抵消 0.161 吨二氧化碳排放,您愿意为每张机票多支付多少",并设置可以选择的投标额为：0、5、10、20、50、75、100 以及 100 以上（单位：元/张）。受访者所选投标值的分布如表 6-12 和图 6-12 所示,可以发现,

| 中国家庭低碳行为及支付意愿 |

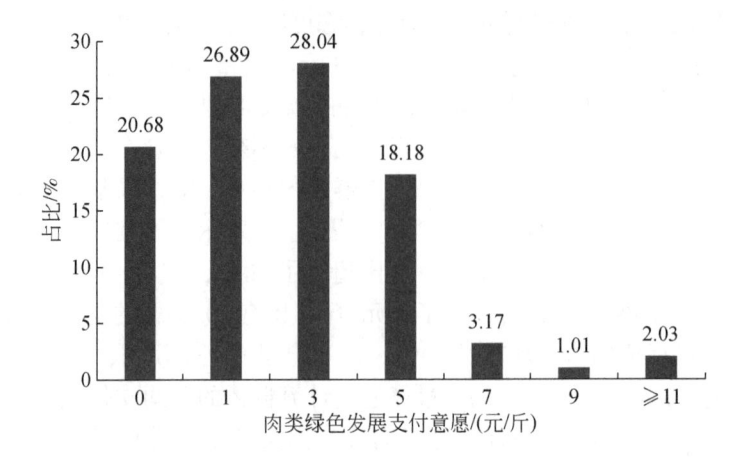

图 6-11 肉类各投标数额样本分布直方图

受访者主要选择的投标额集中在 0~50 元，选择最多的为 50 元，占比为 22.27%，其次是 0 元，占比为 20.07%，有超五分之一的人群不愿意支付任何金额用于航空绿色出行。最终计算得到群体的平均支付意愿为 23.011 元，支付意愿约为票价的 2.6%。也就是说，在出行领域，从需求侧来看，居民大约可以接受基础价格的 2.6% 作为绿色出行转化的额外支付费用。

表 6-12 航空出行各投标额样本分布

投标值/（元/张）	频数	百分比/%	累计百分比/%
0	301	20.07	20.07
5	195	13.00	33.07
10	246	16.40	49.47
20	295	19.67	69.13
50	334	22.27	91.40
75	18	1.20	92.60
100	110	7.33	99.93
>100	1	0.06	100.00
合计	1500	100.00	—

在"衣"的层面，本小节采用低碳耐用型 T 恤为例来探究居民在"衣"的层面的低碳支付意愿。首先在问卷中给出背景"我国是纺织生产和加工的出口大国，拥有世界上最大的服装生产基地和消费市场。一件成衣从原材料的生产到制作、运输、使用和废弃都存在不同程度的碳排放，对环境造成了不可忽略的影

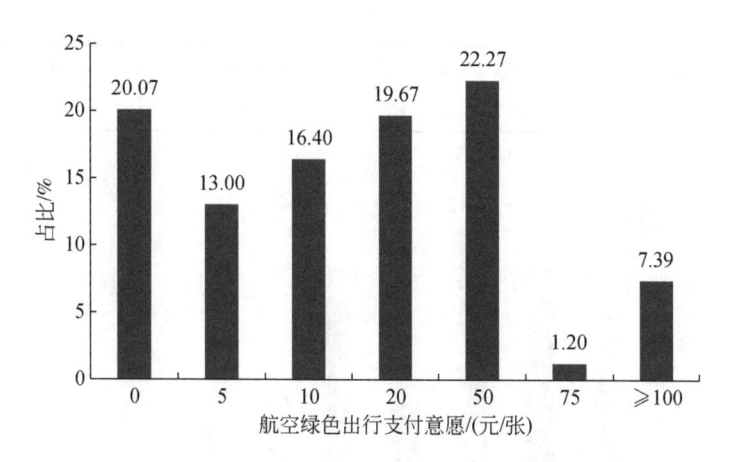

图 6-12 航空出行各投标额样本分布直方图

响。为了降低纺织服装企业的温室气体排放，需要对服装生产工艺进行低碳改造，生产耐用型服装，提升衣物的使用周期，这也会带来生产成本的增加"，进而设置问卷问题为"例如一件普通 T 恤 100 元，如果购买低碳耐用型 T 恤，您可以接受衣服的价格平均上涨多少"，并设置投标额为：0、5、10、15、20、30、50、80 及 100 以上（单位：元/件）。具体结果如表 6-13 和图 6-13 所示，其中选择最多的为 10 元，占比为 24.47%；其次分别为 20 元、5 元和 0 元，占比分别为 18.13%、17.93% 和 17.27%。通过计算，人群总体的平均支付意愿为 12.909元，大约为基础价格的 13%。相比其他几类来说，在衣服领域的支付意愿占基础价格的比重更高，表明居民在"衣"的领域支付意愿更强。也就是说，相比"食住行"等领域，通过提升价格或者征税的方式在衣服领域会有更大的空间。

表 6-13 衣服购买各投标数额样本分布

投标额/（元/件）	频数	百分比/%	累计百分比
0	259	17.27	17.27
5	269	17.93	35.20
10	367	24.47	59.67
15	128	8.53	68.20
20	272	18.13	86.33
30	99	6.60	92.93
50	104	6.93	99.87
80	1	0.07	99.93
≥100	1	0.07	100.00

续表

投标额/(元/件)	频数	百分比/%	累计百分比
合计	1500	100.00	—

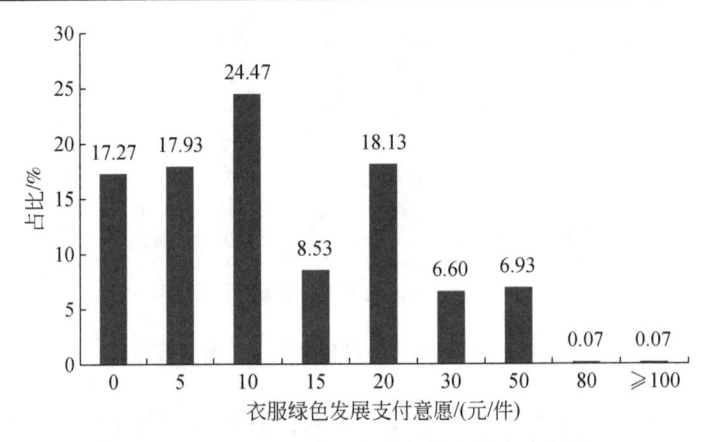

图6-13 衣服购买各投标数额样本分布直方图

6.5.1.2 影响因素分析

个人及家庭特征的差异将形成不同的个体偏好,这影响着居民对碳减排的支付意愿水平。本小节通过采用多元回归分析的方式,研究影响居民碳支付意愿的影响因素。具体回归方程和选取的影响因素变量见6.3.2节,具体回归结果如表6-14所示。从理论经验和现实逻辑来看,解释变量都可能会影响居民的碳支付意愿。但从实际数据分析的情况来看,只有居住地、收入和教育三个因素在衣食住行四个领域的碳支付意愿中影响较为显著。本小节也尝试将回归中的被解释变量变为选择的投标额实际值,从回归的实际结果来看,也仅有这三个影响因素显著,除具体系数数额存在差异以外,主要结论基本保持不变,由于篇幅限制,此处未展示具体回归结果。

表6-14 衣食住行碳支付意愿影响因素回归结果

变量名	(1) 住:绿电1	(2) 住:绿电2	(3) 食	(4) 行	(5) 衣
male	-0.103	-0.103	-0.266***	-0.184*	-0.109
	(-1.03)	(-1.03)	(-2.64)	(-1.86)	(-1.11)
rural	-0.387***	-0.320***	-0.305***	-0.299***	-0.275**
	(-3.53)	(-2.94)	(-2.74)	(-2.73)	(-2.55)

续表

变量名	(1) 住：绿电1	(2) 住：绿电2	(3) 食	(4) 行	(5) 衣
lnincome	0.429***	0.364***	0.336***	0.422***	0.433***
	(4.95)	(4.27)	(3.88)	(4.89)	(5.08)
age	0.004	−0.017	−0.046	−0.043	−0.026
	(0.12)	(−0.49)	(−1.34)	(−1.27)	(−0.77)
age^2	0.000	0.000	0.001	0.001	0.000
	(0.14)	(1.02)	(1.26)	(1.26)	(0.70)
eduy	0.067***	0.063***	0.014	0.083***	0.045**
	(2.91)	(2.74)	(0.59)	(3.59)	(2.01)
children	−0.162	−0.104	0.012	−0.005	0.005
	(−1.57)	(−1.02)	(0.12)	(−0.05)	(0.05)
size	−0.032	0.036	−0.044	−0.024	−0.009
	(−0.68)	(0.77)	(−0.92)	(−0.51)	(−0.19)
race	0.129	0.593	1.166	1.096	1.633*
	(0.13)	(0.61)	(1.01)	(1.20)	(1.77)
belief	0.143	−0.228	1.368**	0.912	0.526
	(0.26)	(−0.41)	(2.23)	(1.53)	(0.91)
unmarried	−0.022	0.125	0.030	0.018	0.217
	(−0.12)	(0.69)	(0.16)	(0.10)	(1.17)
party	−0.298*	−0.221	0.149	0.108	0.018
	(−1.68)	(−1.24)	(0.84)	(0.62)	(0.10)
childrate	0.262	0.290	0.067	−0.077	−0.044
	(0.83)	(0.92)	(0.21)	(−0.25)	(−0.14)
oldrate	0.926***	0.745**	0.628*	0.455	0.323
	(2.91)	(2.32)	(1.92)	(1.41)	(1.02)
esbehavior	0.293***	0.323***	−0.004	0.065	0.069
	(2.72)	(3.03)	(−0.04)	(0.62)	(0.66)
policyknow	0.348	0.365	0.840***	0.420*	0.466*
	(1.45)	(1.52)	(3.37)	(1.74)	(1.89)
观测值	1451	1452	1433	1452	1452

注：括号中表示 z 统计量，***、**、*分别表示在1%、5%和10%的显著性水平上显著。下表同

中国家庭低碳行为及支付意愿

不同居住背景下的居民的碳支付意愿存在较大差别。一般而言，个体长期生活的大环境，将对个体的碳支付意愿产生潜移默化的影响。就不同居住地对碳支付意愿的影响来说，城市居民往往相对于农村居民会有更高的支付意愿。首先，城市地区相对于农村地区来说，经济发展水平相对较高，收入水平也较高，居民对绿色生活会更加向往，对碳的支付能力也更强；其次，改革开放以后，城市地区受到更加严重的环境影响，如雾霾、汽车尾气、工厂废水废气等，因此对绿色发展持有更迫切的需求；最后，国家和有关部门关于绿色发展的政策设计和理念推广在城市地区普及度更高，让城市居民对于绿色发展更加重视。从实际的调查数据来看，也的确如此。如图 6-14 所示，在衣食住行的不同领域，城镇居民的碳支付意愿均高于农村地区的居民，平均高出 30%。这表明，在推进"双碳"目标的过程中，要因地施策，不同居住地采取不同的政策方式，鉴于城镇居民普遍表现出更高的碳减排支付意愿，在城镇地区优先推进碳减排工作，减少政策成本和阻力。

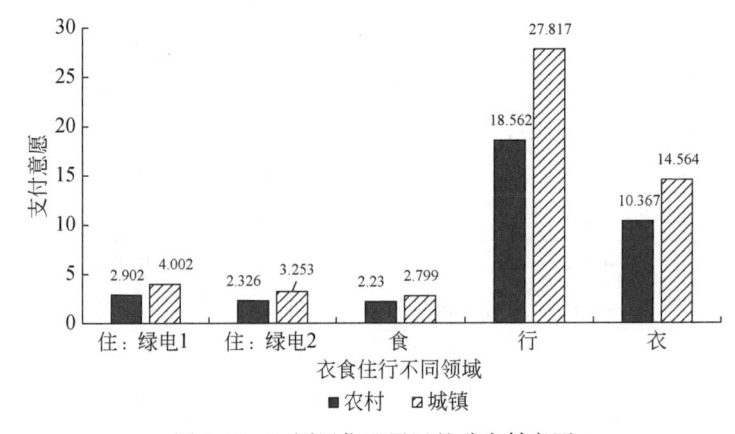

图 6-14　不同居住地居民的碳支付意愿

注：绿电 1 和绿电 2 的碳支付意愿的单位为分/度，食的单位为元/斤，行的单位为元/张，衣的单位为元/件

不同教育水平下居民的碳支付意愿也存在较大区别。一般来说，教育水平越高，碳支付意愿也越高。一方面，教育水平与收入存在正相关关系，教育水平越高，收入越高，支付意愿水平也更高；另一方面，教育水平越高，接受到关于绿色发展的知识也更多，对绿色发展的认知程度越高，往往更愿意支持绿色发展，因此碳支付意愿也会更高。从实际的数据来看，如图 6-15，衣食住行不同领域均呈现随着教育水平越高，碳支付意愿更高的情形。一方面，在推进双碳目标的过程中，对不同教育水平的人群采取不同的举措，教育水平较高、支付意愿较高的人群，可以优先推进碳减排，再逐步扩展至其他人群；另一方面，也要逐步将碳

教育纳入国民教育体系，通过教育的方式，提高人们的碳支付意愿，进而推进"双碳"目标的实现。

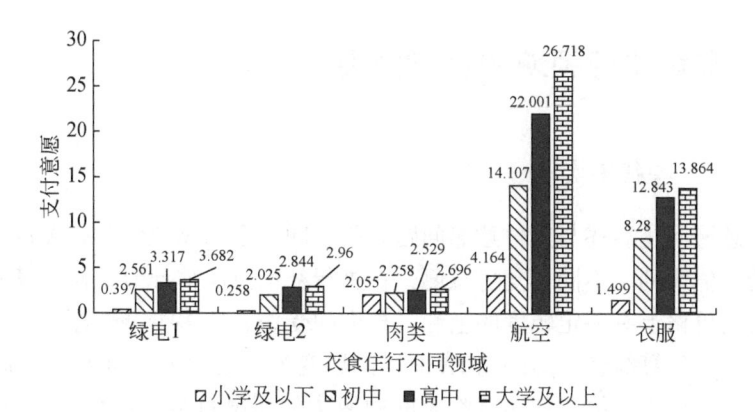

图 6-15　不同教育水平下居民的碳支付意愿
注：同图 6-14

不同收入水平下居民的碳支付意愿也存在较大差异。一般而言，收入越高，碳支付意愿就越高，而且收入水平越高，对绿色生活的品质要求也会更高。将年收入分为 4 个水平：低收入组（0～10 万元）、中低收入组（10 万～20 万元）、中高收入组（20 万～40 万元）、高收入组（40 万元及以上）。实际数据分析结果如图 6-16 所示，当年收入处于 0～40 万时，收入水平越高，碳支付意愿越高。当年收入达到 40 万元以上时，碳支付意愿出现下降趋势。然而，这一发现需要谨慎解读，因为在该收入群体中，样本量仅有 34 个，占总样本的比例较小。这

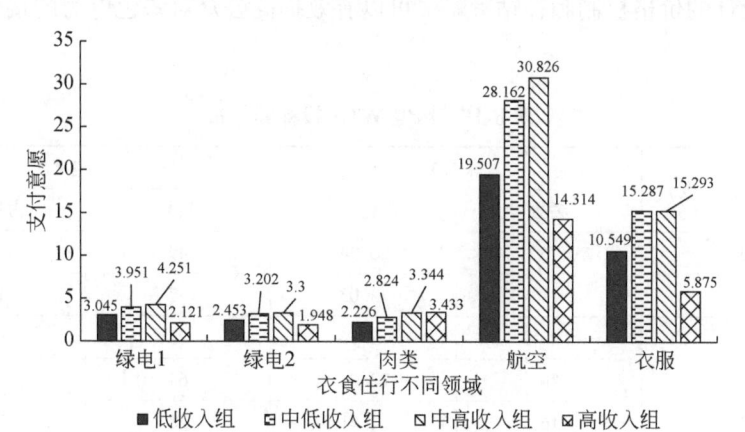

图 6-16　不同年收入水平下居民的碳支付意愿
注：同图 6-14

种有限的样本规模可能导致统计偏误。这表明在推进双碳目标的过程中，可以率先从高收入家庭入手，政策成本会更低。

6.5.2 衣食住行领域的补偿意愿

6.5.2.1 特征事实

补偿意愿问题表述与支付意愿问题有所不同，但为 WTP 和 WTA 设置了完全一致的投标值序列。不同于支付意愿，在进行补偿意愿估计时，假设某一产品的价格在最初价格上有一定幅度的上涨，再询问受访者给多少补偿愿意接受价格上涨。例如，在估算绿色电力的 WTA 时，问题变为"若每度电费由 5 角涨至 6 角，每度电给您补偿多少钱，您愿意将家庭中原本的用电量替换成绿色电力"。具体样本投标额分布如表 6-15 和图 6-17 所示，其中选择不用补偿、补偿 5 分和补偿 1 角的群体较多，占到了 70% 以上。同时，通过对比发现，与 WTP 不同的是，无论是否设置条件，绿色电力的 WTA 基本分布一致。也就是说，通过情境设置或者信息干预的方式会影响居民的支付意愿，但不会影响补偿意愿。通过用前文所述方法进行计算后，得到两个问题的平均 WTA 分别为 5.362 分/度和 5.464 分/度，也基本接近。从实际的政策成本来看，就绿色电力而言，选择发钱或者补贴比征税的政策效果会更好。以绿色电力的第一个问题为例，假设电价上涨 1 角/度，居民平均愿意接受 5.362 分/度的补偿，实际的绿电价格变为 5.4538 角/度，相当于支付意愿为 4.536 分/度，大于前文计算的支付意愿，也就是说，通过合理设计的价格机制和补贴策略，可以有效提高公众对绿色电力的接受度和支付意愿。

表 6-15 绿电 WTA 投标额分布

投标额/（分/度）	绿电 1 频数	绿电 1 占比/%	绿电 2 频数	绿电 2 占比/%
0	76	20.94	49	13.50
1	11	3.03	7	1.93
3	26	7.16	22	6.06
5	80	22.04	64	17.63
7	16	4.41	28	7.71
9	17	4.68	18	4.96
10	127	34.99	129	35.54

续表

投标额/(分/度)	绿电1 频数	绿电1 占比/%	绿电2 频数	绿电2 占比/%
10以上	10	2.75	46	12.67
合计	363	100	363	100

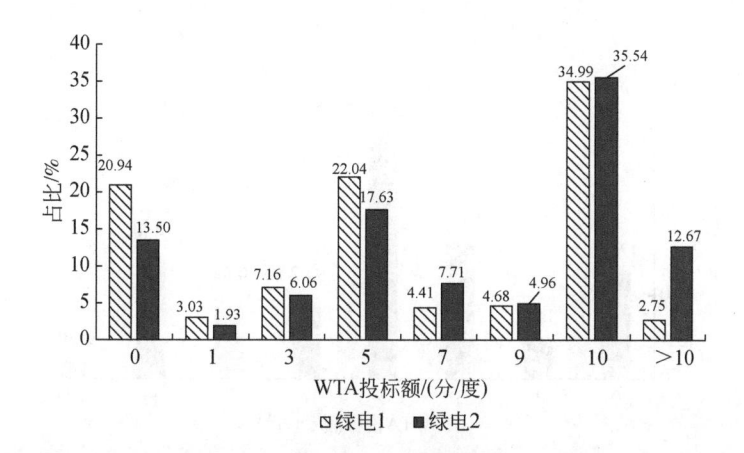

图6-17 绿电WTA各投标数额样占比

在估计食物的补偿意愿时,问题变为"若猪肉价格从18元上涨至25元,每斤猪肉给您补偿多少钱,您愿意购买生产过程低碳的猪肉",其他方面与前文设置保持一致。受访者选择的投标额分布情况如表6-16所示,其中选择较多的投标额分别为5元/斤、3元/斤和11元/斤,分别占比为29.48%、16.25%和14.88%(图6-18)。通过计算,受访者的平均补偿意愿为5.083元/斤。按照与绿色电力相同的分析方式,受访者的平均补偿意愿为5.083元/斤,相当于此时群体的支付意愿为1.917元/斤,小于前文直接计算的支付意愿,这说明在食的领域,直接征税或者提价会比补贴的效果更好。

表6-16 肉类WTA投标额分布

投标额/(元/斤)	频数	占比/%	累计占比/%
0	46	12.67	12.67
1	18	4.96	17.63
3	59	16.25	33.88
5	107	29.48	63.36
7	36	9.92	73.28

续表

投标额/（元/斤）	频数	占比/%	累计占比/%
9	35	9.64	82.92
11	54	14.88	97.80
>11	8	2.20	100.00
合计	363	100	—

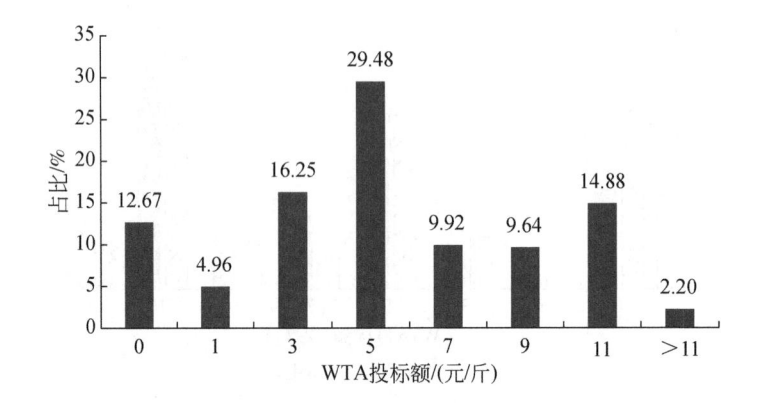

图 6-18　猪肉 WTA 各投标额占比

在估计航空出行时，估计样本补偿意愿的问题变为"若机票价格从原来的 870 元涨价到 970 元，则每张机票给您补偿多少钱，您愿意乘坐碳中和航班（采用生物燃油）或购买碳配额抵消 0.161 吨二氧化碳排放"。受访者最终选择的投标值分布如表 6-17 和图 6-19 所示，其中选择补偿 100 元、50 元和不用补偿占比最高，分别占比为 36.91%、22.31% 和 17.63%。通过计算，群体的平均补偿意愿为 52.615 元，同理计算得此时的群体平均支付意愿为 47.385 元，远大于直接计算的支付意愿。说明采用先提价然后补贴的方式，能很大程度上提高居民的支付意愿，效果更好。

表 6-17　航空 WTA 投标额分布

投标额/（元/张）	频数	占比/%	累计占比/%
0	64	17.63	17.63
5	14	3.86	21.49
10	16	4.41	25.90
20	20	5.51	31.41

续表

投标额/（元/张）	频数	占比/%	累计占比/%
50	81	22.31	53.72
75	22	6.06	59.78
100	134	36.91	96.69
>100	12	3.31	100.00
合计	363	100	

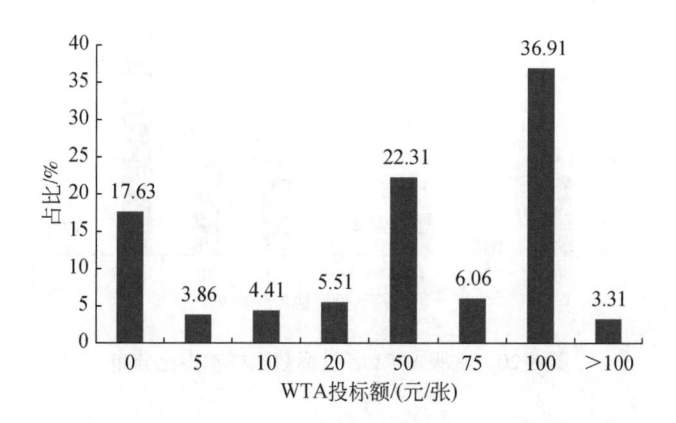

图 6-19 航空出行 WTA 各投标数额占比

在"衣"的层面，估计群体补偿意愿的问题变为"例如一件普通 T 恤 100 元，每件衣服给您补偿多少钱，您愿意购买 150 元/件低碳耐用型 T 恤"。受访者投标数额选择如表 6-18 和图 6-20 所示，其中选择补偿 50 元的受访者最多，占比为 41.60%；其次是选择补偿 30 元和不需要补偿，分别占比 17.91% 和 13.50%。通过计算，受访者的平均补偿意愿为 28.358 元/件，同理计算可得此时相当于支付意愿为 21.642 元/件，远大于直接计算的支付意愿，说明采用先提价然后补贴的方式，能很大程度上提高居民的支付意愿，效果更好。

表 6-18 衣服 WTA 投标额分布

投标额/（元/件）	频数	占比/%	累计占比/%
0	49	13.50	13.50
5	11	3.03	16.53
10	26	7.16	23.69
15	8	2.20	25.89
20	47	12.95	38.84

续表

投标额/（元/件）	频数	占比/%	累计占比/%
30	65	17.91	56.75
50	151	41.60	98.35
>50	6	1.65	100.00
合计	363	100	

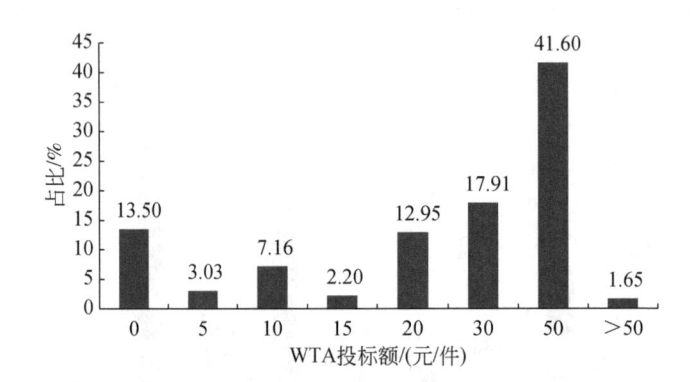

图 6-20　衣服 WTA 各投标数额样本占比分布

6.5.2.2　影响因素分析

一般而言，个人及家庭特征的差异将形成不同的个体偏好，这影响着居民对碳减排的补偿意愿水平。本小节依旧采用回归分析的方式，来研究影响居民碳补偿意愿的影响因素。具体回归结果如表 6-19 所示。从理论经验和现实逻辑来看，表 6-19 中的因素都可能会影响居民的碳补偿意愿。但从实际数据分析的情况来看，却与理论预想大相径庭，没有一个变量是始终会影响各领域的 WTA 投标额选择，仅有部分问题的部分变量显著，也不具有推广性。例如，绿电 2 和"食"中教育是显著的，衣服领域中收入是显著的。

表 6-19　WTA 影响因素回归结果

变量名	(1) 住：绿电 1	(2) 住：绿电 2	(3) 食	(4) 行	(5) 衣
male	0.177 (0.86)	0.173 (0.83)	0.301 (1.50)	-0.084 (-0.40)	-0.231 (-1.13)
rural	-0.025 (-0.11)	0.347 (1.48)	0.136 (0.57)	-0.002 (-0.01)	-0.104 (-0.43)

续表

变量名	(1) 住：绿电1	(2) 住：绿电2	(3) 食	(4) 行	(5) 衣
lnincome	−0.207	−0.150	−0.164	−0.141	−0.473***
	(−1.19)	(−0.87)	(−0.91)	(−0.80)	(−2.58)
age	−0.121*	−0.012	−0.077	−0.067	−0.069
	(−1.83)	(−0.19)	(−1.21)	(−1.03)	(−1.05)
age^2	0.002**	0.000	0.001	0.001	0.001
	(2.24)	(0.51)	(1.50)	(1.24)	(1.24)
eduy	0.068	0.111**	0.104**	−0.023	−0.016
	(1.48)	(2.43)	(2.15)	(−0.47)	(−0.32)
children	−0.123	−0.185	0.018	0.009	−0.106
	(−0.62)	(−0.89)	(0.09)	(0.04)	(−0.51)
size	−0.036	−0.019	−0.116	−0.162*	−0.137
	(−0.38)	(−0.20)	(−1.19)	(−1.66)	(−1.40)
race	0.469	−0.166	−0.272	−0.367	−0.219
	(0.73)	(−0.26)	(−0.41)	(−0.61)	(−0.36)
unmarried	−0.475	−0.228	−0.664*	−0.300	−0.276
	(−1.30)	(−0.63)	(−1.91)	(−0.83)	(−0.76)
party	−0.830**	−0.522	−0.163	−0.312	−0.078
	(−2.36)	(−1.55)	(−0.47)	(−0.89)	(−0.22)
childrate	0.137	−0.327	−0.804	−0.546	−0.215
	(0.20)	(−0.49)	(−1.18)	(−0.80)	(−0.31)
oldrate	0.866	0.183	0.576	0.925	0.907
	(1.31)	(0.29)	(0.87)	(1.38)	(1.39)
esbehavior	−0.254	−0.134	−0.134	−0.100	0.046
	(−1.13)	(−0.61)	(−0.62)	(−0.45)	(0.21)
policyknow	0.429	−0.215	−0.117	−0.052	−0.323
	(0.85)	(−0.47)	(−0.26)	(−0.12)	(−0.69)
观测值	354	354	354	354	354

注：本部分样本中，所有个体均无宗教信仰，因此该变量（belief）没有出现在回归中；*、**、***分别表示在10%、5%、1%的显著性水平上显著

6.5.3 估算衣食住行 WTP 与 WTA 的政策价值

6.5.3.1 行业减排潜力

表 6-20 展示了最终计算的衣食住行 WTP 及分组情况与 WTA。首先，衣食住行各个领域 WTP 均比 WTA 小。其次，从基准组和实验组来看，结果并未像理论上预想的那样，反而是基准组的支付意愿最高。

表 6-20 衣食住行的 WTP 与 WTA 及分组情况

问题	WTP 总	WTP 基准组	WTP 实验组 1	WTP 实验组 2	WTP 实验组 3	WTA
住：绿电 1	3.482	3.559	3.289	3.422	3.356	5.362
住：绿电 2	2.843	2.973	2.541	2.72	2.924	5.464
食	2.426	2.484	2.434	2.5	2.241	5.083
行	23.011	24.934	20.893	22.755	21.713	52.615
衣	12.909	13.581	11.186	13.264	12.190	28.358

注：绿电的单位为分/度，食为元/斤；行为元/张；衣为元/件。

考虑到由于采用的案例存在差别，无法进行横向对比。因此，通过排放因素，计算出该行为转变为绿色电力模式，可以减少的碳排放量，进而计算出每单位碳排放的支付意愿。本节选取的碳排放系数由中国绿色碳汇基金会网站①碳足迹计算器计算而来，结果如表 6-21 所示。其中，绿电单位减排的 WTP 与 WTA 最低，其次是航空，然后是肉类，最后是衣服。

表 6-21 单位碳减排下 WTP 与 WTA

问题	WTP	WTA	对应碳排放	单位碳的 WTP	单位碳的 WTA
住：绿电 1	0.03484	0.05362	1kg	0.03482	0.05362
住：绿电 2	0.02843	0.05464	1kg	0.02843	0.05464
食	2.426	5.083	12.1kg	0.20050	0.42008
行	23.011	52.615	161.24kg	0.14271	0.32631
衣	12.909	28.358	7kg	1.84414	4.05114

注：同上表

测度不同行业的碳支付意愿或补偿意愿对于推进行业碳减排具有重要的政策

---

① 网址：http://www.thjj.org/calc.html。

意义。因为支付意愿和补偿意愿是同一个问题的两个不同方面，因此在进行政策分析时本小节以支付意愿为例。在推进双碳目标的过程中，必然涉及行业先后选择的问题。在实际的选择过程中，支付意愿就可以作为一个重要参考。主要可以从两个角度出发，第一个角度是优先推进更高支付意愿行业的减排工作，这类行业阻力会更小，也更容易实现碳中和。根据本报告的计算结果，衣食住行领域的减排顺序应该为衣>食>行>住。但第一种方法存在一定的缺陷，因为不同行业的减排成本也不同，所以第二个角度就是比较单位碳支付意愿和减排成本，当支付意愿大于减排成本时，表示该行业可以通过内部实现碳中和，更应该优先减排。但目前来说，本案例采用的例子，由于技术的不断发展和实际数据的缺乏，边际减碳成本并不确定。以猪肉为例，引进技术进行低碳化改造的单位碳减排成本核算，目前并没有相关研究提供较为准确的数据。尽管如此，随着后期相关成本测算数据的不断完备，碳减排的 WTP 的测算会具有更加重要的政策借鉴意义。

6.5.3.2 理论与证据：征税 VS 补贴

从经济学理论上来说，根据"理性人"假设，应为 WTP＝WTA，所以无论是征税还是先提价后补贴，除了政策形式上存在差异，本质上没有任何差别。但就实际的调研来看，WTP 一般都不等于 WTA，而且很多时候差距很大。以本小节的 4 个领域为例，如表 6-22 所示，直接 WTP 即为直接计算出的 WTP，而间接 WTP 表示物品价格上升的幅度减去 WTA 的结果，也就是消费者在接受补偿后实际额外支付的费用。按照理论经济学假定，二者的结果应完全一致，但从实际的数据来看，二者实际差别较大。一般而言，当间接支付意愿高于直接支付意愿时，说明消费者实际支付了更多的金额，也就表明采用先提价后补贴的方式效果会更好，潜在提高了居民的支付意愿。反之，当间接支付意愿低于直接支付意愿时，此时采用征税或者直接提高价格的方式，效果会更好。因此，测算不同行业的支付意愿与补偿意愿对于政策的选取具有重要的参考价值。

表 6-22　WTP、WTA 与政策选择

问题	直接 WTP	WTA	间接 WTP	政策选择
住：绿电 1	3.482 分/度	5.362 分/度	4.638 分/度	补贴
住：绿电 2	2.843 分/度	5.464 分/度	4.536 分/度	补贴
食	2.426 元/斤	5.083 元/斤	1.917 元/斤	征税
行	23.011 元/张	52.615 元/张	47.385 元/张	补贴
衣	12.909 元/件	28.358 元/件	21.642 元/件	补贴

6.6 专栏：支付意愿里的行为经济学

传统经济学中的"理性经济人"假设认为，人们决策时是理性的、效用最大化以及偏好一致的。但近年来行为经济学的研究对此提出了挑战，研究发现人们的决策行为受到众多因素的影响而偏离该假设，默认选项（default option）是这些因素中的一种。在日常生活情境中，不难发现，当存在默认选项时，许多人会倾向于选择默认选项，不管是否对自己有益。例如，在安装电脑软件时，通常会保留已经在选项框前打勾的某个选项而不会自己收集资料后重新选择来完成安装过程。这种保留事先被选定的选项，也就是默认选项的倾向性，说明人们产生了默认效应（default effect）。

Johnson等（1993）早在研究框架对保险购买决策的影响时发现人们在保险决策中产生了默认效应。在一项自然实验中，美国的宾夕法尼亚州默认消费者购买昂贵的、有完全起诉权利的汽车保险，75%的消费者购买了该保险；而默认消费者购买另一种较便宜的、起诉需额外付费的汽车保险的新泽西州只有20%的消费者选择上述昂贵的汽车保险。

基于默认选项对人们决策行为的显著影响，后续的研究者对默认效应的存在领域进行了更深入的探索，研究发现默认效应具有巨大的应用价值，目前已运用于众多领域中。首先，在公共政策制定中运用默认选项可解决许多政策难题，并极大降低政策成本。例如，Abadie和Gay（2006）通过调查22个国家10年期间器官捐献的数据表示，法定假设同意捐献（即默认公民同意捐献器官）的国家有更高的器官捐献率。其次，对于消费领域的决策，设置默认选项一定程度上可以改变消费者的购买行为。

从心理学因素来看，以较低的政策成本来推动"双碳"目标，可大致有两种方式：第一种是改变偏好，就是通过教育、宣传等方式提高居民的碳素养，进而影响居民对绿色产品的偏好，让居民自主参与到减碳的事业当中。另外一种方式便是信息干预，通过信息干预来影响居民的行为决策，其中默认效应就是一个重要的方式。通过特殊的设置，就可以巧妙地提高居民对政策的支持力度，极大地减少政策成本。下面，通过在本轮调查问卷中的设计，来展示默认效应在影响居民碳支付意愿方面的重要性。

正如前文所述，在计算碳支付意愿时，本章节先采用双边二分法计算居民对总体减排计划的碳支付意愿，再采用支付卡形式计算居民在衣食住行领域的碳支付意愿。在研究设计中，双边二分法会先随机给受访者一个数值，让其自行判断是否愿意接受，此处将随机分配给受访者10元、20元、50元、100元、150元五种可能,通过表6-23可知,这5个数额基本是随机分配的,每个数额大约占比为20%。而支付卡形式下,受访者是自主随机选择投标值。根据默认效应的理论,由于受访者存在默认效应,若在开始时受访者接收到一个更高的数额,则会在后续的支付卡形式中选择更高的投标额。接下来的分析也是基于这样的理论假设进行验证。

表6-23 初次随机分配数额占比

初次随机分配数额	频数	占比/%	累计占比/%
10元	309	20.794	20.79
20元	300	20.189	40.98
50元	299	20.121	61.1
100元	276	18.573	79.68
150元	302	20.323	100
合计	1486	100	

本小节采用回归分析的方式进行实证检验,具体回归方程为在式(6-9)的基础上加入初次随机分配的数额变量first_set,该变量是一个序数变量。新的回归方程如式(6-11)所示,关注核心解释变量first_set的系数β_1。

$$Y_i = \beta_1 \text{first\_set}_i + \sum_{j=2}^{J} \beta_j X_{ji} + \varepsilon_i \tag{6-11}$$

基准回归结果如表6-24和表6-25所示。结果出现了两种情况,默认效应在住和食两个问题上并不显著,但在行和衣问题上是显著的。这说明在碳支付意愿测度中的确存在默认效应,前期给的参考数额会对后面支付意愿投标额的选择产生显著的正向影响。在住和食领域不显著,而在行和衣领域显著,存在两个可能的解释:一种可能的解释是居民对数额大小相近的事物可能会更容易产生默认效应。在双边二分法中,受访者随机收到的金额分布在10~150元,而住和食的投标值相对较小,行和衣的投标值相对更大。另外一种可能的解释就是疏忽(inattention),可以理解为默认效应在人们不熟悉的领域会更明显。对于一般居民来说,住和食属于日常相对较为熟悉的领域,而航空和衣服领域就相对陌生一些。基于该假设,本小节以航空出行为例验证该解释是否合理。在调研数据中,约有86%的个体一年内不乘坐飞机旅行和出差,假定这部分群体对航空出行相关领域的认知是较为匮乏的。将受访者按照一年内乘坐飞机的次数分组进行回归,回归结果如表6-26所示,一年内乘坐飞机0次的受访者默认效应十分显著,而有乘坐经历的受访者并没有产生明显的默认效应。

表 6-24 基本回归结果（一）

变量名	(1) 住：绿电1	(2) 住：绿电1	(3) 住：绿电2	(4) 住：绿电2	(5) 食	(6) 食
first_set	0.020 (0.62)	0.013 (0.39)	0.022 (0.68)	0.011 (0.34)	0.044 (1.35)	0.036 (1.08)
Controls	NO	YES	NO	YES	NO	YES
观测值	1484	1450	1485	1451	1466	1432

表 6-25 基本回归结果（二）

变量名	(1) 航空	(2) 航空	(3) 衣服	(4) 衣服
first_set	0.118*** (3.66)	0.104*** (3.16)	0.095*** (2.95)	0.086*** (2.64)
Controls	NO	YES	NO	YES
观测值	1485	1451	1485	1451

*、**、*** 分别表示在10%、5%、1%的显著性水平上显著

表 6-26 航空出行异质性分析

变量名	一年内乘坐飞机0次 (1)	一年内乘坐飞机0次 (2)	一年内乘坐飞机1次以上 (3)	一年内乘坐飞机1次以上 (4)
first_set	0.113*** (3.24)	0.108*** (3.05)	0.104 (1.21)	0.078 (0.86)
Controls	NO	YES	NO	YES
观测值	1280	1251	205	200

*、**、*** 分别表示在10%、5%、1%的显著性水平上显著

上述研究表明，默认效应对于推进"双碳"政策具有重要的意义。首先，默认效应的确存在于碳支付意愿中，在未来推进减碳工作中，可以对相关文件进行巧妙设计，提供合理的参考，发挥默认效应的作用，提高居民的碳支付意愿，尽可能减少政策成本。其次，对于居民不是非常熟悉的领域，默认效应的作用会更加明显，因此可以着重在这些领域进行相关的政策设计，提高居民的碳支付意愿以实现该领域的碳中和。

6.7 本章小结

本章采用条件价值评估法中的双边二分法和支付卡形式对碳减排的支付意愿

与补偿意愿进行了研究。第一，采用双边二分法估算碳减排的整体支付意愿和受偿意愿的结果表明：①受访者愿意为碳减排支付的比例随初始投标值的增加而降低，愿意接受补偿的比例随初始投标值的增加而增加；②基准组的碳减排支付意愿最高；③收入、婚姻状况、碳感知、碳行为是影响受访者碳支付意愿的重要因素，且收入、碳感知、碳行为为正向影响，婚姻状况为负向影响。第二，采用支付卡形式估算衣食住行不同领域的碳支付意愿与补偿意愿，结果表明：①居住地、教育和收入是影响碳支付意愿的重要因素，而没有统一的因素会影响到补偿意愿；②测算不同行业领域的支付意愿和补偿意愿对于行业减排潜力具有重要的参考意义，相比其他行业，"衣"领域的支付意愿和补偿意愿都较高，减排潜力更大；③测算不同行业领域的支付意愿和补偿意愿的关系可以对政策选取提供借鉴意义，"食"行业采用征税或者直接提价效果更好，而其他三个领域采用先提价后补贴的方式作用更明显。第三，本章进一步研究了行为经济学中的默认效应在支付意愿中的作用，结果发现支付意愿中存在默认效应，并且对于受访者不熟悉的领域，默认效应会更加明显。

第 7 章　中国家庭的碳行为不平等分析

在复杂的国际局势和全球碳排放不平等不均匀的情景下，2019~2022 年，三年疫情给中国乃至世界的经济带来了意外冲击，由供给侧驱动的经济增长模式逐渐转为需求侧拉动经济增长的局面，家庭消费乃至个体消费受到了前所未有的关注。2023 年上半年，中央政府频频推出拉动消费、投资的利好政策，需求侧主导经济增长的局面使得家庭成为整个经济体系中备受关注的部分。与此同时，2023 年是我国"十四五"规划的第三个年头，我国积极践行着大国担当，在国内外政治环境复杂多变的情况下依然坚持兑现"双碳"目标的承诺，继续大力发展新能源，在工企业端推动和深化电力改革、产业转型、技术革新等一系列重大举措。而如何从家庭端和需求端入手，如何通过政策导向和市场化手段从消费端减排成为新的关注热点和研究领域。本节对家庭间接碳排放的总体情况和异质性进行细致分析，通过合理的测度以及实证分析家庭间接碳排放不平等的影响因素。可以从家庭端为减排提供一定的研究思路。

7.1　文献综述

为了衡量碳足迹不平等，经济学家们引入了收入分配领域的差异性测度方法的指标，包括基尼系数（Gini index）、Kakwani 指数、洛伦兹曲线（lorenz curves）、Theil 指数等指标。目前关于碳足迹不平等的研究主要分为宏观和微观两个层面，宏观层面包括国家间的碳足迹不平等研究或一国之内各个区域间的碳足迹不平等，微观层面主要研究家庭住户的碳足迹不平等及其影响因素等。其中，碳足迹又包括了直接碳足迹和间接碳足迹，直接碳足迹以家庭能源消耗为测算对象，而间接碳足迹则包括了家庭住户的衣食住行各个方面产生的碳排放。

7.1.1　宏观层面：国家碳足迹不平等

关于 CO_2 排放差异性的研究最早始于 IPCC 1996 年的报告，该报告首次探讨了温室气体排放的差异性问题。此后，国家间 CO_2 排放的不平等性及其与经济发展水平差异之间的相关性成为学者们关注的焦点。

Heil 和 Wodon（1997）首次将基尼系数用于测度国家间温室气体排放的差异性及其变化趋势。从此，关于收入分配差异性测度的多种方法被引入对全球以 CO_2 为主的温室气体排放不平等性的研究中。Groot（2010）结合基尼系数和洛伦兹曲线研究了不同减排政策的效果，认为若保证全人类平等享有碳排放权，发达国家的减排量应比其承诺的要多很多；Duro 等（2010）运用 Theil 指数考察了不同国家间能源消费和 CO_2 排放之间的差异性演变规律，并探讨如何减少这些差异；Cantore 和 Padilla（2010）结合基尼系数和 Kakwani 指数分析了多种减排情景下未来全球 CO_2 排放分布的平等性，认为在大多数的减排情景下，全球 CO_2 排放分布具有持续累进性特征（即与收入差距相比，CO_2 排放分布更为公平），然而若发展中国家承担过多的减排负担，则这种累进性会逐渐降低（即全球 CO_2 排放分布将变得更为不公平）。源于广义熵指数的 Theil 指数以其能完全分解的优点成为学者们研究全球 CO_2 排放差异性及其来源的重要工具。Alcantara 和 Duro（2004）采用 Theil 指数分析了 OECD 国家人均 CO_2 排放与 CO_2 排放强度的差异性。Padilla 和 Serrano（2006）采用 Theil 指数分解分析了全球国家间 CO_2 排放的不平等性，认为发达国家与发展中国家之间的发展差距是这种不平等性的主要来源。

在全球 CO_2 排放不平等性的研究中，无论采用哪种差异度计算方法，存在一些共同特征：①与发展中国家相比，发达国家的人均 CO_2 排放量更高；②在 1960~2000 年期间，全球 CO_2 排放的不平等性程度有所降低；③诸如中国、印度等排放大国是否在考察样本中对于 CO_2 排放的不平等程度有重要影响，因此对于中国等排放大国内部 CO_2 排放动态变化趋势的研究极其必要。

亦有研究关注中国国内区域、省份、城市之间的碳不平等。在区域层面上，周丁琳等（2020）运用 LMDI 模型与 Theil 指数方法，分别对 2005~2017 年间我国八大区域代表性省份的城乡居民生活碳排放进行综合分析；运用 Theil 指数测算地区间、地区内居民碳排放的空间不平等性，发现地区间差异起主导作用而非地区内差异；通过指数分解模型分析得到能源结构、能源强度、人均收入是形成地区间人均碳排放差异的主要因子，影响地区内城乡间人均碳排放差异的关键因素是人均收入。刘婷（2017）基于 1997~2014 年数据，从我国 8 大区域的碳排放现状入手，分析 8 类能源的碳排放；基于生产者原则和消费者原则，发现我国各区域和部门在碳排放上特征差异明显，京津地区、东部沿海、南部沿海等发达地区的碳排放转出占比较大，并转移至西北地区、北部沿海、中部地区等较不发达地区；在行业方面，采选业、石化工业、金属和非金属制品业、电气水生产供应业和交通运输仓储业等负责能源生产供应和运输流转的部门为"碳转入部门"，农业、制造业、建筑业和服务业等和最终生产消费有关的部门属于"碳转出部门"。罗梦昕（2020）综合考虑南北差异和东西差异的基础上，将中国划分为八个区域，并以此为单元对 1997~2017 年中国区域碳排放差异的来源和影响因素展开研究。她利用泰尔指数测算了中国区域碳排放的不平等，并将其按区域内和区域间两个来源进行了分解；结合扩展后的 Kaya 公式，将这种不平等分解为碳化指数、能源结构、能源强度、劳动生产率和就业率等五个因素的贡献，探讨了不同因素对这种不平等的影响。实证结果表明，中国区域碳排放总体不平等在研究期间呈现先下降后上升的 U 型趋势。分解结果表明，劳动生产率和能源强度是碳排放不平等的主要影响因素，研究期间平均贡献分别为 94.63% 和 39.13%。劳动生产率贡献的大幅下降降低了总体不平等，也抑制了近年来区域内和区域间不平等的增长；能源强度对区域内不平等的贡献逐年下降，但对区域间不平等的贡献自 2009 年以来增加了 32.16%；能源结构和碳化指数对 2012~2017 年总体不平等的加剧有明显促进作用；就业率的作用在研究期间呈负值。

在省份层面上，周丁琳等（2020）对各省份的人均碳排放进行基于时间序列的 LMDI 分解分析，研究结果表明，各省人均生活碳排放在不同时期内存在很大的差异，收入水平、城镇化对该指标具有正向效益，而能源价格与碳排放系数主要起逆向作用。杨俊等（2012）则运用洛伦兹曲线、高矮序列和基尼系数等来分析中国省际碳排放强度差异，进而探讨跨省碳排放均等化以及中国政府减排目标的实现与否，结果表明省际碳排放差异较小且趋于收敛。在城市层面上，Wu 和 Chen（2023）利用中国城市级数据研究碳不平等，结果表明，2005~2020 年，碳排放量的基尼系数从 0.411 略有下降到 0.385，且分布更加对称；并分解分析揭示了工业部门的不均衡发展，能源密集型特征可以在很大程度上解释碳不平等。该研究对于未来碳排放指标分配提供了重要启示，指出决策者不应将经济发展水平单独视为减排分配的唯一指标，因为经济结构、能源强度和气候条件都是造成这种不平等的原因。

7.1.2 微观层面：家庭碳足迹不平等

家庭碳足迹也存在分布上的差异和不平等，如 Ivanova 等（2016）估计家庭能源消费排放的温室气体占全球温室气体排放总量的 60% 以上，且碳足迹在各地区分布不均，较富裕的国家占比更高。因此通过探究影响家庭碳足迹的原因也是碳足迹不平等研究中的重要议题。

对于中国各省之间碳排放不平等问题，刘玉萍（2010）利用 IPCC 碳排放系数计算了 2007 年我国各省（自治区、直辖市）化石能源消费的 CO_2 排放量，并按照人均 CO_2 排放和万元 GDP 排放排序建立反映我国省域碳排放不平等的碳洛仑兹曲线，碳洛仑兹曲线表明，人均 CO_2 排放的变化和万元 GDP 排放的变化对中国地区碳排放不平等的影响是模糊的。Ji 和 Lin（2022）基于我国 1997~2017 年的县级面板数据提出了区域碳排放不平等指数，发现省间碳排放不平等远高于省内，且东部地区最高。

在家庭住户碳足迹不平等的研究方面，许多学者基于调查数据做了一些探索和研究。例如，Xu 等（2016）利用城市家庭调查数据，使用全生命周期方法计算了城市家庭住户的碳足迹，并用基尼系数衡量了这种碳排放不平等，发现高碳排放密度的消费是造成城市碳足迹不平等的原因；Yang 和 Liu（2017）基于社会实践模型（social practice model）和碳排放系数法，估计了不同城市碳排放分布的参数，并发现城市和地区的经济特征是影响家庭住户日常能源消耗和碳排放分布不同的影响主要原因，以及碳排放不平等与收入、固定资产拥有数量有着正向的关系。Yang 等（2017）基于家庭调查数据和全生命周期计算法，同时考虑了直接碳排放和间接碳排放，认为收入和住房不平等是造成碳排放不平等的原因。

国外的学者基于不同国家的家庭住户数据也做了类似的研究，对碳排放不平等现象背后的原因分析存在相似结论。Irfany 和 Klasen（2016）研究了印度尼西亚家庭碳足迹不平等，结果表明能源和交通的使用是引发了碳排放的不平等的主要原因。Seriño 和 Klasen（2015）使用菲律宾家庭收入与消费数据和 Global Trade Analysis 的数据，运用 I-O 表计算了完全消耗碳足迹（包括直接和间接），并将基尼系数和 Kakwani 指数作为衡量不平等的指标，发现 2000~2006 年碳足迹不平等在加剧，贫穷的住户相比收入，在碳足迹上更加不平等；富有的住户则相反。Vera 等（2021）测算了墨西哥不同家庭收入群体之间的碳排放不平等，结果显示收入最低的 10% 家庭排放了二氧化碳总量的 2.7%，而最高 10% 家庭排放了 26.8%，碳不平等程度很大。Tomas 等（2020）使用环境扩展的多区域投入产出模型分析了 2008~2017 年期间西班牙家庭的碳足迹，结果显示大中型城市的居民比定居在小城市居民的人均碳排放量要少，这种碳不平衡主要是由于居住在小城市的居民，特别是居住在农村地区的居民的直接碳足迹更高，但碳足迹的基尼系数则表明小城市的收入和二氧化碳排放的不平等程度都低于大中城市。除此之外，食品和交通也是城乡碳排放差异的主要因素。同时，在 2010~2014 年，城乡的碳足迹差异扩大了 155%，但速度呈现下降趋势，从每年 14.9% 下降到 8.2%。Yu 等（2022）采用投入产出与结构分解分析法，对比了中国与日本 1997~2018 年家庭碳足迹及其驱动力，发现消费支出是中国碳增长的主要积极驱动力，技术是主要的消极驱动力，需要控制交通和通信消费。

7.1.3 碳足迹不平等影响因素总结

许多文献在对家庭碳足迹进行研究后，对影响家庭碳足迹和碳足迹不平等的原因也进行了深入探讨，主要分为以下几类。

第一，消费和行为的模式对家庭碳足迹的贡献程度不同，如娱乐和休闲解释了英国四分之一的碳足迹影响（Druckman and Jackson, 2009）；另一项基于英国城乡数据的研究表明，住房和私人交通出行对于碳足迹的影响最大（Ottelin et al., 2019）。个体的间接碳足迹并不是完全的个人决策行为，在多数情况下也会受到家庭特征的影响，如家庭成员个数、文化程度、年龄结构等都会影响个体碳足迹的产生。杨选梅等（2010）通过建立多元回归模型分析了碳排放量与家庭特征之间的关系，回归的被解释对象为碳排放量，解释变量为家庭常住人口、男性人口、女性人口、住宅面积、交通工具、家庭收入、年龄、文化程度等8个家庭特征值。Lyubich（2022）在对碳足迹方差的解释中加入年龄、学历、种族、家庭收入、家庭规模、孩子个数等特征，这些个体特征可以解释家庭碳足迹中15%的变化。

第二，消费种类和城乡区域差异在解释家庭碳足迹不平等原因时扮演重要角色。在几项对于城乡家庭碳足迹排放差异的影响研究表明，对于城市居民，住房是最主要的排放源，对于乡镇居民，住房和食品消耗也是城乡碳足迹不平等的主要原因（Feng et al., 2011；Liu et al., 2019），其中最主要的排放来源是食品消耗（Wei et al., 2007）。除此之外，交通也是城乡碳排放差异的主要因素（Seriño and Klasen, 2015；Wang and Chen, 2020）。

第三，收入不平等与碳足迹不平等存在相关关系，这种关系也伴随着城乡差异。更富有的城市居民，有更高的日均消费，相比低收入群体将导致一个更高的碳排放足迹（Jones and Kammen, 2014；Underwood and Fremstad, 2018）。周丁琳等（2020）研究发现，能源强度和人均收入对城乡间居民人均生活碳排放差异的作用强度最大，但能源强度是造成农村居民人均碳排放高于城镇居民的主要因素，而人均收入的作用规律则相反，低收入导致低碳排放，最终呈现农村人均碳排放低于城市的现象；Wang 和 Chen（2020）发现碳足迹和地区的收入呈现正向关系，即地区收入越高，碳足迹排放越高。但就某个地区而言，收入不平等越加剧，碳足迹排放越小。Wang 和 Yuan（2022）预测中国未来的碳排放不平等程度将随着需求侧的增长而增加，并将原因归因于不同收入群体家庭支出的差异，富裕群体对住房和交通等碳密集型商品的需求的收入弹性更大，这将导致富人在碳密集型商品上的支出增加，从而进一步扩大穷人和富人之间家庭碳排放的差距。

与 Wang 和 Yuan（2022）的研究结论相反，Feng 等（2021）研究了美国的家庭碳排放情况，认为消费模式倾向于缩小收入群体之间家庭人均碳排放的差距，因为高收入群体每美元支出的碳强度较低；此外，作者发现影响碳足迹的另一个重要因素是家庭规模，因为家庭成员可以共享家用电器设备和其他消费项目从而降低人均碳排放。

7.2 测度方法

传统的不等式分析工具，如包括洛伦兹曲线、变异系数、基尼系数和 Theil 指数或 Atkinson 指数，被广泛应用于经济学领域中的收入不平等分析，并已经扩展到了环境经济学领域，特别是用来测度碳不平等。本节主要使用洛伦兹曲线和基尼系数进行碳不平等分析。洛伦兹曲线是分析收入不平等的最常见的工具，在碳不平等的分析中也应用最为广泛，并且可以基于洛伦兹曲线计算基尼系数。洛伦兹曲线的横轴表示根据人均二氧化碳排放排序的样本人口累积份额，而纵轴为人均二氧化碳排放的累积份额。如果所有的个体排放相同的二氧化碳，洛伦兹曲线将是对角线，即绝对平均线，不存在不平等。如果存在不平等，洛伦兹曲线低于绝对平均线，洛伦兹曲线离对角线越远，二氧化碳排放的不平等程度就越严重。基尼系数是基于洛伦兹曲线计算的重要指标，能够反映不平等程度，系数越大不平等程度越大。

7.2.1 洛伦兹曲线

洛伦兹曲线最早用于衡量收入不平等，传统的洛伦兹曲线是利用图示的方法来反映人口累积百分比与收入累积百分比之间的对应关系，通常用来表示一个经济体内收入分配的情况。洛伦兹曲线定义为低收入端人口累计比例 p 与该组人口拥有的总收入比例 $L(p)$ 之间的函数关系，如 $L(0.1)=0.02$ 意味着低收入端百分之十的人口拥有的总收入比例为百分之二。假设收入分配的概率密度函数为 $f(x)$，对应的概率分布函数为 $F(x)$，则 $p=F(x)$ 表示收入低于或者等于 x 的人口比例。记收入低于或等于 x 的人口群体拥有收入占总收入的比例为 $L(p)$，则

$$L(p) = \frac{1}{\mu}\int_0^x tf(t)\,dt, p = F(x) \tag{7-1}$$

收入分配统计问题不仅可以测算和比较收入是否平等，还可以直观展示收入分配的动态变迁。

7.2.2 基尼系数

基尼系数可以概括性地反映出整体的差异程度，根据洛伦兹曲线计算得出。计算方法如图 7-1 所示，图中横轴表示人口（收入由低到高分组）的累计百分比，纵轴表示收入的累计百分比，A 的面积为"不平等面积"，$A+B$ 的面积是"完全不平等面积"，$\frac{S_A}{S_A+S_B}$ 之比即为基尼系数，基尼系数通常为 G 表示，可表述为：$G=\frac{S_A}{S_A+S_B}$。G 等于 1 表明收入分配完全不平等；G 等于 0 表示绝对平等线与洛伦兹曲线完全重合，收入分配完全平等。总体而言，G 取值范围在 [0.1]，越接近 1 表明越不平等。一般以 0.4 为收入分配差距的"红线"，若达到 0.5 以上，则表示收入差距悬殊。

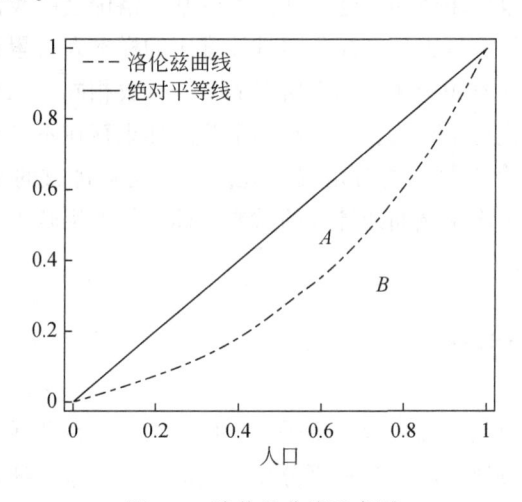

图 7-1 洛伦兹曲线示意图

基尼系数范围从 0 到 1，值越大不平等程度越大。如果所有家庭人均碳排放均相同，则基尼系数为 0，碳排放完全平等，基尼系数为 1 则表示碳排放完全不平等。

$$G = 1 - \left| \sum_{i=1}^{N} (X_{i+1} - X_i)(Y_{i+1} + Y_i) \right| \qquad (7\text{-}2)$$

式中，X 是人口的累积百分比，Y 是碳排放量的累积百分比。Y 按由低到高的顺序排列。

7.3 中国家庭直接碳足迹不平等分析

7.3.1 中国居民家庭碳排放不平等现象较为严重

根据本轮调查结果，从直接碳排放来看，我国居民家庭碳排放不平等较为严重，基尼系数为 0.839（图 7-2），洛伦兹曲线弧度较大，偏离绝对平均线，且这一系数显著大于上一轮的基尼系数（0.566）。根据以往研究，家庭层面碳不平等重要来源是收入差距，也就是说全体人口中较少的富人排放了较多的二氧化碳。

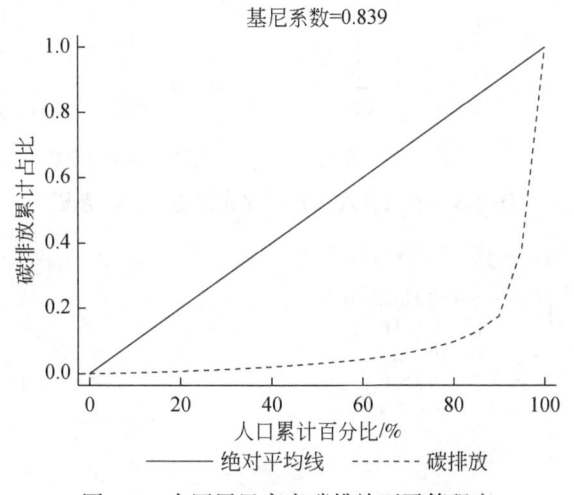

图 7-2 中国居民家庭碳排放不平等程度

为验证收入不平等对于碳不平等的贡献，绘制不同收入组别的碳排放和能源使用情况（图 7-3）。将人群按照家庭人均收入划分五组，图 7-3 显示，家庭收入越高，人均碳排放和人均能源消费越高，并且低收入家庭到中低收入家庭，以及中等收入家庭到中高收入家庭的跨度较大，人均碳排放和人均能源消费几乎翻倍。

进一步探究家庭不同能源用途产生碳排放的不平等情况可以发现，制热偏离绝对平均线最远，说明制热产生的碳排放不平等程度最高，这主要是因为集中供暖产生的碳排放很高，并且仅北方家庭冬季有集中供暖，南方家庭没有这项能源消费（图 7-4）。供暖的不平等主要归因于南北方气候不同，因此不能完全消除这一不平等现象。交通的基尼系数为 0.87，碳排放不平等程度也较高，这可能主要来自家庭经济水平差异。制冷的基尼系数为 0.831，这一系数也反映了家庭在

| 中国家庭低碳行为及支付意愿 |

制冷方面的严重不平等，一部分原因可能是由于收入差距导致，另一部分原因可能和供暖类似，是由于客观的气候原因决定，南方家庭夏季的制冷需求更大。相比之下，家用电器碳排放的基尼系数为0.366，碳不平等程度较低。

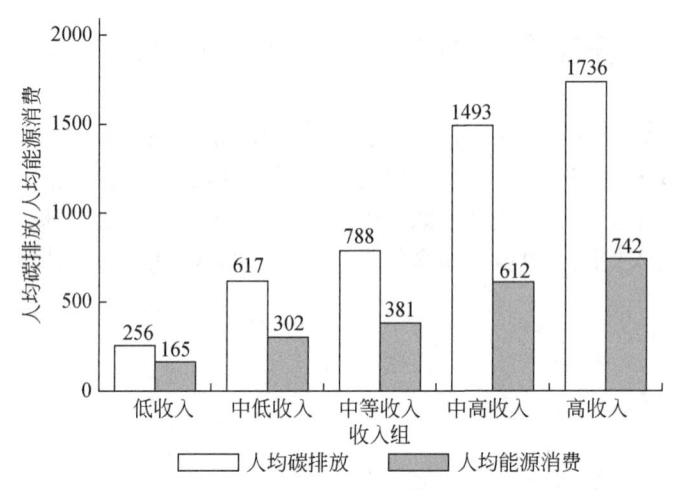

图7-3 不同收入家庭碳排放和能源消费情况

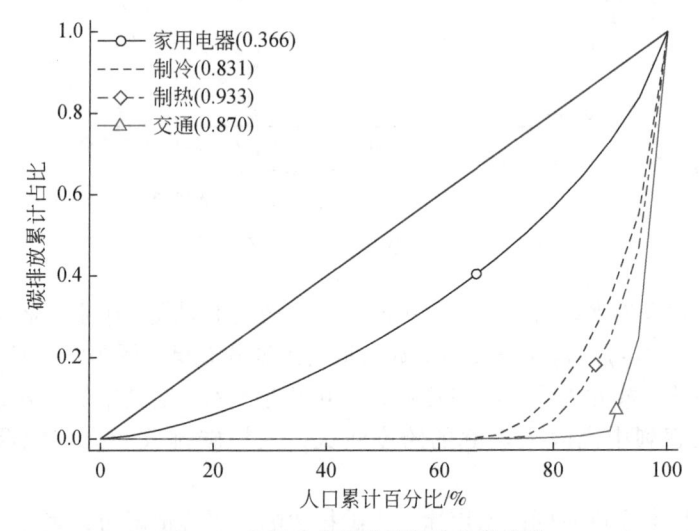

图7-4 分用途直接碳排放洛伦兹曲线

分能源种类来看，管道煤气、木炭、秸秆、管道天然气、煤炭产生的碳排放不平等程度均较高，基尼系数接近1，也就是说这些家庭使用这些能源具有较大的异质性。热力产生的碳排放不平等程度也较高，基尼系数为0.934。汽油产生的碳排放的基尼系数为0.862，电力碳排放不平等程度较低，基尼系数为0.354（图7-5）。

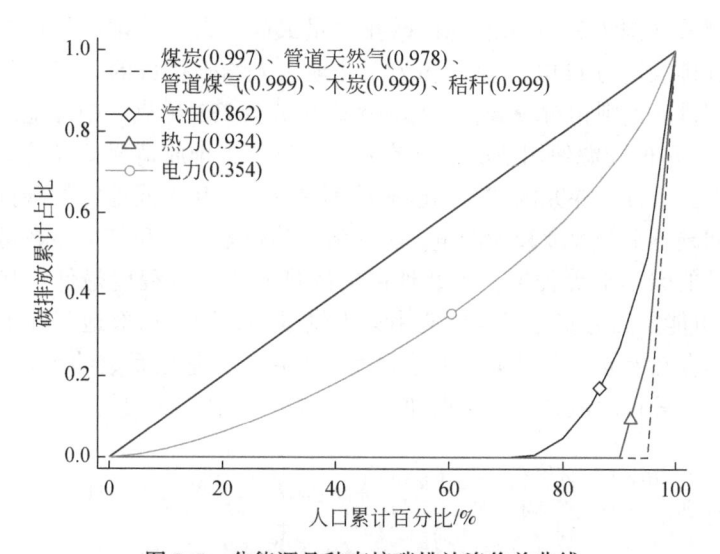

图 7-5　分能源品种直接碳排放洛伦兹曲线

注：因煤炭、管道天然气、管道煤气、木炭的值极为接近，为简化表示，故以一条曲线表示

7.3.2　中国居民家庭碳排放不平等差异分析

为进一步明确碳不平等存在的群体，分组分析碳不平等程度，将居民家庭按照南北方、区域、城市三个维度进行分组。

分南北方看，南北方家庭碳排放不平等程度相近，北方碳排放不平等程度略高。但北方的人均碳排放却是南方的 7 倍左右，碳排放差距主要来自热力能源使用的差异（图 7-6）。

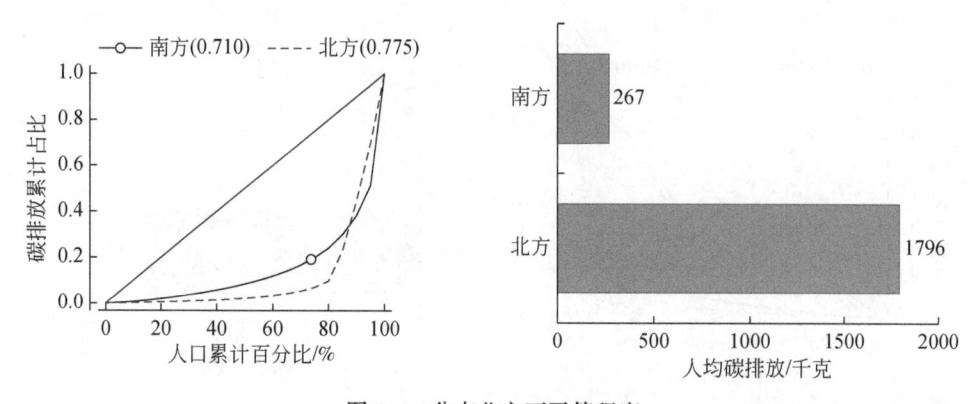

图 7-6　分南北方不平等程度

分区域看（图7-7），东北地区碳排放量最高，人均碳排放量达2268千克，东部地区碳排放量为1114千克，约为东北地区人均碳排放的一半。西部地区和中部地区碳排放量则相对较低，西部地区碳排放为733千克，中部地区碳排放为417千克。地区间能源使用情况差异较大，导致了碳排放情况差异较大，尽管没有使用特定分析方法探究区域间的碳排放不平等，但从不同地区的碳排放量可以看出地区间碳不平等程度较为严重。分区域的洛伦兹曲线和基尼系数可以反映不同地区内部的碳不平等程度，东北地区的碳排放不平等程度最低，基尼系数为0.747，这可能是因为家庭基本都使用集中供暖的原因。东部地区和中部地区碳排放量虽然存在差异，但是碳不平等程度较为接近，基尼系数约为0.8。西部地区碳排放不平等程度最高，这一点和上一轮调查分析结果一致。

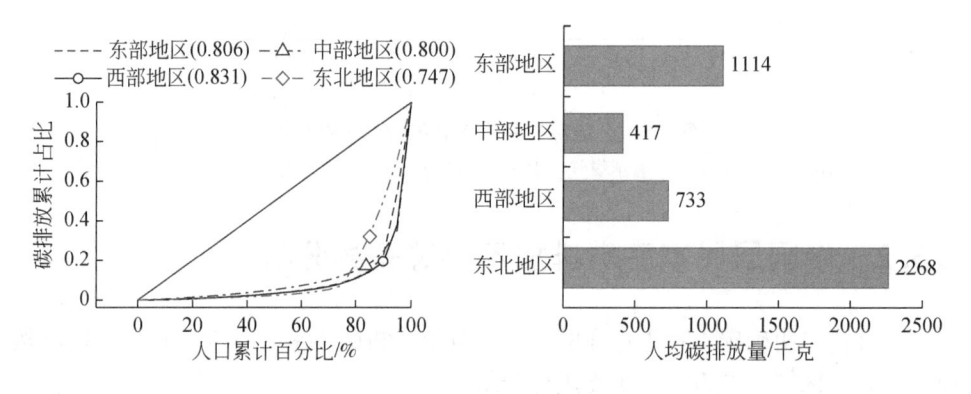

图7-7 分区域不平等程度

分城乡看（图7-8），城市居民人均碳排放为农村家庭碳排放近4倍，城乡之间碳不平等程度较高。城市家庭间的碳排放不平等程度也较高。城市家庭碳排

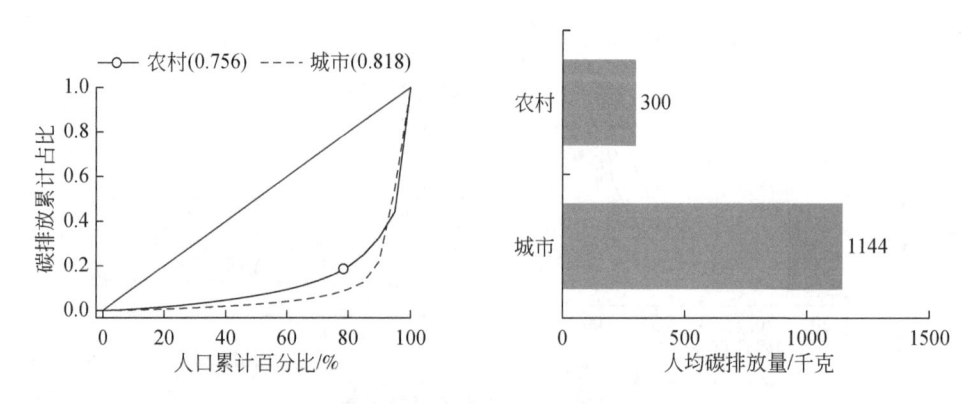

图7-8 分城乡不平等程度

放不平等程度为 0.818，农村家庭碳排放不平等程度为 0.756，这一点和上一轮调查结论相差不大。本轮调查没有采集家庭户口信息，使用家庭居住在乡村还是城市界定农村家庭和城市家庭，因此在界定标准上和上一轮调查存在出入。城市家庭的用能选择更多，可能是导致碳排放不平等程度较高的原因。

7.4 中国家庭间接碳足迹不平等现状

本节对我国家庭间接碳排放的现状进行细致描述，并简要分析不同区域、城乡、南北，以及不同性别、年龄群体间的排放差异，并利用洛伦兹曲线与基尼系数计算家庭间接碳排放不平等的总体特征、地域特征及个体特征。

7.4.1 中国居民家庭间接碳排放现状

7.4.1.1 总体排放情况

家庭间接碳足迹最终核算结果如表 7-1。每个居民个体之间的家庭年间接碳足迹差异较大，最小值为 918.84 千克，最大值高达 18687.66 千克。碳排放较少的家庭中，通常在食宿两个方面的排放大于衣物和交通，这一部分群体每年很少或者不购买新衣物，同时一年内基本不使用高碳排放的交通工具出行；对应的，年间接碳排放较高的家庭通常在住宿和出行两方面的日常能源消耗较大，主要来自于供暖与长途出差或旅游所产生的碳排放。

表 7-1　家庭间接碳足迹优化结果基本情况　　（单位：千克）

碳足迹	观测值	最小值	最大值	均值	标准差
衣	593	12.85	1 053.70	232.39	169.36
食	597	13.90	8 002.20	2 464.18	1 061.70
住	1 814	576.92	15 973.79	3 559.73	2 111.11
行	1 164	8.34	13 462.34	992.83	1 979.02
家庭整体间接碳足迹	1 814	918.84	18 687.66	5 112.57	3 382.64

注：由于部分受访者对家庭食物消耗、用电用气等能源消耗、出行方式等信息填写存在缺失等问题，因此删除各板块 0 值；且考虑到样本量较大，为了减小极端值对碳足迹研究结果的影响，对碳足迹作 1% 截尾处理

7.4.1.2 异质性

不同家庭在衣、食、住、行四个板块所产生的碳排放差距也较大，其人均年

碳足迹分别约为237千克、2464千克、3560千克、992千克。

如图7-9所示，可以看出，家庭在衣、食、住三方面的碳排放量相对集中，而个体之间碳足迹差异较大主要受出行影响。由于城市化与经济发展进程的加速，家庭大幅增加了驾驶私家车的频率，家庭私家车在出行引致的碳排放中占比超77%，其中通勤和出差或长途旅行是交通出行碳排放最主要的驱动因素；飞机作为碳排放最高的交通方式，同样在出行板块中占比较大，约为总量的14%，大幅增加了不同个体的家庭间接碳足迹总量。家庭一年在衣物上的消费量较少，因此相较于其他板块衣服所产生的碳排放总量较小。

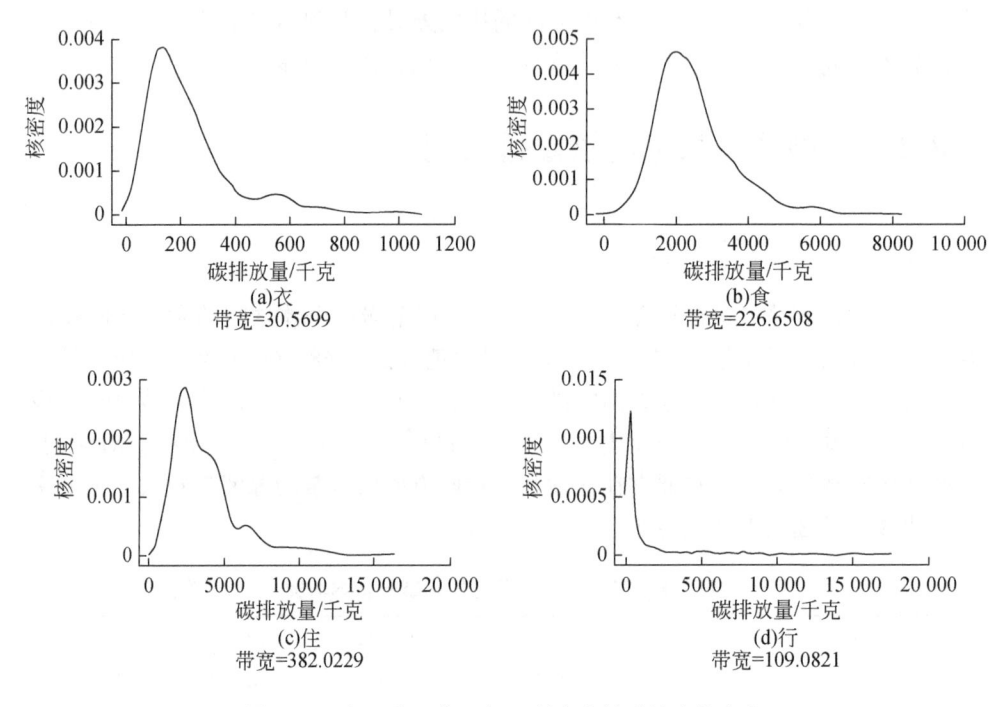

图7-9 "衣、食、住、行"所产生的碳足迹核密度

(1) 区域差异

由图7-10可看出，各地区"衣、食、住、行"四个板块总体占比情况接近，但中部地区食宿带来的碳排放相较之下更多，东部和西部地区出行带来的碳排放更多。中部地区多省属于农业大省、人口大省，食品消耗量较大，住房用电、用气量较东部和西部地区更高，因此食物与住宿带来的碳排放占比更大；东部地区交通相对发达，人员流动更多，使用汽车出行的频率更高，所以交通出行带来的碳排放更多。

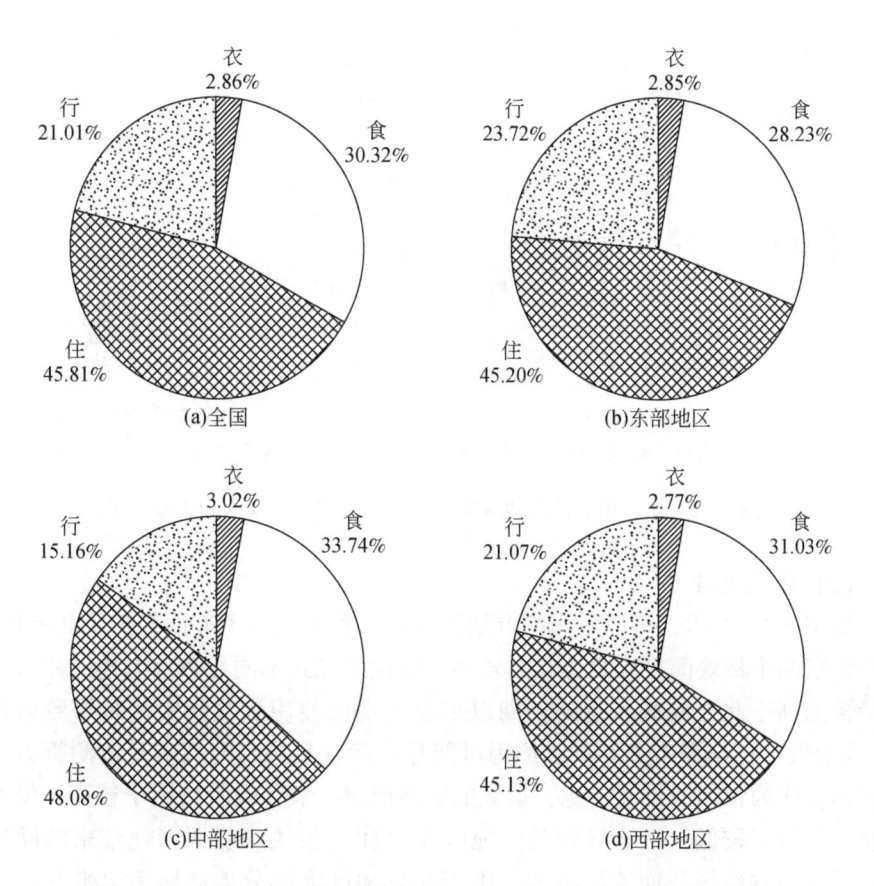

图 7-10　全国及东、中、西部地区"衣、食、住、行"碳足迹占比

注：为有效比较各地区家庭间接碳足迹是否存在差异，删除存在缺失值及 0 值的观测值，将剩余 549 个观测值绘制成图

如图 7-11 所示，从总量上看，东部地区碳排放约为 223.5 万千克，中、西部地区分别约为 105.3 万千克和 153.1 万千克，东部地区远高于中西部地区；从人均上看，东部地区人均碳排放约 8597 千克，人均年收入约为 22.5 万元，中部地区人均碳排放约 7743 千克，人均年收入约为 15.7 万元，西部人均碳排放 7773 千克，人均年收入约 14.7 万元。家庭间接碳排放基本呈现东高西低的空间格局，这与经济发展水平和居民生活方式紧密相关：东部地区受到人口数量、产业结构、能源消耗、建设用地等因素影响，间接碳排放总量居高不下。但近年来东部地区人口老龄化加剧，对碳排放有一定缓解趋势（崔月彤，2023），同时产业结构调整，绿色信贷兴起，居民节能减排意识的逐步提高，人均家庭间接碳排放差异较小。

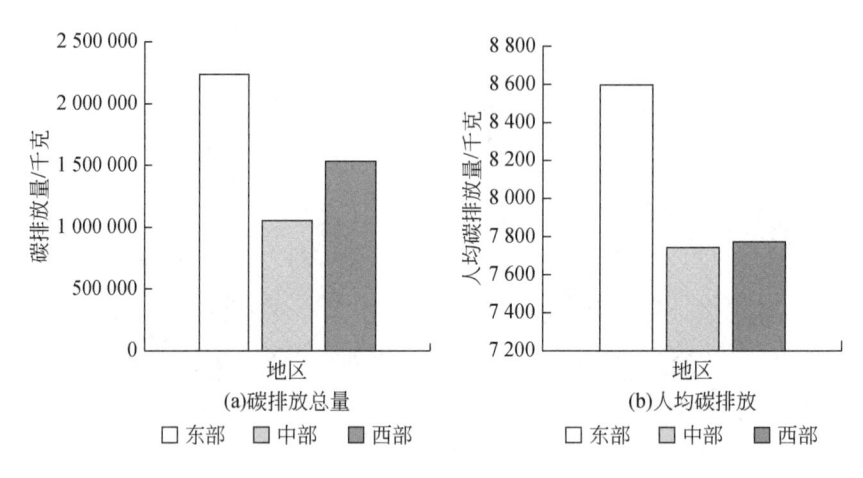

图 7-11 东、中、西部地区家庭间接碳排放总量及人均排放情况

(2) 南北差异

如图 7-12 所示，可以看出南方地区在衣物和出行两个方面都少于北方地区，而在食宿两个板块间接碳足迹相对较多，而供暖方式不同导致南方地区用气、用电量普遍高于北方地区，这同长期以来北方地区使用煤炭集中供暖导致碳排放"北高南低"的印象有所不同，原因可能是直接碳足迹与间接碳足迹测算方式存在差异。作为常用的供暖能源，煤炭的直接能源二氧化碳排放因子较高，但间接转换系数相对较低，从而导致北方地区在"住"板块中能源消耗带来的间接碳足迹低于南方地区。而衣物方面，由于北方地区大部分地区属于温带季风气候区，四季明显，导致衣物购买上较南方地区更为频繁，因此北方地区"衣"板块碳排放占比更高。

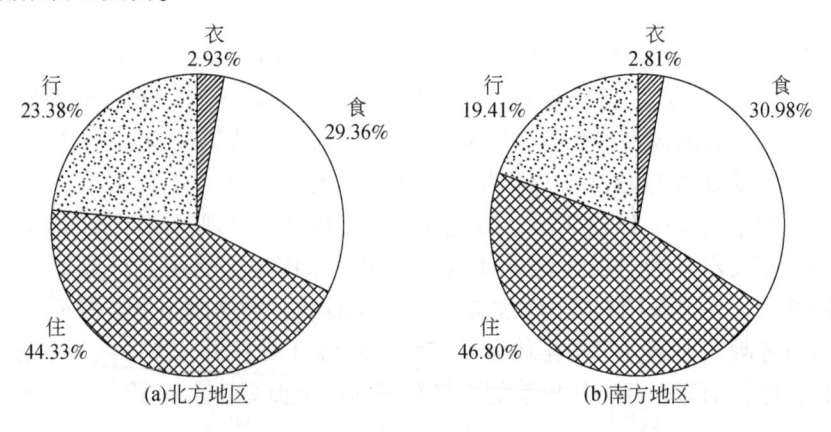

图 7-12 南北地区"衣、食、住、行"碳足迹占比

如图 7-13 所示，从总量上看，北方地区间接年碳排放量约为 193.8 万千克，而南方地区约为 288.1 万千克，南方远多于北方；而从平均值上看，南方约 8474 千克同样多于北方的 7662 千克。可能是因为南方相较于北方，冬季气候相较北方更适宜外出，而出行是影响排放最大的影响因素。

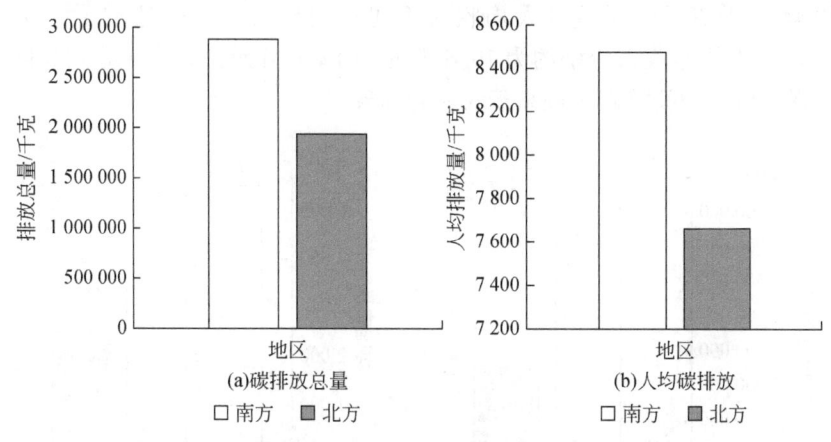

图 7-13　南北地区家庭间接碳排放总量及人均排放情况

（3）城乡差异

如图 7-14 所示，农村家庭在食物方面产生的碳排放高于城市家庭，在出行方面则低于城市家庭。受消费结构与方式不同的影响，城市家庭与农村家庭在住房、交通出行和食品消耗等方面的需求差异是造成城乡碳足迹差异的主要原因（Feng et al.，2011；Liu et al.，2019a）。对于农村家庭，食品是主要消费需求，因此食物的间接碳足迹占比较大；而城市家庭在住房供暖与通勤出行方面的能源消耗为主要碳足迹来源，因此"住、行"占比较大。虽然大城市的能源效率相

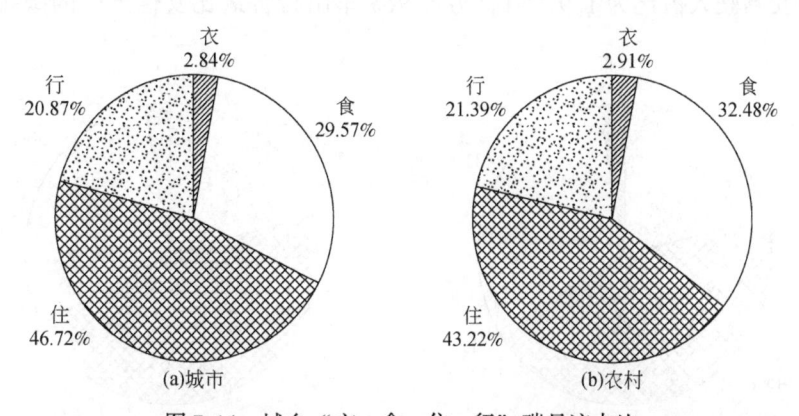

图 7-14　城乡"衣、食、住、行"碳足迹占比

对较高（Brown et al., 2008），使得城市家庭之间碳足迹也有较大差异，但碳排放仍普遍高于农村家庭。

如图 7-15 所示，城市家庭总碳排放量一年约为 357.6 万千克，农村总碳排放量约为 124.3 万千克，从平均值来看，城市人均年间接碳足迹约为 5489 千克，农村约 4457 千克。同时城乡人均收入不同对碳排放差异也造成了一定影响，2022 年城乡人均年收入分别约为 19.6 万元和 14.1 万元，高收入导致高碳排放，最终呈现城市人均间接碳足迹高于农村的现象。

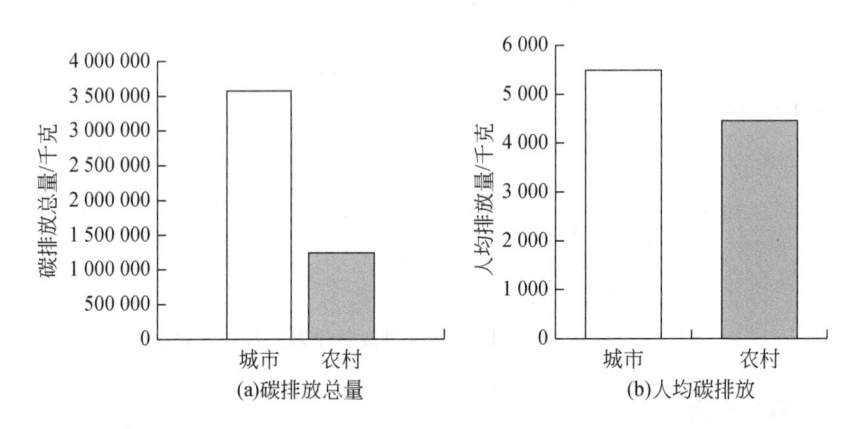

图 7-15 城乡地区家庭间接碳排放总量及人均排放情况

（4）性别差异

不同性别碳足迹差异如图 7-16 所示，从总量上看，男女在衣食住行上的结构占比基本一致，但男性人均间接碳排放较女性更多，其中在出行中受私家车影响最大。从公安部门 2022 年发布的全国机动车和机动车驾驶人数据中可以看到，男女驾驶人占比为 1.97∶1，男性私家车出行普遍比女性产生的碳排放多；

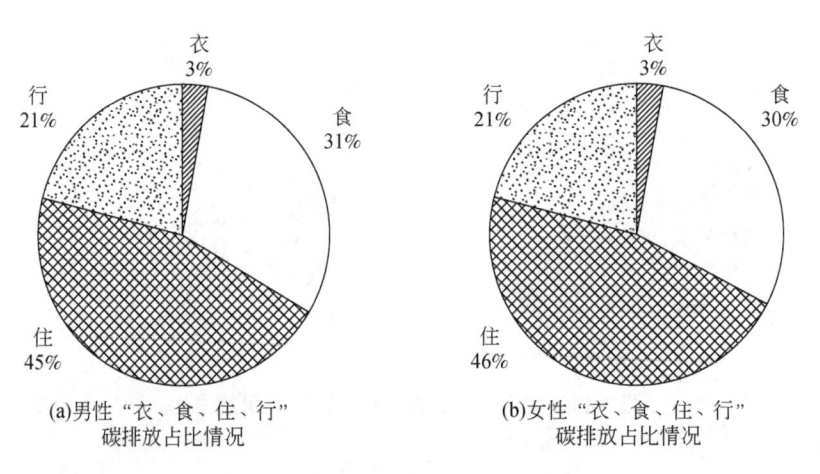

(c) 人均年间接碳足迹

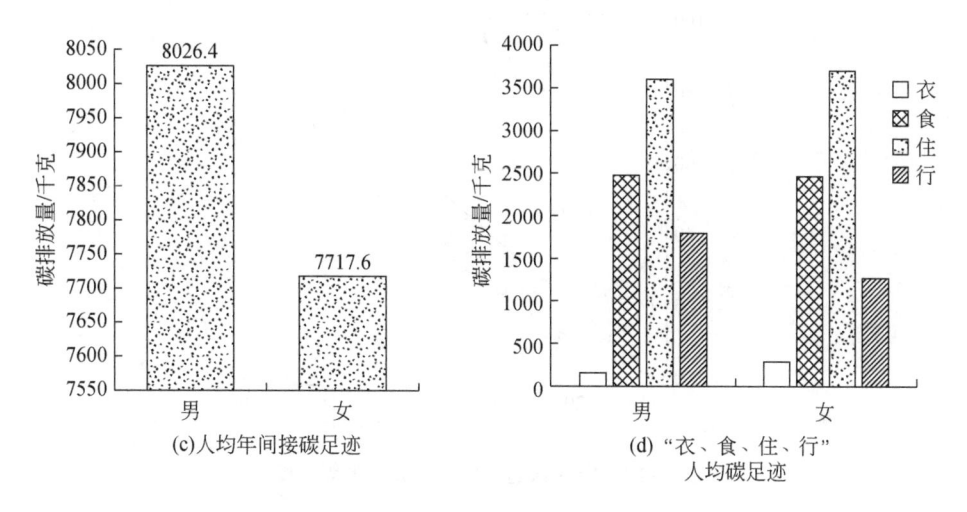

(d) "衣、食、住、行"人均碳足迹

图 7-16　不同性别人均年间接碳足迹及占比情况

而在衣物方面女性新增衣物较男性更多，因此女性在衣物产生的碳足迹上也就更多，但衣物的碳排放绝对量远小于交通，对总量影响较小，因此男性的碳排放总体大于女性。

7.4.2　中国居民家庭间接碳排放不平等现状

7.4.2.1　总体情况

根据本轮调查的测算结果，中国家庭间接碳排放不平等问题的基尼系数为0.231，并不严重（图7-17），但洛伦兹曲线弧度已偏离45°绝对平等线，意味着较少的人排放了更多的二氧化碳。虽根据计算结果无法具体得知排放更多的人群的统计学特征，但查阅相关研究发现，碳排放不平等主要源自收入差距（Jones and Kammen, 2014；Underwood and Fremstad, 2018；Seriño, 2019），相较于低收入家庭，高收入家庭能源消费较多，导致更高的碳排放足迹。

从家庭不同来源的间接碳排放看，居民出行带来的碳排放相较于饮食、住房、衣物相关排放更为不平等（图7-18）。居民家庭出行相关碳排放的基尼系数最高，为0.675；衣物相关碳排放基尼系数排第二，为0.364，约为出行基尼系数的54%；住房相关碳排放基尼系数为0.300；饮食相关碳排放的基尼系数最低，为0.227。上述结果与现实生活情况相符。我国居民出行方式选择较多且所引发的碳排放差异较大，如驾驶私家车与选择公共交通产生的碳排放具有较大差异，加之城市居民可能存在的长途出差、旅游出行差异，导致出行相关的碳排放

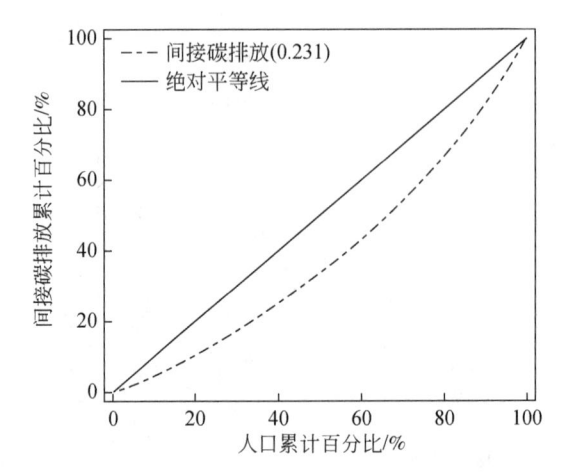

图 7-17 中国家庭间接碳排放不平等程度

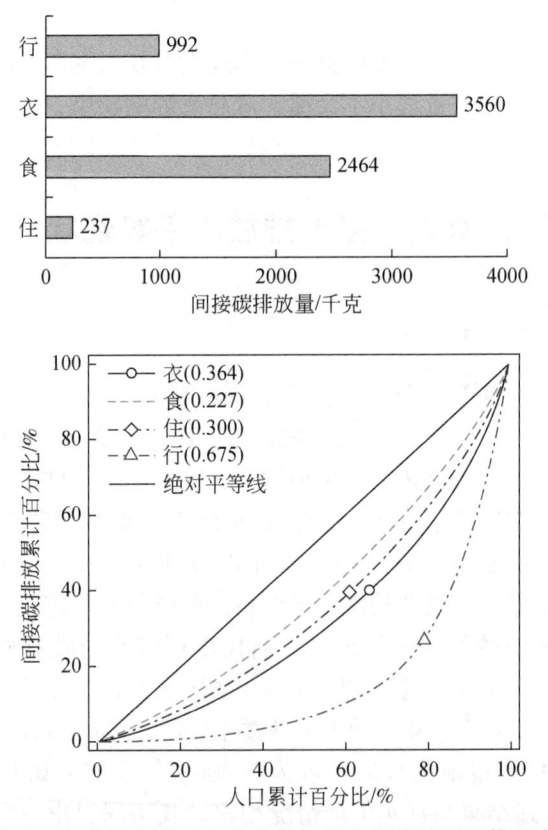

图 7-18 中国家庭"衣食住行"间接碳排放不平等程度

差异进一步扩大。在衣物相关排放层面，居民开始追求品牌效应，进而导致不同人群因衣物引致的排放差异较大。在住房相关排放层面，主要原因来自于取暖不同的南北差异。在南方地区，居民冬天无取暖习惯，因此取暖耗能和碳排放都远低于北方居民，导致家庭之间住房碳排放不平等程度较高。饮食相关的碳排放差异较小，得益于我国经济的高速发展与全面建成小康社会历史任务的完成，全国居民饮食都较为丰富，因此碳排放不平等程度差异较小，但不同地域饮食习惯仍存在差异，故而不平等情况仍然存在。

7.4.2.2 异质性

(1) 区域差异

如前文所述，描述人口与碳排放累积百分比的洛伦兹曲线并不能明确碳排放具体存在哪些群体之间。本节将对不平等的组别差异进行分析，以基尼系数作为不平等情况的衡量指标。

分东中西部看（图7-19），东部地区的家庭人均间接碳排放水平最高，基尼系数为0.228。西部地区家庭人均碳排放为7773千克，家庭间接碳排放不平等程度最低，基尼系数为0.226。东西中部的基尼系数相差不大，总体而言，从间接碳排放来看，家庭能源消费结构、生活方式差异较小，进而导致间接碳排放不平等相对于直接碳排放水平不平等较低。

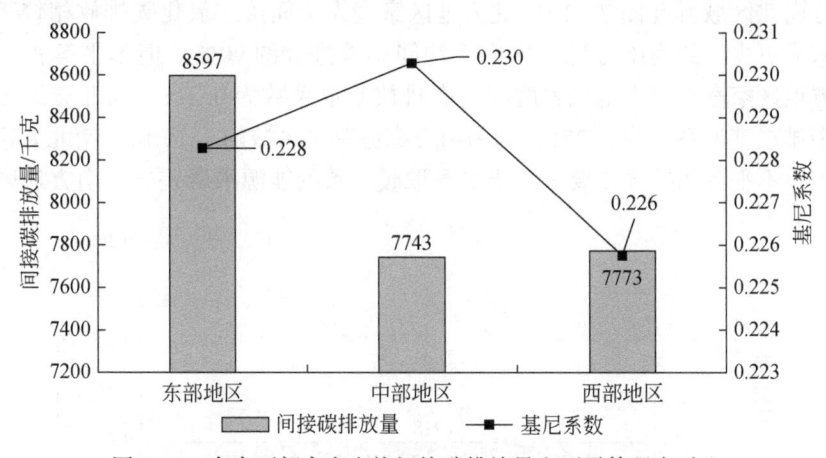

图7-19 东中西部家庭人均间接碳排放量和不平等程度对比

如图7-20所示，东部地区来自于出行的间接碳排放不平等情况明显高于其余两个地区，中部地区不平等情况位居第二，西部地区不平等情况最不明显。这与东部发达的交通枢纽与多元化出行方式存在较大关联，而西部地区相对而言交通不发达，人们可选择出行方式有限，从而不平等情况相比较不明显。衣服与食物的购买与经济关联较大，但经济收入突破一定值后，人们的消费差异趋于稳定，从而引发的二氧化碳排放也较为稳定。西部地区经济相对落后，从而导致人们在衣物和食物的消费存在更为明显的差异，进而导致来源于衣物和食物间接碳排放不平等差异的进一步扩大。在衣物和食物支出两个方面，在经济发达的东部地区，家庭间消费差异相对较小，从而由此引发的间接碳排放不平等相较于西部地区更不明显。

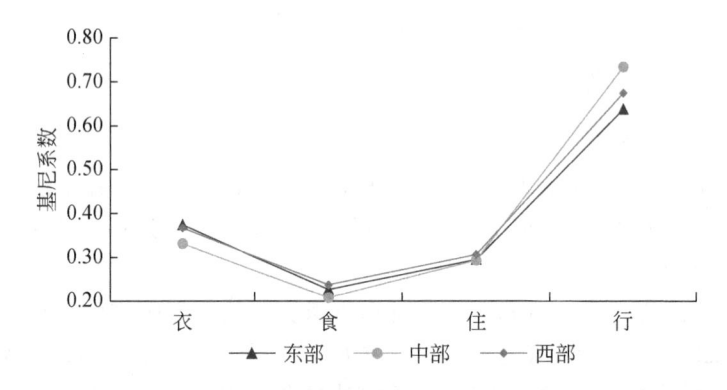

图 7-20　衣食住行基尼系数的区域差异

(2) 南北差异

分南北区域看（图 7-21），北方地区家庭人均间接二氧化碳排放相较于南方地区家庭更少，约为南方地区家庭人均间接碳排放的 90%。但不平等程度略高于南方地区家庭。南方地区家庭间接碳排放基尼系数为 0.218。而北方地区家庭间接碳排放基尼系数为 0.251，约为南方家庭基尼系数的 1.15 倍。南北方家庭间接碳排放不平等的差异主要来源于冬季取暖引致的能源消费差异。南方地区冬季

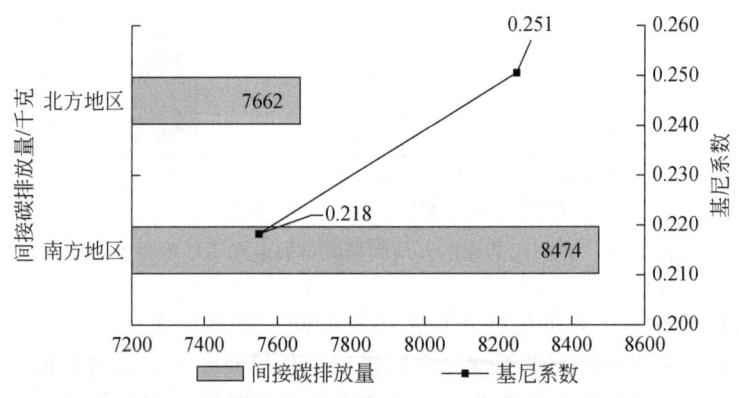

图 7-21　南北家庭人均间接碳排放量和不平等程度对比

较为温暖，加之各种条件限制，取暖措施较少。而北方地区冬季温度低，故而取暖不可或缺，并且取暖方式差异巨大，从煤炭、薪柴取暖到电力取暖，碳排放系数相差较大且能源利用率也有较大差异，因而引致的二氧化碳排放差异较大，因而造成北方地区家庭间接碳排放不平等情况较南方更为明显。

如图7-22所示，南北家庭间接碳排放在衣食住行引发的间接碳排放存在差距。从衣物引发的间接碳排放看，北方地区家庭间接碳排放不平等程度较为明显，这与北方气候严寒，衣物较厚存在一定关联。相较于夏季轻薄衣物，冬季保暖衣物的差异性更大，造成的碳排放也存在较大差异。从住房引发的间接碳排放看，北方地区家庭间接碳排放不平等程度也更为明显，这与前文所述原因一致，可能是北方地区需要供暖且供暖能源存在较大差异导致。对于食物与出行，南北方家庭的不平等程度基本一致。

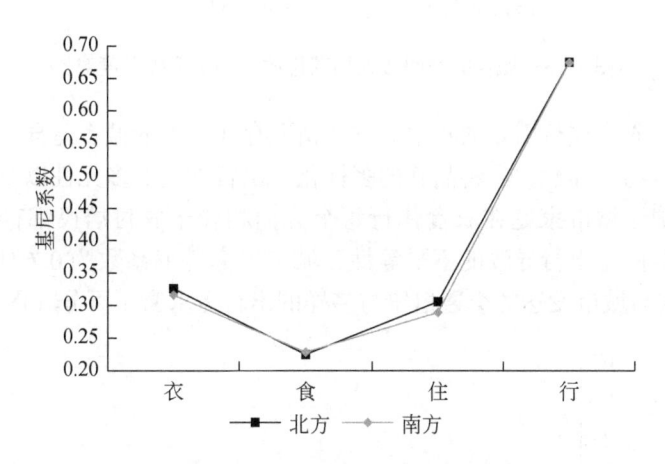

图7-22 衣食住行基尼系数的南北差异

（3）城乡差异

分城乡看（图7-23），城市家庭人均间接二氧化碳排放更多，但间接碳排放不平等程度和农村家庭相差不大。从排放量的角度，城市家庭的人均间接碳排放为5242千克，农村家庭的人均间接碳排放为4305千克。城市家庭人均间接碳排放量约为农村家庭的1.2倍，差距小于直接碳排放。Cao等（2019）研究发现，我国城镇居民人均间接碳消费量是农村居民的3.17倍。本轮调查中，农村家庭的碳基尼系数为0.232，城市家庭的碳基尼系数为0.230，造成这种现象的原因可能是，碳排放水平与经济直接相关，而城市经济不平等情况相较于农村更为严重，从而导致城市间接碳排放不平等情况更为严重。此外，交通也是影响城乡碳排放差异的主要因素（Seriño and Klasen, 2015；Wang and Chen, 2020），城市出行具有更多选择性且不同交通方式排放差异巨大，导致间接碳排放量的绝对值和不平等程度都高于农村地区。

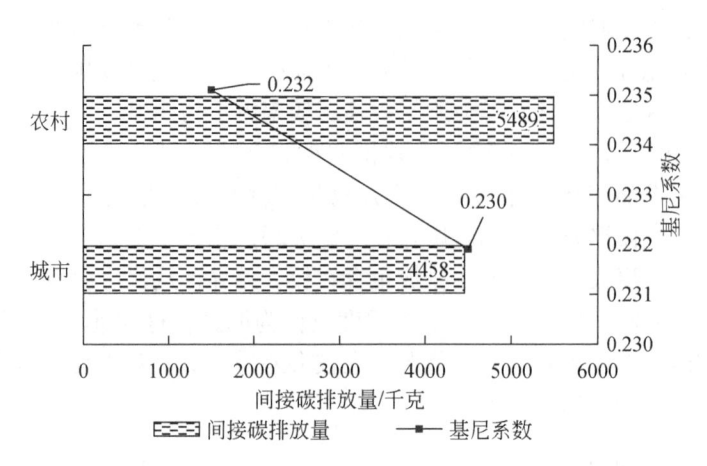

图 7-23 城乡家庭间接人均碳排放量和不平等程度对比

特别地，衣食住行引发的不平等排放情况存在较大的城乡差异。城市不同家庭间显著的食物差异性、衣物品牌的多样化、出行方式的多元性以及取暖方式的不同性，造成了城市家庭在衣食住行每个方面相较于农村居民都存在更大的差异。最为明显的是出行导致的不平等性，城市家庭基尼系数为 0.671，农村家庭为 0.676，这与城市发达的交通枢纽与多样的出行需求密不可分（图 7-24）。

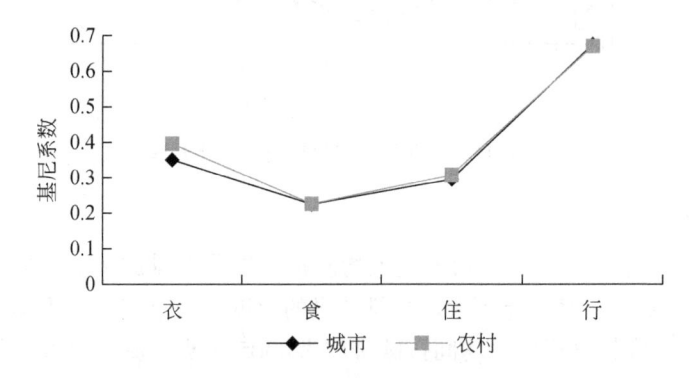

图 7-24 衣食住行间接碳排放基尼系数的城乡差异

(4) 性别差异

从性别看（图 7-25），由于影响间接碳排放最大的出行存在较大的性别差异，男性相较于女性人均间接碳排放量更多，为 8026 千克，约为女性（7718 千克）的 1.1 倍。男性间接碳排放基尼系数和女性差别不大。

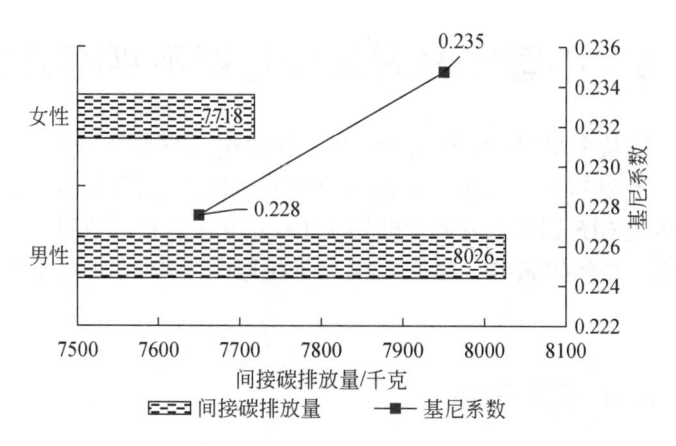

图 7-25　不同性别人均间接碳排放量和不平等程度对比

如图 7-26 所示，女性在衣物引发的间接碳排放不平等程度高于男性，这可能是因为女性间对于衣服需求差异较大，进而导致消费差异，最终引发间接碳排放的不平等。而男性在出行方面引发的间接碳排放不平等程度更高，可能是由于男性开车相对较多，且不同车型的能源利用效率不一致，加之出行距离的差异，导致男性间出行引发的碳排放不平等情况更为明显。相较于男性，女性在住房相关的碳排放不平等更为明显，可能是因为女性间对于住房的看法、取暖方式存在更大的差异，进而导致碳排放更不平等。来自食物间接碳排放不平等并不存在性别差异。

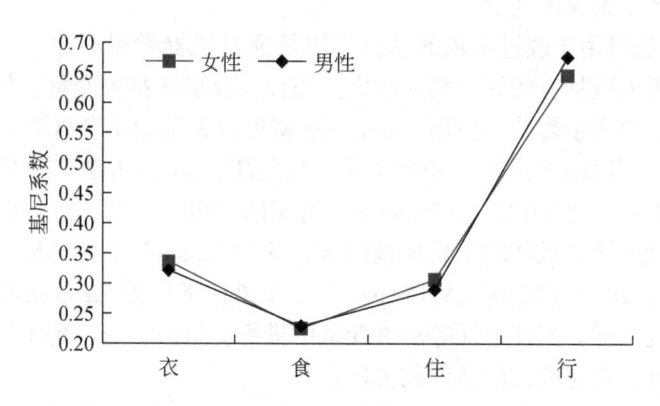

图 7-26　衣食住行间接碳排放基尼系数的性别差异

7.5 中国家庭间接碳足迹不平等分析

本小节主要从中国家庭能源消费调查、2022 年中国城市地区生产总值、《中国城市统计年鉴 2017》的数据，从样本的个体/家庭特征和样本所在城市特征两个维度，在传统 OLS 回归的基础上使用了 Lasso 方法进行了改进，以探究个体收入、个体支出、个体碳素养、家庭规模、所在地区人均 GDP 对于家庭间接碳足迹的影响。

7.5.1 Lasso 方法介绍

线性回归模型是最常见和使用最普遍的模型，但线性回归模型中往往存在高维固定效应，固定效应组间存在变化的自变量会对估计系数 β 产生直接影响，同时测量误差的存在也会恶化估计的偏差。综合前人的研究，以及从政策制定的角度出发，本小节关注的是，个体收入、个体支出、个体碳素养、所在地区人均 GDP 和家庭规模如何影响人均间接碳足迹，从而导致家庭间接碳足迹的不平等和差异；同时，高维的个体特征和地区特征也会同时影响对变量系数的 OLS 估计，因此在挑选潜在的协变量（covariates）时，为了避免人为挑选所产生的选择偏误（selection bias），本小节使用 Lasso 方法（least absolute shrinkage and selection operator，最小绝对值收缩与筛选算子）对相关的变量进行挑选和回归，从而解决估计系数产生偏误的问题。

Lasso 方法可用于改进系数的估计，以及通过机器学习而非人工挑选变量加入模型，使得模型具有较好的解释能力。当存在众多潜在协变量，但其中仅有少数协变量对结果产生影响，使用 Lasso 方法就可以无偏地推断代表因果关系的重要参数，从而可以用于预测未来的结果。近些年，Lasso 方法广泛应用于经济学研究中。Belloni 等（2012）将 Lasso 方法应用于 2SLS 的第一阶段回归，用以从多个工具变量中挑选最优的工具变量组合，这是 Lasso 在工具变量法方面的重要应用。Finkelstein 等（2016）及 Cooper 等（2020）都使用 Lasso 过程来从医院市场条件、医院特征、当地特征等高维变量中进行变量的筛选，用于第二阶段计算与医院网络外计费普遍性的条件相关性。

Lasso 方法是一种采用了 L1 正则化（L1-regularization）的线性回归方法，可使得部分学习到的特征权值为 0，从而达到稀疏化和特征选择的目的。考虑一般线性回归模型，使用最小二乘估计（OLS）可以得到，模型的参数为

$$w = \operatorname*{argmin}\sum_{1}^{N}(y_i - w^T x_i) = (X^T X)^{-1} X^T y \tag{7-3}$$

OLS 估计具有非常多优良的性质，诸如估计量的无偏和一致性，但当数据里存在高维变量，且变量之间存在多重共线性时，方差会变得非常大，从而影响对系数的估计。因此，对于 OLS 的改进包括两方面：第一是对潜在变量子集进行重新选择，挑选变量后提高模型解释能力，但会导致模型不稳定；第二是将一些变量的系数进行压缩，保证了模型的稳定，但这样会降低了解释能力。

因此，使用 Lasso 可以通过将某些系数压缩到 0 来改进预测精度，但这个是以一定的有偏为代价来降低预测值的方差。Lasso 使用模型系数的范数来压缩模型的系数，使得一些系数变小，甚至将一些绝对值较小的系数直接变为 0，这就使得这种方法同时具备了上述两种改进。考虑线性回归的代价函数（cost function），即 MSE：

$$J = \frac{1}{n}\sum_{i=1}^{n}(w^T x_i + b - y_i)^2 \quad (7\text{-}4)$$

Lasso 的代价函数（cost function）则是在线性回归的基础上加入 L1 正则化：

$$J = \frac{1}{n}\sum_{i=1}^{n}(w^T x_i + b - y_i)^2 + \lambda \parallel w \parallel_1 \quad (7\text{-}5)$$

Stata 中提供了三种基于 Lasso 的附加方法来估计子集协变量的系数和标准误差，分别是双重选择法（double selection）、偏置法（partialing out）以及交叉拟合偏置法，也被称为双重机器学习法（double machine learning）。在这三种方法中，双重机器学习是最佳的选择，但其运行时间可能较长。双重机器学习方法允许真实模型具有更多系数，并且允许潜在的协变量数量非常庞大。本小节主要使用了双重选择和双重机器学习的方法。考虑如下方程：

$$y = x\alpha + z\beta + \epsilon \quad (7\text{-}6)$$

式中，x 是所关注的自变量（covariates of interest），α 是想要得到的无偏变量系数，z 是所有其他的高维变量，β 是高维变量前的系数，在使用 Lasso 的情况下会产生估计偏差，但保证了所关注和需要估计的关键系数是无偏的。

7.5.2.1 双重选择法

双重选择法的原理是将所关心的变量 x 对 d 进行 Lasso 回归后，留下 x 中与 z 相关的变量，再将因变量 y 与 z 进行一次 Lasso 回归后，留下 y 中与 z 相关的变量，提取两者中的交集 $\tilde{z}$ 后，再将 y 同时与 x、$\tilde{z}$ 回归，得到所关心的系数 α。双重选择法的优势在于比起双重机器学习法，其计算速度较快。

7.5.2.2 双重机器学习法

交叉拟合偏置法，又称双重机器学习法，是将样本分为两个子样本，在第一个样本中，将所关心的变量 x 对高维变量 z 进行 Lasso 回归后，获得两者相关的协变量 $\widetilde{Z}_{X_1}$，再将 x 与 $\widetilde{Z}_{X_1}$ 进行回归，获得估计系数 β_1；再将第一个样本中的因变量 y 对高维变量 z 进行 Lasso 回归后，获得两者相关的协变量 $\widetilde{Z}_{Y_1}$，再将 y 与 $\widetilde{Z}_{Y_1}$ 进行回归，获得估计系数 γ_1。在第二个样本中，通过减去样本一中获得的回归估计分别获得 x 和 y 的残差。之后再对第二个样本进行重复地操作，分别获得系数 β_2 和 γ_2，再同样用样本一减去样本二获得的估计量从而获得残差。最后在总体样本中，对残差进行回归，获得所关心的系数 α（图 7-27）。

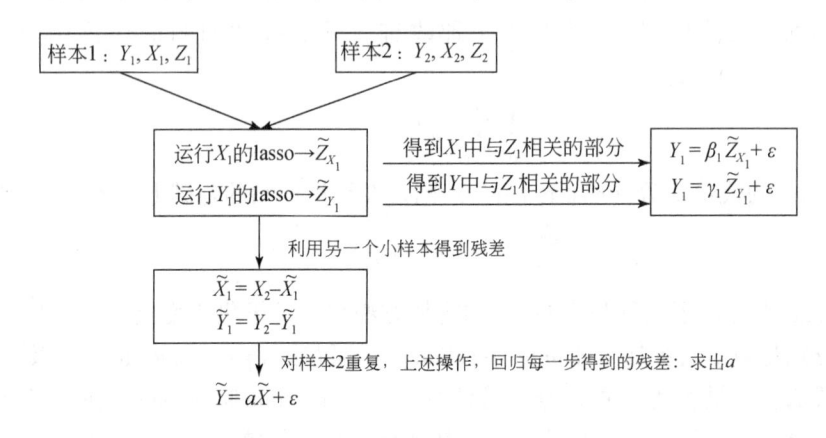

图 7-27 双重机器学习法图解

7.5.2 变量与描述性统计

为了碳足迹在个体层面、街道层面、地区层面的分布具有显著的变化，意味着碳足迹在个人和地区层面上存在显著异质性，家庭和个体特征对于人均间接碳足迹确切存在影响，如图 7-28 核密度图所示。图 7-29 展示了样本中人均间接碳足迹排名前十位的地区，可以看到不同地区的人均碳足迹排放也存在显著的差异性，其中上海市、四川省、广东省位列前三。

在对于个体特征的选择上，本节通过简单的 OLS 回归后，筛选出个体特征包括：收入（income）、支出（expense）、年龄（age）、家庭成员数量（number）、家庭结构（number1 代表 0~7 岁未成年人；number2 代表 61 岁以上的老人）、是否信仰宗教（religion_if，是与否）、地处中部/西部/东部（adr1/adr21/adr22）、婚姻状况（marriage，包括已婚、未婚、离婚、丧偶）、受教育程度（edu，包括本科以下和本科及以上）、职业（occup），共 7 个指标。其中，职业共有 11 种类型，包括公务员、事业单位职工、国企职员、非国企职员、服务业从业者、个体经营者、工人、农民、学生、自由职业者和其他。

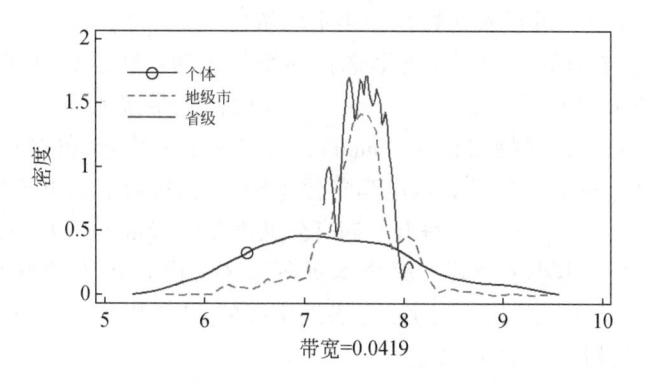

图 7-28 个体、县区级、地市级、省级层面的碳足迹核密度图

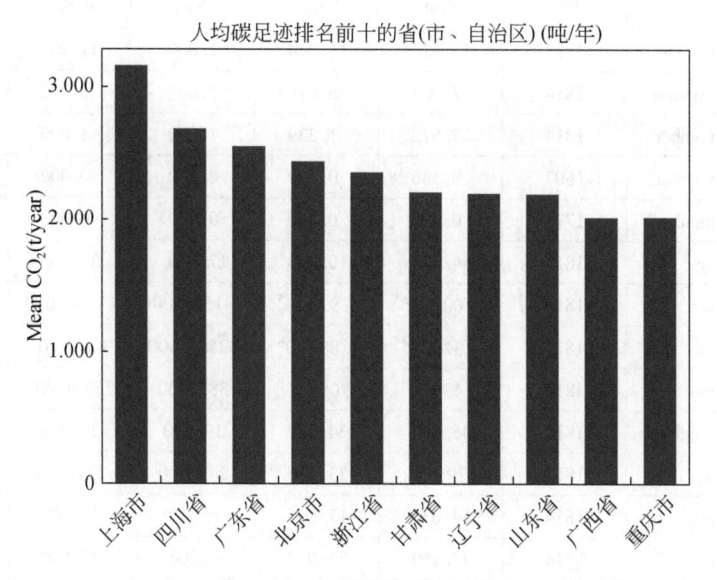

图 7-29 人均碳足迹排名前十的省（自治区、直辖市）

城市基础设施通过移动通信设备、文娱项目等影响居民的碳素养；城市的公共交通的发达程度将会影响居民选择出行的方式，如公共交通越发达的地区居民更加倾向于选择公共交通出行；城市的环境特征指标包括二氧化碳浓度、空气质量等，这些会间接受城市的可吸入细颗粒物、温室气体浓度所影响，而环境和空气质量又会影响居民在衣食住行中的排放行为和碳素养。本小节选用了 2017 年城市统计年鉴中关于城市基础设施、公共交通和环境方面的数据，在城市环境方

面选择的特征包括：污染源治理投资总额（ips）、城市环境基础建设投资额（icf）、环境污染治理投资额（ipe）、人均绿地面积（pergl）、空气质量达标API100天数（aq）、可吸入细颗粒物年平均浓度（amip）、每平方公里二氧化碳排放量（cet）。在城市基础设施方面选择的特征包括：客运总量（tpt）、货运总量（tft）、城市维护建设资金支出（eum）、互联网宽带接入用户数量（iba）、剧场影院数量（ntm）、博物馆数量（nmu）；公共交通方面选择的特征包括：人均城市道路面积（peracp）、公共汽电车营运车辆数（nbus）、公共汽电车客运总量（pbus）、出租汽车数（ntx）、每万人拥有公共汽车数（npb）。最后，基于文献综述和前人的研究，本小节想要考察样本所在地区人均GDP对家庭间接碳足迹的差异是否有影响，因此加入了2022年各地市级的GDP和人均GDP变量作为衡量城市经济特征的指标（表7-2）。

表7-2 连续变量的描述性统计（Descriptive Statistics）

	变量名称	Obs	Mean	SD	Min	Median	Max
个体特征	income	1814	14.726	11.044	2.000	11.000	110.000
	expense	1814	7.689	5.615	1.000	6.000	50.000
	number	1814	3.572	1.239	1.000	3.000	10.000
	number1	1807	0.380	0.590	0.000	0.000	3.000
	number2	1774	0.303	0.640	0.000	0.000	3.000
	age	1814	34.823	10.394	17.000	34.000	74.000
城市环境特征	ips	1814	3.00×10^5	6.92×10^5	4155.000	77486.000	3.70×10^6
	icf	1814	1.32×10^6	1.88×10^6	32529.000	3.84×10^5	6.40×10^6
	ipe	1814	1.43×10^5	3.05×10^5	382.000	26674.000	1.62×10^6
	pergl	1814	46.083	34.499	19.000	35.000	187.000
	aq	1814	329.377	23.020	242.000	331.000	365.000
	amip	1814	54.050	17.805	27.000	52.000	116.000
	cet	1814	47.199	75.077	0.200	22.500	359.700
城市基础设施	tpt	1814	20340.508	22011.915	3553.000	10730.000	98061.000
	tft	1814	30348.168	23787.235	4843.000	25446.000	97287.000
	eum	1814	1.84×10^6	3.25×10^5	4028.000	5.66×10^5	1.63×10^7
	iba	1814	280.514	199.279	86.000	201.000	867.000
	ntm	1814	27.563	27.201	1.000	16.000	123.000
	nmu	1814	32.015	28.538	4.000	18.000	101.000

续表

变量名称		Obs	Mean	SD	Min	Median	Max
城市公共交通	peracp	1814	13.629	4.627	6.050	13.150	25.290
	nbus	1814	5754.409	5922.940	358.000	3034.000	25624.000
	pbus	1814	79221.343	85249.623	4303.000	39103.000	3.36×10^5
	ntx	1814	10390.343	14052.945	509.000	5453.000	68484.000
	npb	1814	13.615	8.578	2.940	12.520	55.560
城市经济变量	grossgdp	1814	1.09×10^8	1.08×10^8	2.31×10^7	5.47×10^7	4.32×10^8
	pergdp	1814	71431.487	32527.617	28305.000	71357.000	1.42×10^5

7.5.3 回归结果

本小节选取了双重学习和双重机器学习两种方法，最终 Lasso 挑选出的包含在模型中的相关特征变量如表 7-3 所示。

表 7-3 通过 Lasso 挑选出的变量

变量名		变量
个体特征	number	家庭成员个数（个）
	religion_if	是否信仰宗教
	marriage	婚姻状况（已婚、未婚、离婚、丧偶）
	edu_	本科以下或本科及以上
	han	是否为汉族
	occup	职业类型（包括 11 种职业）
	age	年龄
城市环境特征	ips	污染源治理投资总额（万元）
	ipe	环境污染治理总额（万元）
	pergl	人均绿地面积
	aq	空气质量达标 API 天数（天）
	amip	可吸入细颗粒物年平均浓度（微克/立方米）
	cet	每平方公里二氧化碳排放浓度（吨）

续表

变量名		变量
城市基础设施特征	tft	货运总量
	eum	城市维护建设资金支出
	ntm	剧场影院数量
	nmu	博物馆数量
城市公共交通建设	peracp	人均城市道路面积
	ntx	出租汽车数
	npb	每万人拥有的公共汽车数

为了保证数据的分布，以及估计系数具有更加直观的意义，对家庭人均间接碳足迹（income）、个体收入（expense）、碳素养（lcl）及所在地市级人均 GDP（pergdp）进行了对数化处理，按照上一节所示的方程回归，回归结果如表 7-4 所示。

表 7-4 Lasso 回归结果

变量	(1) DS	(2) DML	(3) OLS
Log income	0.282***	0.283***	0.279***
	(0.0560)	(0.0554)	(0.0547)
Log expense	0.0434	0.0453	0.0455
	(0.0504)	(0.0502)	(0.0498)
lcl	0.0261***	0.0250***	0.0252***
	(0.00556)	(0.00555)	(0.00556)
Log pergdp	-0.0340	-0.0428	-0.0896
	(0.0770)	(0.0753)	(0.0807)
样本数	1804	1804	1804
R^2	0.025	0.026	0.272
协方差	10	10	25

*、**、*** 分别表示在 10%、5%、1% 的显著性水平上显著

从表 7-4 的回归结果上看，使用双重学习法和双重机器学习法得到的 LASSO 回归所得到的结果基本相近，其中个体收入和碳素养对于家庭间接碳足迹的呈现显著的正向影响，而支出和所在地区人均 GDP 对于家庭间接碳足迹的影响并不显著。分别来看，人均碳足迹的收入弹性大约为 0.28，即收入 1% 的上升都将会给碳足迹带来 28.2%～28.3% 的影响，OLS 的系数估计相比而言存在一定低估，

为0.279，但三种结果都表明，人均收入越高，人均间接碳足迹越高，这与前人研究结果一致（Jones 和 Kammen，2014；Underwood 和 Fremstad，2018；周丁琳等，2020），即收入的上升会伴随着家庭在衣食住行各方面的开支的上升，从而造成碳足迹的差异；支出弹性在0.0434~0.0453，以及支出1%的上升会给碳足迹带来约4.3%的影响，但三种估计在统计上都不显著，OLS 的估计相较而言也存在低估，可能的原因在于个体的支出和收入之间存在线性的关系。碳素养对人均碳足迹存在显著正向影响，三种方法的估计在0.025~0.206。三种方法的结果都表明，碳素养和人均碳足迹呈现显著正相关，其中的原因可能是往往碳素养越高的群体，是愿意接受减排宣传、关注环境质量的群体，这一部分群体往往收入也越高，在衣食住行上的消费越高，因此高碳素养所带来的减排约束作用并不明显；所在地区人均 gdp 的弹性系数估计存在较大差异，其中 Lasso 的两种回归系数结果较为相近，分别为 -0.0340 和 -0.0428，而 OLS 的结果存在较大的高估，为 -0.0896，三种结果在统计上均不显著。

为了检验 Lasso 回归结果的稳健性，在上述模型基础之上再加入 OLS 回归中较为显著的家庭成员数量这一变量，进一步考察家庭规模对家庭间接碳足迹的影响。从表7-5 的回归结果可以看到，收入弹性、支出弹性、碳素养，人均 GDP 的弹性都未发生较大的变化，OLS 下对家庭成员数量对人均碳足迹的系数估计存在低估，为 -0.169，而 DS 和 DML 回归的结果分别为 -0.170 和 -0.173，家庭成员越多，家庭规模越大，人均碳足迹越低，与 Feng 等（2021）使用美国家庭数据得出的结论一致，因为家庭成员可以平摊设备使用或者"住"这一部分中能源费用所带来的碳排放，因此家庭规模对于家庭人均碳足迹存在负向影响。

表7-5　Lasso 回归结果

变量	DS (1)	DML (2)	OLS (3)
Log income	0.282*** (0.0560)	0.286*** (0.0556)	0.279*** (0.0547)
Log expense	0.0434 (0.0504)	0.0444 (0.0502)	0.0455 (0.0498)
lcl	0.0261*** (0.00556)	0.0247*** (0.00555)	0.0252*** (0.00556)
Log pergdp	-0.0340 (0.0770)	-0.0465 (0.0756)	-0.0896 (0.0807)
Numbers of family	-0.170*** (0.0152)	-0.173*** (0.0153)	-0.169*** (0.0142)

续表

变量	DS （1）	DML （2）	OLS （3）
样本数	1,804	1,804	1,804
R^2	0.266	0.266	0.272
协方差	30	30	43

*、**、***分别表示在10%、5%、1%的显著性水平上显著

系数路径图显示了在 Lasso 惩罚参数 λ 的搜索网格上，协变量前每个系数的变化路径。如图7-30 所示，每个系数绘制一条线，跟踪其在搜索的 Lasso 惩罚参数 λ 值或使用这些 λ 值进行 Lasso 选择后得到的拟合系数的 L1 范数的数值。图7-31 给出了调节参数的最优值，在最优值附近，函数非常平坦。这意味着在最优

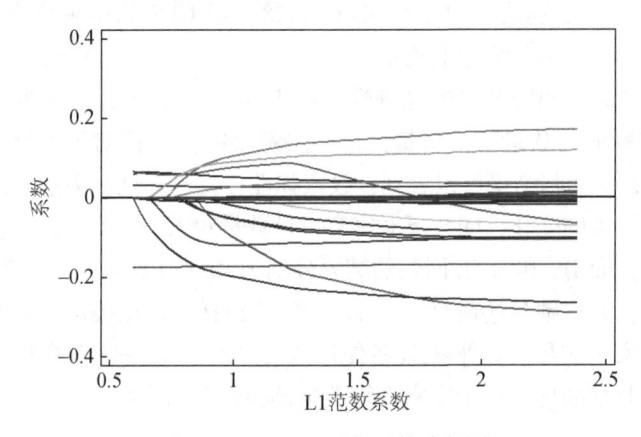

图7-30　LASSO 回归系数路径图

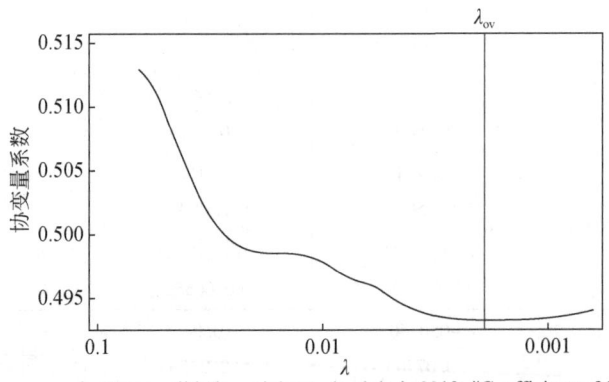

λ_{ov} Cross-validation minimum lambda λ=0019, #Coefficients=35

图7-31　LASSO 回归参数图

值附近变化，对于模型的预测能力很稳定。根据测算结果，在 10-fold cross validation 的方法下，最优 λ 值为 0.0019，因此在模型中，L1 范数的系数为 0.0019。

表 7-6 给出了 Lasso 回归中挑选的协变量的回归系数，可以看到系数基本在 0 附近，即 Lasso 回归会将协变量的系数压缩，以提高模型预测能力。

表 7-6 Lasso 回归的变量系数

变量		系数
个人特征	religion_if	−0.021
	marriage	0.001
	edu_	0.025
	han	−0.017
	occup	−0.068
	age	−0.073
城市环境特征	ips	−0.16
	ipe	0.101
	pergl	0.115
	aq	0.011
	amip	−0.051
	cet	0.044
城市基础设施特征	tft	−0.02
	eum	−0.073
	ntm	−0.028
	nmu	0.098
城市公共交通建设	peracp	−0.046
	ntx	−0.018
	npb	−0.04
城市经济特征	grossgdp	−0.163

对于关键参数的低估或高估都有可能影响政策的制定和福利改进的计算，因此引入 Lasso 对于有效变量的筛选是十分有必要的。由于 2022 年家庭能源调查数据为横截面数据，因此无法加入时间固定效应，没有能够从时间维度上进行考量和估计，也无法估计个体和地区的交互作用。为了更好地理解能源需求的差异和减排潜力，必须充分考虑家庭特征和地区特征的影响与作用，并选用适当的模型

来进行分析。这样可以提高能源政策的制定和实施的精确性，更好地推动可持续能源发展和减少温室气体排放。

综上所述，本小节在传统 OLS 线性估计的基础上使用了 Lasso 的方法对变量进行了筛选，对关心的收入、支出等关键系数进行了更无偏的估计，发现传统的 OLS 估计存在高估或低估的影响。研究发现，三种方法的结果都表明人均收入和碳素养对人均间接碳足迹有显著的正向影响作用，而家庭成员数量对人均碳足迹有显著的负向影响。在双重机器学习的方法下，收入、家庭成员数量具有更高的影响系数，其中收入弹性大约为 0.286，家庭成员个数影响系数为 –0.17，碳素养影响系数为 0.24。基于该发现，家庭年龄结构、人均收入以及对居民的碳素养培养都是造成家庭人均碳足迹差异、制定家庭碳减排政策的重要因素，在促进地方经济发展的时候，也要考虑到如何通过调节收入结构和人口结构来降低差异。

7.6 本章小结

本节从梳理研究家庭间接碳排放不平等情况的相关文献入手，对家庭碳排放的不平等因素做了一定的归纳总结。本章通过对于不同维度碳不平等和碳不平等成因的相关文献梳理，呈现了目前碳不平等的研究现状，提出了碳减排过程中公平问题的重要性。家庭作为碳排放的主体之一，其碳排放行为能够一定程度反映碳排放情况，并且相较于其他层面的碳排放，家庭层面的碳排放与个人福利联系紧密，考察家庭层面的碳不平等是考察碳减排对于个人福利影响的重要方式。结果分析表明，我国居民家庭直接碳排放不平等较为严重，基尼系数为 0.839，这一系数大于 2021 年调查分析结果中的 0.566。从能源用途和能源种类两个维度探究碳排放不平等的来源，取暖能源需求对于碳不平等的贡献程度最高，制冷相关能源使用造成的碳排放不平等程度也较高，这两类碳不平等主要是由于南北方气候差异。除此之外，交通的碳不平等程度也较高，这可能主要由于家庭收入水平差异所导致的私人交通方式和汽车能耗差异。居民家庭在家庭用电方面的碳不平等程度相对较低，不同家庭的用电情况相近。进一步按照南北方、区域、城乡划分家庭，分组分析碳不平等情况以探究碳不平等的原因。南北方碳排放差异较大，南方和北方地区内家庭碳不平等程度相近，北方略高，碳不平等程度较高，基尼系数大于 0.7。类似地，区域间碳不平等程度也较高，这主要是因为不同地区气候差异导致的用能需求差异，东北地区区域内碳排放不平等程度最低，西部地区排放不平等程度最高，中部地区和东部地区不平等程度介于二者之间。城市家庭碳排放约为农村家庭碳排放的 4 倍，城乡家庭巨大的碳排放差异说明了碳不平等的重要来源是居民经济收入的差距。城市家庭间的碳不平等程度相对于农村家庭更高。

经计算得出，居民家庭间接碳排放基尼系数为 0.231，其中出行的碳排放不平等情况最明显，达 0.675，主要原因为居民出行方式多样且不同出行方式引致的碳排放差距巨大。同时，研究发现，区域、城乡、性别组别间的碳不平等情况存在较大差异。本章采用 Lasso 方法对影响家庭间接碳排放不平等的因素做了实证研究，结果发现，在高维特征下，个体收入、碳素养、家庭规模会对于家庭间接碳足迹有着显著影响，其中收入、碳素养对于间接碳足迹为正向影响，而家庭规模对于间接碳足迹为负向影响。同时，证实了使用 OLS 对高维变量估计会对收入、碳素养、所在人均 GDP 等关键变量的影响系数产生低估或者高估；使用不同方法（双重学习和双重机器学习）获得的 Lasso 回归结果具有一定稳定性。

第三篇
新能源汽车专题

第8章 新能源汽车的接受意愿

随着燃油成本的上升和新能源汽车技术的不断完善，新能源汽车发展迅速。在经历2019年、2020年销量的停滞不前后，2021年、2022年我国新能源汽车销量迅速增长，年复合增长率达124.5%。此外，从2019年开始，新能源汽车的财政补贴在降低，新能源汽车市场从政府政策驱动向市场需求驱动转变，因此消费者对新能源汽车市场的接受意愿会影响新能源汽车的销量。本章首先介绍了我国家庭的新能源汽车购买和使用的人群画像，可以帮助了解家庭新能源汽车拥有情况和购买时享受的政策，并对日常生活中的充电行为进行了描述；然后刻画了我国家庭对新能源汽车的基本认知和接受意愿的基本特征，最后进一步分析了新能源汽车的接受意愿影响因素。

8.1 中国家庭新能源汽车的拥有情况

8.1.1 背景介绍

新能源汽车是指使用非传统能源包括电池和氢燃料等作为动力来源的汽车，技术路线主要包括纯电动汽车、插电式混合动力汽车和燃料电池汽车。在能源危机和环境污染的双重压力下，培育和发展新能源汽车已成为全球汽车产业转型的主要趋势，也是我国从汽车大国迈向汽车强国的必由之路。我国主要发展纯电动汽车和插电式混合动力汽车，并取得了巨大的成就。从需求端看，我国新能源汽车销量从2011年的0.8万辆增长到2022年的688.7万辆，新能源汽车渗透率[①]则从不到0.1%提升到了2022年的27.6%（图8-1）。从供给侧来看，我国的新能源汽车企业在全球汽车工业竞争中实现弯道超车，取得领先优势。根据CleanTechnica公布的2022年1月~10月全球新能源乘用车销量数据，在全球新能源乘用车销量排名前20的企业中，我国企业占据10家，新能源乘用车全球销量第一的桂冠被比亚迪摘得（图8-2）。

---

① 新能源汽车渗透率是指该年销售的所有汽车中新能源汽车的占比。

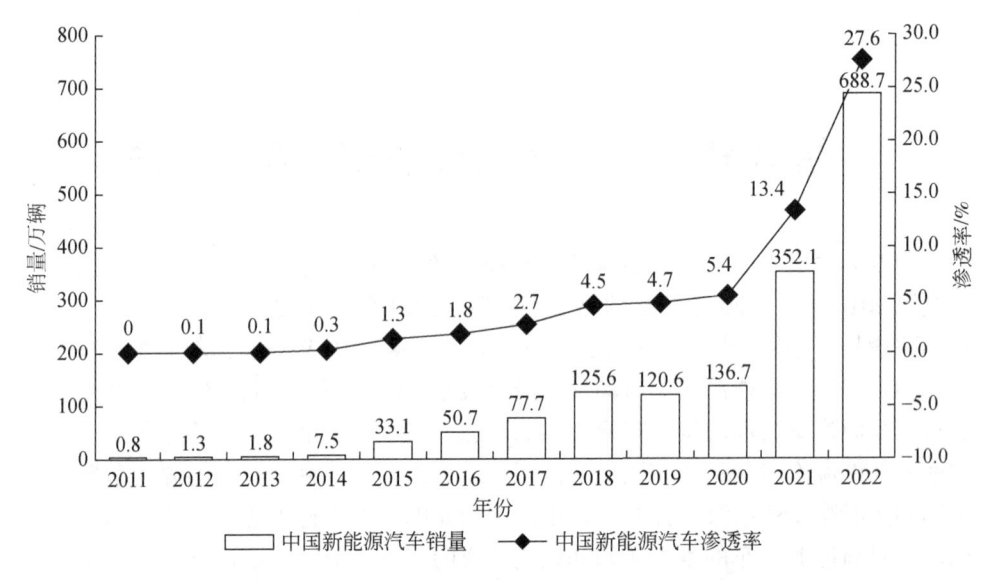

图 8-1　2011～2022 年中国新能源汽车销量及渗透率

数据来源：中国汽车工业协会、Wind

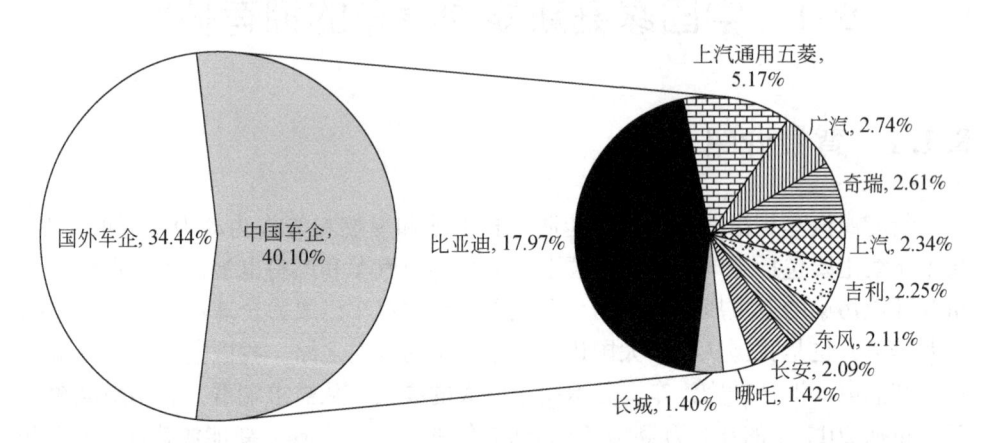

图 8-2　2022 年 1 月～10 月全球新能源乘用车销量排名前 20 中的中国车企①

数据来源：CleanTechnica

虽然我国的新能源汽车行业不管是从需求侧还是供给侧都取得了令人瞩目的

---

① 此处数值代表企业在 2022 年 1 月～10 月全球新能源乘用车销量中的占比，全球销量前 20 的企业份额占比 74.54%，其中中国车企占比 40.10%，国外车企占比 34.44%。国外车企份额第一名的为特斯拉，占比为 12.76%；第二为大众，占比为 4.12%；第三为宝马，占比为 3.46%；第四为奔驰，占比为 2.91%。

成果，但目前发展仍存在诸多问题。例如，目前新能源汽车产品仍不能完全满足消费者需求、新能源汽车在地区之间的发展并不平衡、很多消费者还存在着对新能源汽车的诸多误解、新能源汽车的相关基础设施有待完善等问题。为了对我国政府进一步的新能源汽车推广政策提供信息支持和政策建议，本报告对我国居民家庭的新能源汽车认识和购买使用行为进行了调研。第一，统计了家庭购买新能源汽车的情况，包括拥有新能源汽车家庭的比例、购买新能源汽车的平均价格、享受新能源汽车政策优惠的情况；第二，分析了家庭用户的充电行为，包括充电频率和快充慢充占比情况。

8.1.2　中国家庭的新能源汽车的购买情况

如图 8-3 所示，在被调查的家庭中，约有 70% 的家庭拥有私家车，并且，拥有 1 辆私家车的家庭占比最大，约占被调查家庭的 58%，11% 的家庭拥有两辆私家车，还有少数家庭拥有 3 辆及以上的私家车。

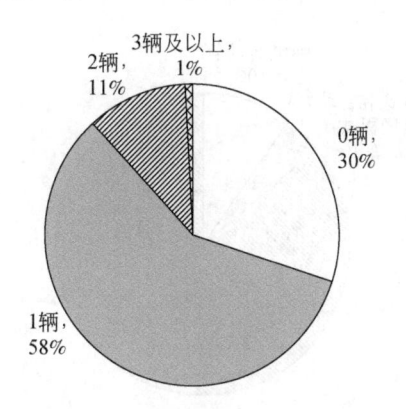

图 8-3　拥有特定数量私家车的家庭占比

如图 8-4 所示，从家庭私家车拥有情况来看，在各个收入组别的家庭中，大多数家庭均只拥有 1 辆私家车，极少数家庭拥有 3 辆及以上私家车。随着家庭年收入的提高，没有私家车的家庭的比例逐渐降低，拥有 2 辆私家车的家庭的比例逐渐提高，家庭平均拥有的车辆数逐渐增加，从家庭年收入"10 万及以下"对应的 0.62 辆增长到家庭年收入"40 万以上"对应的 1.21 辆。

如图 8-5 所示，在被访者中，燃油车仍是私家车的主流，在私家车中占比高达 86%。在家庭拥有的所有私家车中，新能源汽车占比为 14%，其中纯电动汽车占比为 10%，插电式混合动力车（含增程式）汽车占比为 4%。

如图 8-6 所示，燃油车最为主流的价格分布为 10 万~15 万，占比 38.9%，

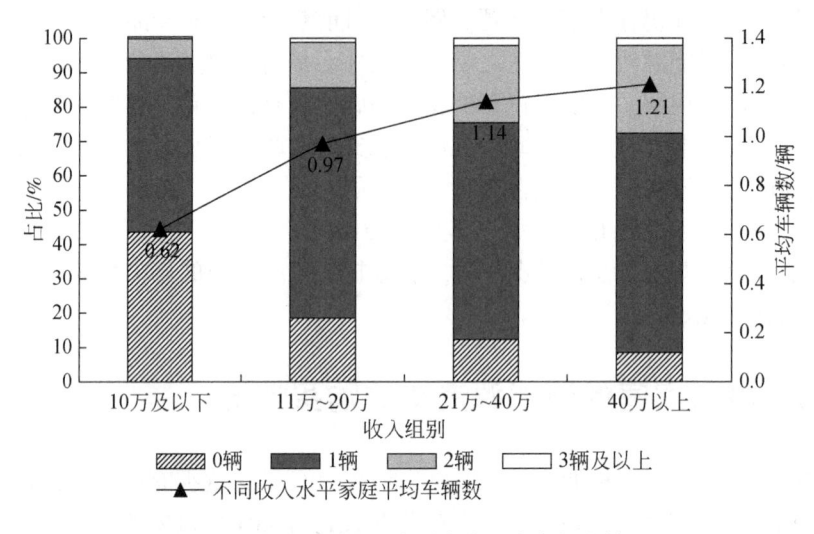

图 8-4　我国不同收入水平家庭私家车拥有情况

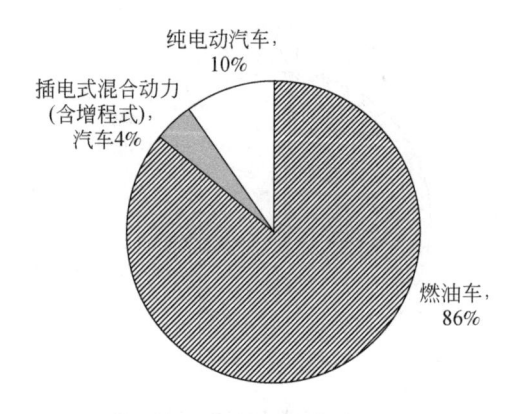

图 8-5　不同类型车辆占比情况

其次则分别是 15 万~20 万和 10 万以下的，占比分别为 23.4% 和 18.2%。纯电动汽车的价格分布则和燃油车有很大不同，10 万以下的低价车型占比最大，为 33.1%，20 万以上的高价车型占比也较多，占比 29.1%，10 万~20 万的车型占比和燃油车相比相差很多。目前纯电动汽车主要依靠如五菱宏光 Mini 等低价车型和特斯拉 Model Y 等高价车型占领市场，10 万~20 万的主流价格区间渗透不足。新能源汽车在未来发展过程中，必须进一步加强在 10 万~20 万主流价格区间的布局，推动新能源汽车对传统燃油汽车的替代。插电式混合动力（含增程式）汽车价格普遍相对较高，15 万以下的占比很少，只有 21.5%。插电式混合动力（含增程式）汽车同时有三电系统和内燃机系统，车辆构造更加复杂，因此最低价格更高。不过插电式混合动力（含增程式）汽车既能用电又能烧油的特点极大地缓解了新能源汽车用户的续航里程焦虑。进一步计算每种车型对应的价格均值，"10万以下""10万~15万""15万~20万""20万~25万""25万~30万""30万~50万"选项取价格均值，"50万以上"则对应为50万。按照占比加权求价格均值，具体结果如图8-10所示。其中，插电式混合动力（含增程式）汽车的平均价格最高，为22.58万元，燃油车和纯电动汽车平均价格相近，在15.5万元左右。

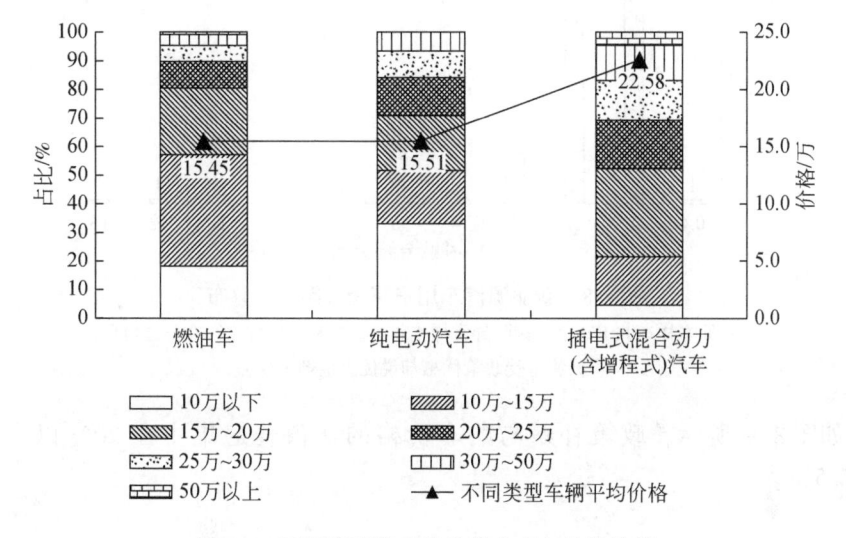

图8-6 不同类型汽车的价格分布与价格均值

如图8-7所示，政府对购买新能源汽车用户进行政策优惠的覆盖率较高，在购买新能源汽车的用户中，有81%的用户享受了政府补贴或税收的优惠政策。

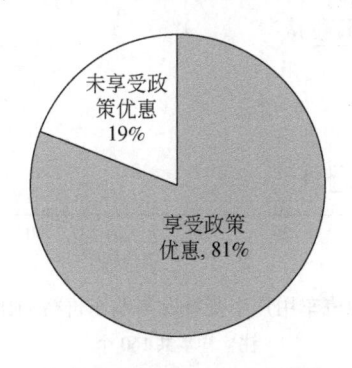

图8-7 新能源汽车用户享受政策优惠情况

注：原本样本共209个，剔除异常样本16个。被剔除的样本存在下述情形之一：
①回答享受政策优惠却说优惠金额为0；②回答未享受政策优惠却说优惠金额为正

| 中国家庭低碳行为及支付意愿 |

如图 8-8 所示，大部分购买新能源汽车的用户享受了 1 万~3 万元的补贴，占比达 92.8%，少于 1 万元或超过 5 万元的补贴占比极少。

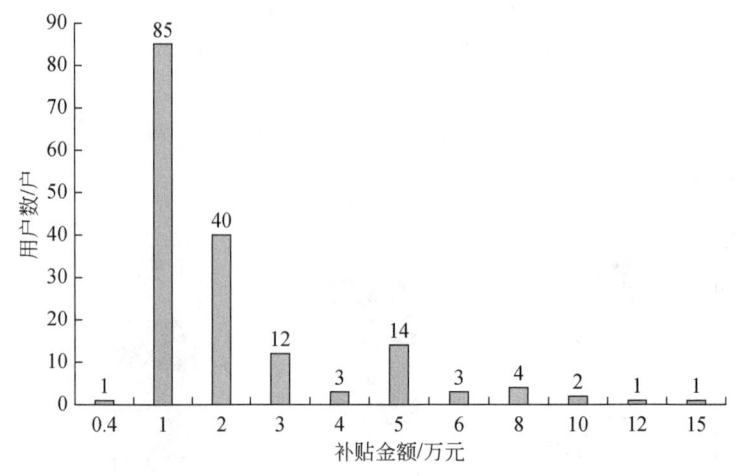

图 8-8 新能源汽车用户享受补贴金额分布

注：原本样本共 170 个，剔除异常样本 4 个。被剔除的样本存在下述情形：回答享受政策优惠却说优惠金额为 0

如图 8-9 所示，政策补贴与购车价格的比值普遍集中在 20% 以内，占比 77.5%。

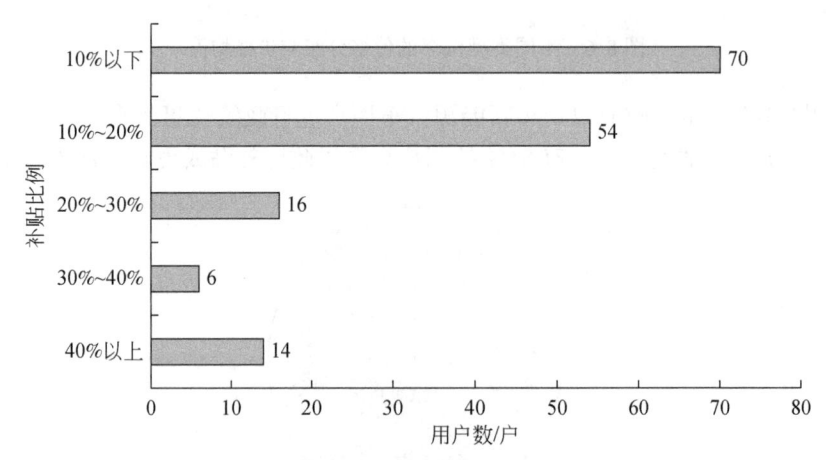

图 8-9 新能源汽车用户享受补贴与购车价格的比值的分布情况

注：样本共 160 个

如图 8-10 所示，根据调查结果，可以看出，已经购买新能源汽车的用户在没有优惠政策情况下的购买意愿仍较高，比较愿意购买的用户占比最大，约为

50%，其次是非常愿意购买的用户，占比约为23%，意愿不清晰、比较不愿意和非常不愿意购买的用户占比较少，分别约为15%、11%、1%。结果说明，有七成以上的新能源汽车用户愿意在没有优惠政策的情况下继续购买新能源汽车，使用过新能源汽车的用户已经对新能源汽车产生了路径依赖，新能源汽车展现出较强的产品竞争力。

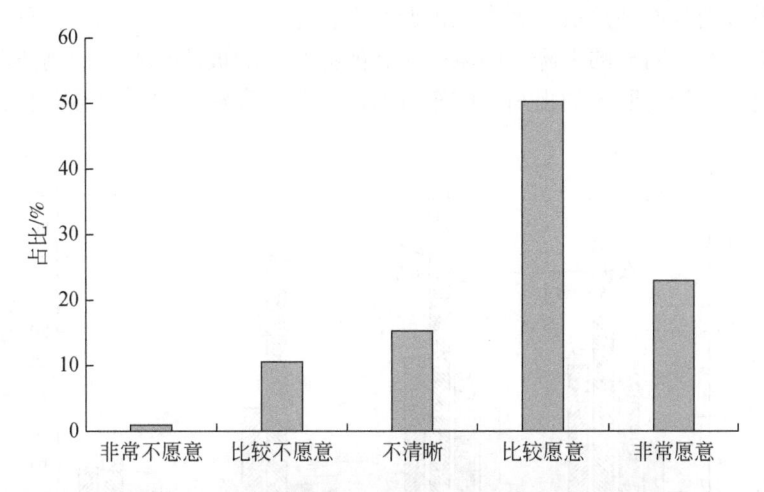

图 8-10　无优惠政策情况下用户购买新能源汽车意愿

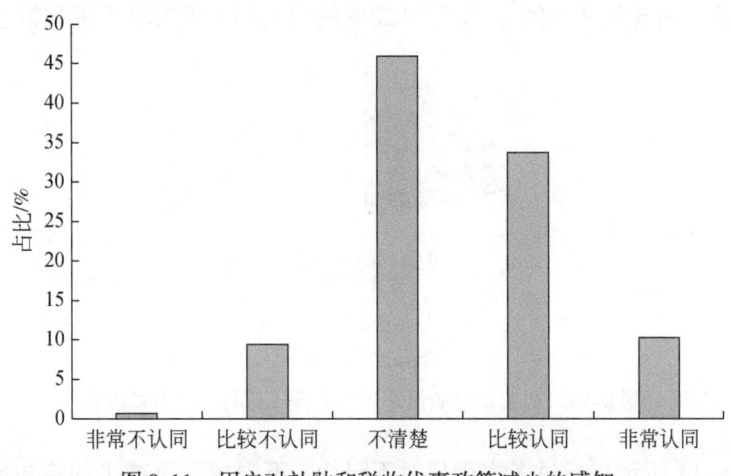

如图 8-11 所示，通过考察用户对补贴和税收优惠政策减少的感知可以看出，有 44% 的用户明显感觉到补贴和税收优惠政策正在变得越来越少，仅 10% 左右的用户几乎没有感知到补贴和税收优惠政策的减少，也有 46% 左右的用户对补贴和税收优惠政策的减少的感知并不明确。由此可见，当与新能源汽车相关的补

图 8-11　用户对补贴和税收优惠政策减少的感知

贴和税收优惠政策有所减少时，有较大比例的用户是能够对此产生一个明确的感知的。但是，考虑到前文分析中表明已经购买新能源汽车的用户在没有优惠政策情况下的购买意愿仍较高，政府提供的相关补贴和税收优惠政策逐步退出市场以减缓财政压力仍然是可行之举。

如图 8-12 所示，在所有拥有新能源汽车且购买时得到政府补贴的被调查者中，假设取消政府补贴后，大多数被调查者仍愿意购买新能源汽车，只有少部分人的购买意愿有明显的下降。愿意购买新能源汽车的被调查者的比例随着家庭年收入的提高有较为明显的提高，购车价格对高收入家庭的购买意愿影响更小。

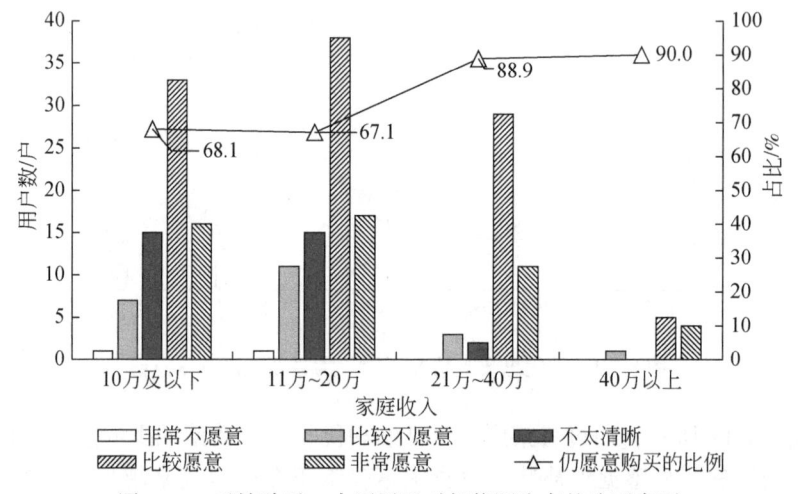

图 8-12 无补贴后，中国居民对新能源汽车的购买意愿

如图 8-13 所示，根据调查结果，购买新能源汽车的用户大多享受了不限行/不限牌政策，占比约为 78%，仅有约 22% 的购买用户没有享受该政策。

图 8-13 购买新能源汽车用户享受不限行/不限牌情况

如图 8-14 所示，通过考察用户对不限行、不限牌政策减少的感知可以看出，

有 31% 左右的用户明显感觉到不限行、不限牌政策正在变得越来越少，仅 17% 左右的用户几乎没有感知到不限行、不限牌政策的减少，也有 53% 左右的用户对不限行、不限牌政策的减少的感知并不明确。由此可见，当与新能源汽车相关的不限行、不限牌政策有所减少时，仅有不到三分之一的用户能够对此产生一个明确的感知的。但是，考虑到前文分析中表明购买新能源汽车的用户大多享受了不限行/不限牌政策，该类用户占比为 78%，因此政府提供的不限行、不限牌政策逐步退出市场可能会对用户的购车行为产生较大影响，从而影响新能源汽车的销量。

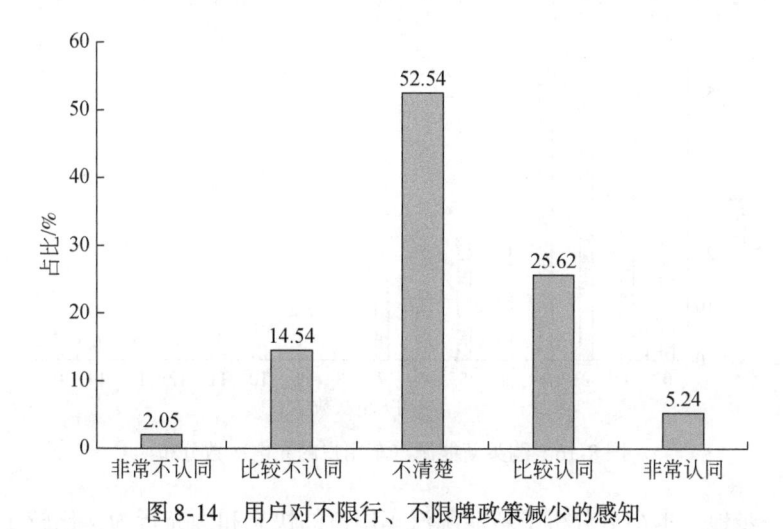

图 8-14 用户对不限行、不限牌政策减少的感知

如图 8-15 所示，在已经购买新能源汽车的用户中，"自己主动了解，上网搜索或者询问他人"和"车企或经销商宣传"为主要的政策知晓途径，占比分别

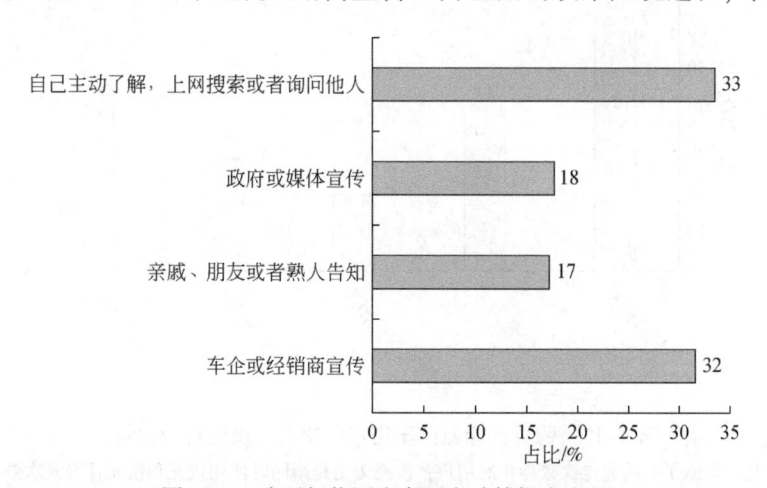

图 8-15 购买新能源汽车用户政策知晓途径

为33%和32%，通过"政府或媒体宣传"和"亲戚、朋友或者熟人告知"两种途径的用户占比较少，分别为18%和17%。

8.1.3 中国家庭的新能源汽车的使用情况

如图 8-16 所示，购买新能源汽车的用户一周对其新能源汽车的充电次数集中分布在 1~5 次，占比为 80.4% 左右，其中一周充电 3 次的情况最多。

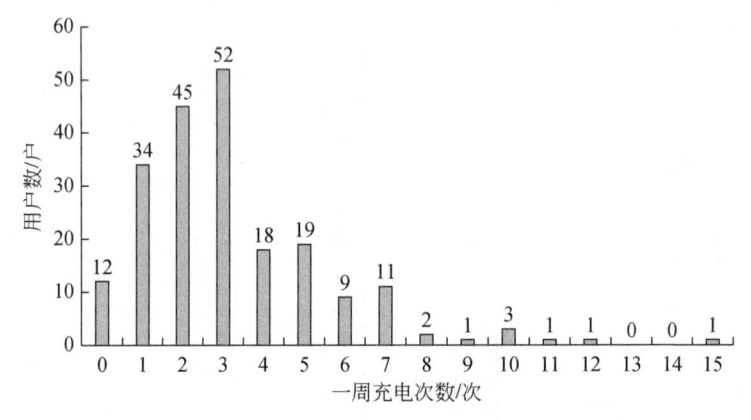

图 8-16 购买新能源汽车用户的充电次数分布

进一步地，本小节分析了新能源汽车用户的快充和慢充行为，比较了用户一周中快充和慢充的次数。如图 8-17 所示，约 32% 的用户只使用慢充，有 23% 左

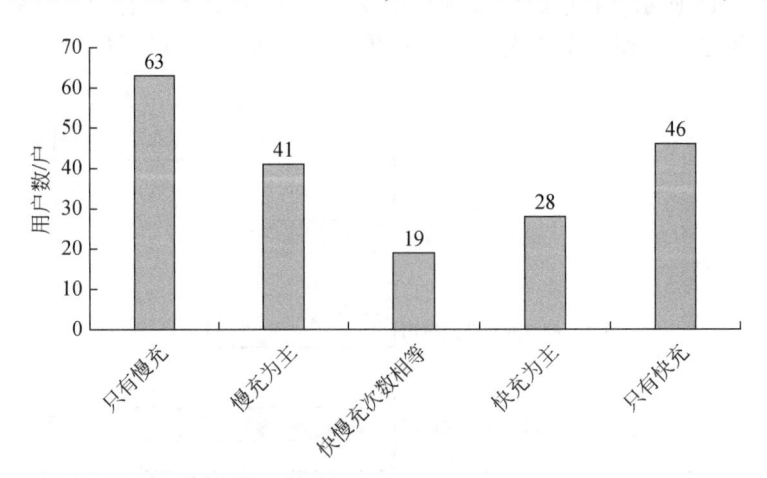

图 8-17 购买新能源汽车用户的快充与慢充行为比较

注：排除了一周充电次数为 0 的用户；慢充为主是指同时使用快充和慢充且慢充次数多于快充次数，快充为主是指同时使用快充和慢充且快充次数多于慢充次数

右的用户只使用快充,约有 45% 的用户同时使用快充和慢充。可以看到,慢充在用户的充电行为中占比更多,约有 52.8% 的用户只使用慢充或以慢充为主,有 37.6% 的用户只使用快充或以快充为主。

8.2 中国家庭对新能源汽车接受意愿的基本特征

8.2.1 中国家庭对新能源汽车的接受意愿

如图 8-18 所示,在问卷中询问被访者"当您要购买一辆车时,相比于燃油车,你是否更愿意购买新能源汽车"时,有 62.00% 的被访者愿意购买新能源汽车,有 15.57% 的被访者表示不愿意购买新能源汽车,22.43% 的被访者则表示不清楚。上述数据表明中国家庭对新能源汽车有较高的接受意愿,相比于燃油车,大部分消费者更愿意购买新能源汽车。

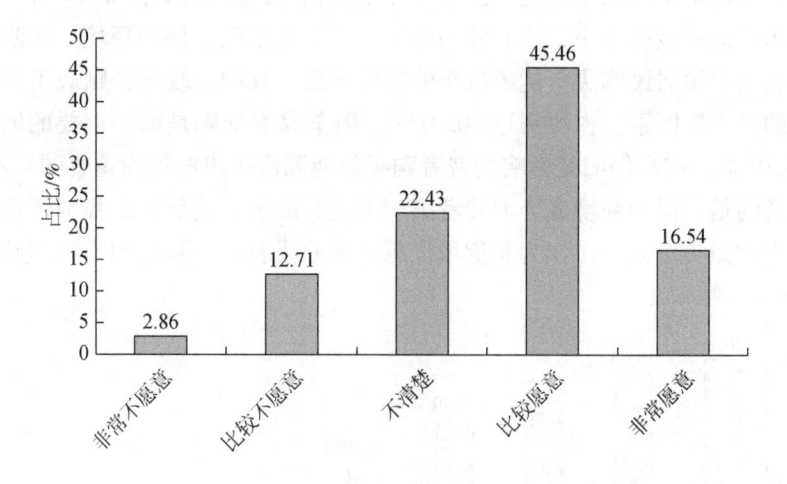

图 8-18 中国家庭对新能源汽车的接受意愿

本小节进一步将受访者划分为拥有新能源汽车和未拥有新能源汽车的家庭。如图 8-19 所示,对于拥有新能源汽车的家庭来说,有 93.3% 的家庭如果需要购置一辆新的汽车,仍然愿意购买新能源汽车,且有 44.0% 的家庭非常愿意购买新能源汽车,只有 1% 的家庭不愿意再购买新能源汽车。以上数据表明,新能源汽车展示出优秀的产品力,能够很好地满足消费者的需要。

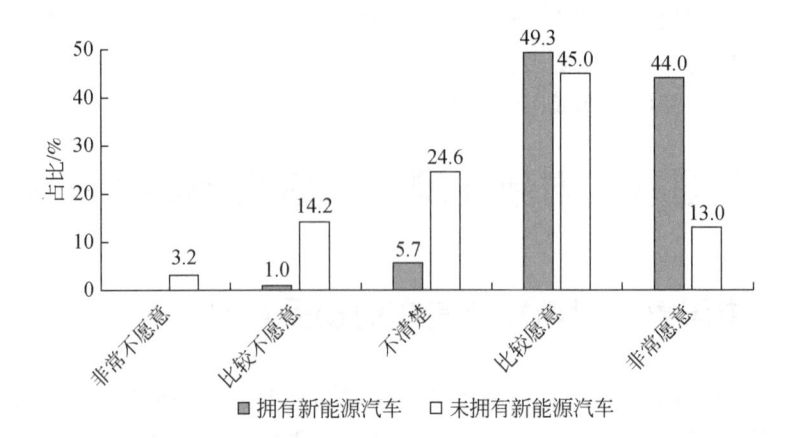

图 8-19　未拥有/拥有新能源汽车的家庭的新能源汽车接受意愿

进一步，在问卷中询问被采访者"新能源汽车哪些点会吸引您"，并要求受访者在给出的 9 个选项中挑选出至多 3 项，具体问卷结果如图 8-20 所示。在新能源汽车的众多吸引点中，政府补贴政策、用车成本低、保护环境、不限行和不限牌是吸引中国居民购买新能源汽车的主要因素。其中，政府补贴政策是吸引居民购买的最主要因素，占比高达 20.31%，用车成本低则是第二重要的因素，占比为 19.04%，成本仍旧是影响消费者购买新能源汽车决策最为重要的影响因素。值得注意的是，保护环境成为消费者第三关注的因素，这反映出我国消费者低碳消费意识的提高。此外，作为非货币优惠政策的代表，不限行和不限牌政策在吸

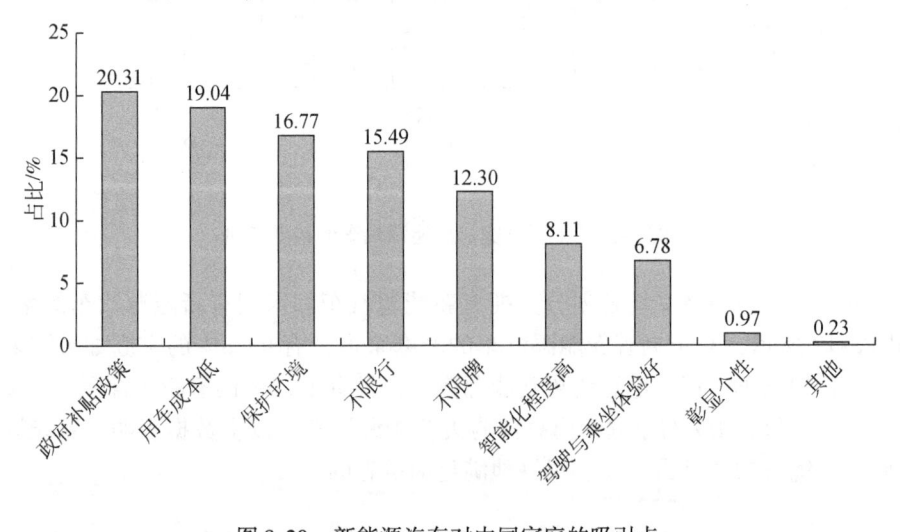

图 8-20　新能源汽车对中国家庭的吸引点

引点排名中分列第四和第五名。而代表消费者体验的智能化程度、驾驶与乘坐体验和彰显个性占比较低，这说明目前绝大多数家庭在进行新能源汽车消费时仍旧更关注实用性和性价比，而对享受性的使用体验关注程度较低。

在问卷中询问被采访者"您对新能源汽车的顾虑"，并要求受访者在给出的7个选项中挑选出至多3项，具体问卷结果如图 8-21 所示。续航和充电焦虑占据我国家庭对新能源汽车顾虑的半数以上，续航里程不够和充电不方便两项分别占比 27.34% 和 27.05%。此外，安全性也是中国家庭对新能源汽车顾虑的一个重要方面，占比 17.51%。价格较高、保险和维修费较高、保值率低占比较低。可能由于长期的政府补贴，消费者对新能源汽车价格较高的感知并不明显。此外，随着近年来电池、电机等技术水平的不断进步，新能源汽车成本不断降低，价格竞争力逐渐增强，这也可能是消费者对新能源汽车价格较高感知不明显的原因。还有小部分被调查者提出了冬天动力不足、起步太快导致舒适度下降、换电池成本高等顾虑。

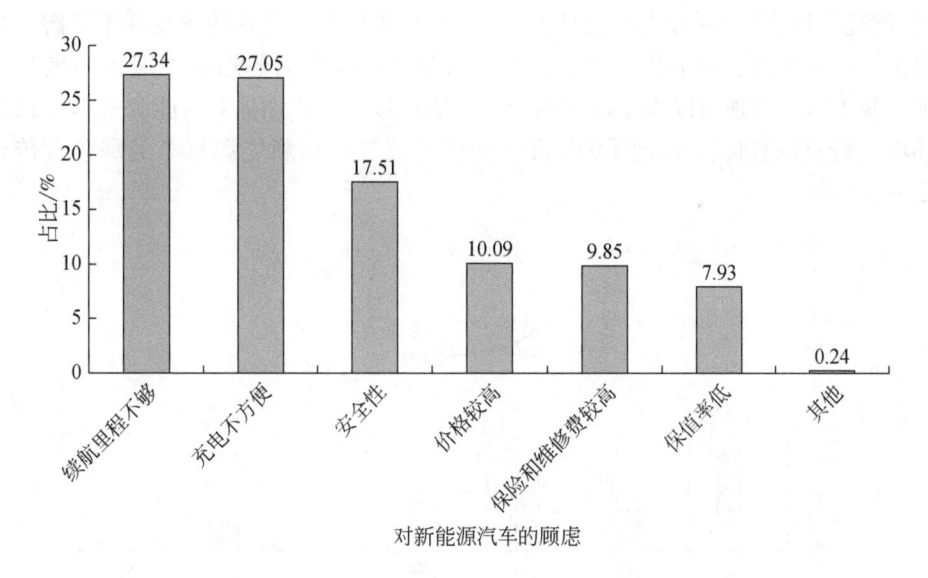

图 8-21　中国家庭对新能源汽车的顾虑

本小节采用生命周期理论将消费者接受创新产品的周期划分为 5 个阶段，分别对应 5 种类型的消费者，包括创新者、早期使用者、早期大众、后期大众、落伍者。不同阶段之间存在鸿沟，不同消费者群体的特征都存在明显差异，跨越不同阶段之间的鸿沟是重大挑战，需要采取针对性策略以实现产品在不同消费者群体中的顺利过渡和广泛采纳。如图 8-1 所示，2022 年底新能源汽车在我国市场的渗透率达到 27.6%，新能源汽车在我国的推广已经跨过了早期使用者和早期大众的鸿沟。而随着新能源汽车渗透率的快速提高,新能源汽车推广将在未来几年内面临从早期大众到后期大众的鸿沟。为了探究新能源汽车已渗透人群和未渗透人群之间的认知差异,本小节比较了新能源汽车对未拥有/拥有新能源汽车的家庭的吸引点的差异,并比较了未拥有/拥有新能源汽车的家庭的顾虑的差异。

首先,本小节比较了新能源汽车对未拥有/拥有新能源汽车的家庭的吸引点的差异,图 8-22 中的折线显示了未拥有新能源汽车的家庭相比于拥有的家庭在不同选项上的差异。从差异可以看出,政府补贴政策和不限行不限牌政策对未拥有新能源汽车的家庭吸引度更高,如果政府要促使新能源汽车渗透率的进一步提高,则仍有必要提供一定的政策优惠。未拥有新能源汽车的家庭在用车成本低的选项上与拥有者差异较大,未拥有的家庭对新能源汽车的用车成本认知不足,因此政府和企业需要加强新能源汽车的宣传推广,帮助消费者加强对新能源汽车用车成本的认知。值得注意的是,未拥有新能源汽车的家庭相对来说更重视新能源汽车保护环境的特点,这有可能是未拥有新能源汽车的家庭对"政府补贴政策""智能化程度高""乘坐与驾驶体验好""彰显个性"等选项的含义并不了解,当提供了至多选择三项的提示之后,受访者便会选择更为熟悉的"保护环境"选项。基于这一发现可以得出以下启示,政府可以进一步加强对新能源汽车"保护环境"特点的宣传,车企则可以将"保护环境"作为新能源汽车的绿色宣传点之一。

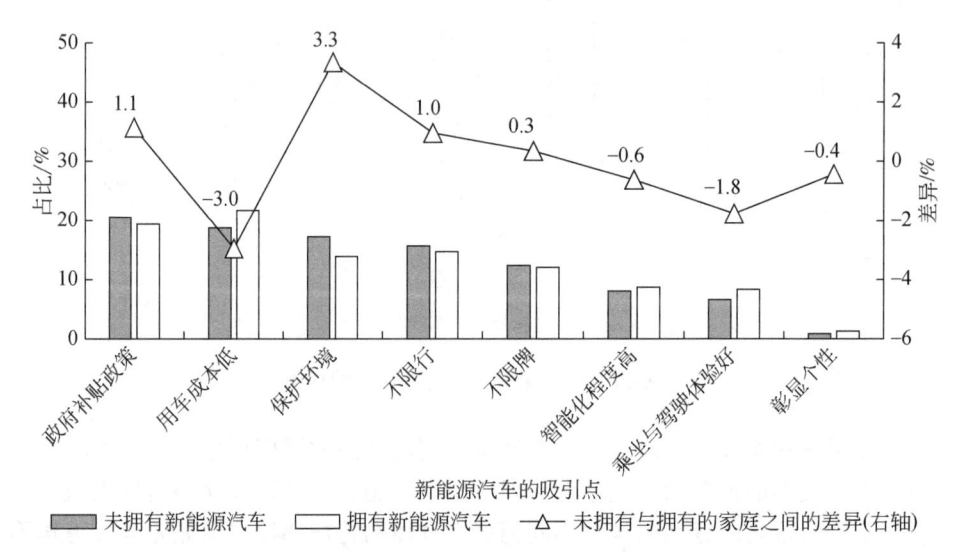

图 8-22 新能源汽车对未拥有/拥有的家庭的吸引点

其次,本小节比较了未拥有/拥有新能源汽车的家庭的顾虑的差异,图 8-23 中的折线显示了未拥有新能源汽车的家庭相比于拥有的家庭在不同选项上的差异。从差异来看，未拥有新能源汽车的家庭更加关注充电不方便问题，差值高达5.5%，这有可能是因为未拥有新能源汽车家庭所在地区的充电基础设施建设更加薄弱，也有可能是因为未拥有的家庭并未能感知到生活地区充电基础设施的建设。安全性也是差异相对较高的一个选项，未拥有的家庭选择此项的比例比拥有的家庭多出了3.1%，这一现象可能源于新技术引发的不确定性感知、媒体报道导致的信息不对称、缺乏使用经验造成的风险认知放大，以及确认偏见等因素。这些因素可能共同导致未拥有新能源汽车的消费者对其安全性产生较高程度的顾虑。两个类型的家庭对续航里程的顾虑类似，这说明目前新能源汽车续航里程不够的问题确实较大，特别是受各车企电动汽车续航里程虚标的影响，新能源汽车使用者也清晰地感知到续航里程不够的问题。另外值得注意的是，拥有新能源汽车的家庭对"保险和维修费用较高"和"保值率低"的顾虑相对更大，随着未来新能源汽车加速普及，车企需要通过技术升级和服务改善减缓消费者对维修问题和保值问题的顾虑。

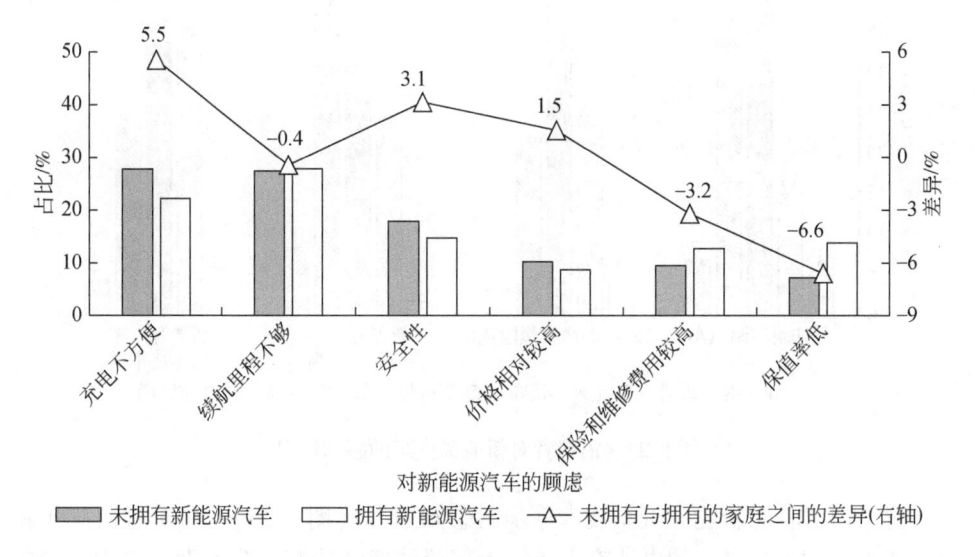

图 8-23 未拥有/拥有新能源汽车的家庭的顾虑

8.2.2 中国家庭对新能源汽车的认知情况

本小节考察了消费者对新能源汽车的感知情况，以"是否认同对新能源汽车比较熟悉""是否认同使用新能源汽车会带来安全风险和财务风险""是否认同新能源汽车的购买价格很高""是否认同新能源汽车的用车成本很高"分别衡量消费者对新能源汽车的熟知程度、风险、购买成本、用车成本的认知程度。如图 8-24 所示，对于熟知程度，42% 的消费者认为自己比较熟悉新能源汽车，仅有 20% 的消费者认为自己不熟悉新能源汽车，表明新能源汽车宣传推广取得了较大成就；对于新能源汽车的安全和财务风险，接近一半的消费者对此不清楚，25% 的消费者认同新能源汽车会带来安全风险和财务风险，29% 的消费者不认为新能源汽车会带来风险；对于购买成本和用车成本，都有 30% 左右的消费者对此表示不清楚，不同的是，认同新能源汽车购买价格高的消费者占比要高于不认同的消费者占比，而认同新能源汽车用车成本高的消费者占比则要低于不认同的消费者占比，从消费者感知的角度来看，新能源汽车表现出购买成本高、使用成本低的特征。

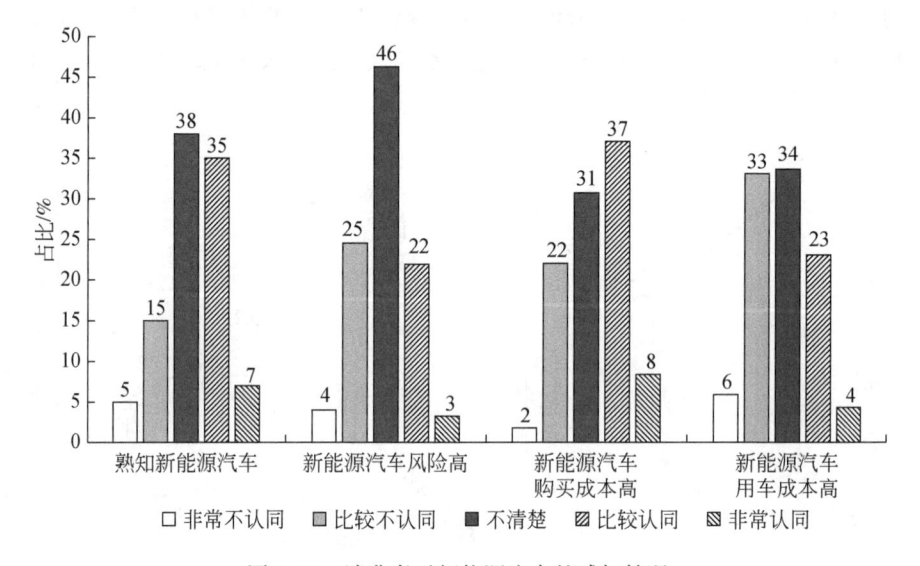

图 8-24 消费者对新能源汽车的感知情况

对于消费者对新能源汽车技术进步的感知情况（图 8-25），对于过去三年新能源技术的相关技术，如电池充电等，大部分消费者持有乐观态度，其中，17% 的消费者认为技术进步速度很快，超过半数的消费者认为技术发展得比较快，21% 的消费者认为技术进步速度不快不慢，仅有 7% 的消费者认为新能源汽车技术进步缓慢。

为了解用户体验，本小节对消费者是否乘坐过新能源汽车进行统计，并了解消费者"是否认同乘坐过新能源汽车后对新能源汽车的好感增加"。如图 8-26 所示，根据统计结果，新能源汽车使用率较高，在所调查的用户中，有 82% 的消费者乘坐过新能源汽车。其中，大部分消费者认同在乘坐过新能源汽车后对新能源的好感有所增加，有15%的消费者持"不清楚"的态度，仅有11%的消费者持有不认同的态度。可见，新能源汽车能给用户带来良好的乘坐体验。

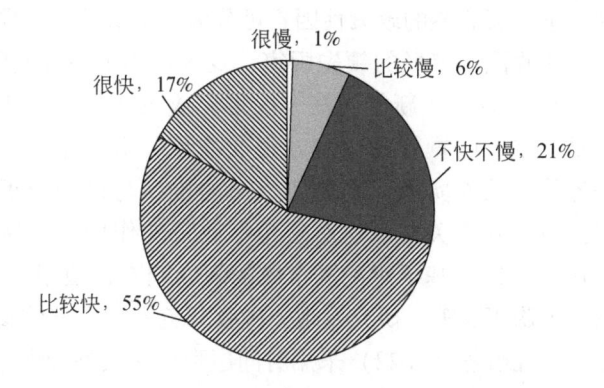

图8-25 消费者对新能源汽车技术进步的感知情况

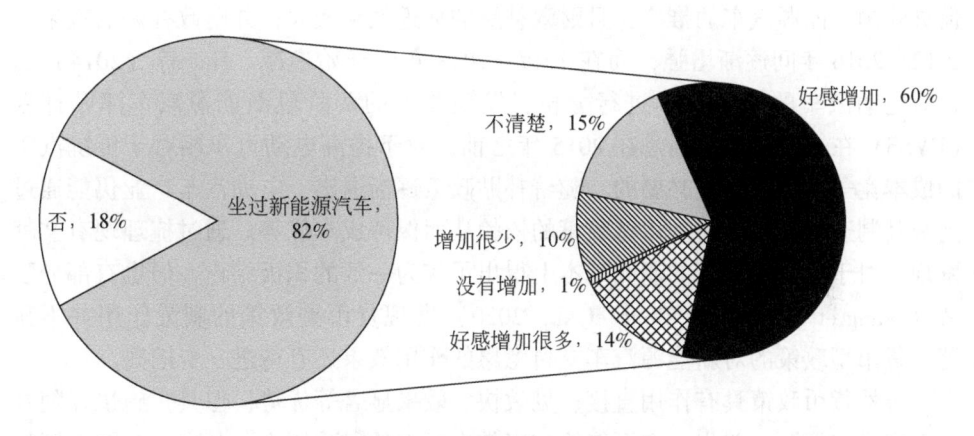

图8-26 消费者对新能源汽车使用情况及好感程度

8.3 中国家庭对新能源汽车的接受意愿影响因素研究

8.3.1 文献综述

近年来，随着新能源汽车产业发展及大众对新能源汽车认识的加深，涌现出大量关于新能源汽车支付意愿的研究。现有研究涉及的影响因素可分为政策性因素和非政策性因素。其中，政策性因素主要包括货币型政策（税收减免、购置补贴等）和非货币型政策（路权优先、免费停车等），非政策性因素主要包括人口统计学特征、产品属性和消费者感知三个维度。

影响新能源汽车购买意愿的政策性因素可分为货币型政策和非货币型政策两大类。作为全球新能源汽车市场的领先国家，我国在2018年的新能源汽车保有量就已占到全球的50%以上，新能源汽车的推广成效初显。在新能源汽车推广的初期，我国主要依靠"购置补贴"和"税收减免"等货币型政策弥补了其高成本、高价格等劣势，从而实现了新能源汽车的推广与该产业短期内的快速发展。在这一时期，国内外相关文献也对货币型政策的作用效果展开了丰富的研究。李丹青和郭焱（2022）基于对武汉市民的问卷调查，使用二元Logit模型研究居民的新能源汽车购买决策。研究发现，税收减免等货币型政策能够显著提高人们的购买意愿。李晓敏等（2022）采用时间序列协整模型和误差修正模型对新能源汽车相关的政策效果进行了评估，发现财政补贴、购置税减免政策能够显著促进我国新能源汽车的推广，且财政补贴的促进效果最大；并财政补贴的效果在2012~2016年间逐渐增强，而在2017~2018年间开始递减。Hao等（2014）通过对电动汽车的拥有成本进行分析，发现我国的两阶段新能源汽车津贴计划（EVSS）在短期内，特别是在2015年之前，对于提高电动汽车相对于传统汽车的成本竞争力是十分必要的。随着补贴政策逐渐退出，电动汽车产业仍能通过削减其制造成本降低对货币型政策的依赖从而保持成本优势。通过梳理现有文献发现，对于货币型政策的研究基本上得出了较为一致的积极结论，但也有部分学者（Wang et al., 2018；Dong et al., 2020）发现货币型政策的刺激作用并不显著，货币型政策的对新能源汽车支付意愿的作用效果还有待进一步挖掘。

虽然货币政策具有作用直接、见效快、效果显著等优势，但其实施也伴随着一系列潜在问题。首先，它可能给政府带来巨大的财政压力。其次，补贴政策的实施可能影响行业间的竞争平衡，甚至可能扰动国际市场的公平竞争环境。因此近年来，我国正在逐步减少针对新能源汽车的货币型政策，并积极探索能够对这一政策退出过程起到良好缓冲作用的非货币型政策。熊勇清和刘徽（2022）指出"路权优先"和"充电保障"是现阶段我国在推广新能源汽车的过程中使用的最主要的两项非货币型政策。其基于双重差分模型研究发现，相比于货币型政策，非货币型政策虽然在短期内影响力相对较弱，但其效果仍然显著，并且呈现持续上升趋势，因此能够成为"政策补贴退坡"后市场持续发展的重要政策支撑。Langbroek等（2016）的研究发现使用免费停车和允许使用公交车道这些非货币型政策来对人们进行购买刺激是对昂贵的货币型政策的一种非常有效的替代方法。政府允许新能源汽车使用公交车道能够在居民中产生良好的示范效应，从而提高消费者对新能源汽车的认可程度，刺激其购买新能源汽车，这与Ajanovic和

Haas（2016）的研究结论一致。综上所述，在货币型政策逐渐退出的大趋势下，针对新能源汽车的非货币型政策显现出了越来越重要的作用，相关领域也存在着很大的研究空间，因此有必要对其进行进一步的研究。

一方面，政策往往被作为影响消费者购买行为的一个外部因素纳入模型中；另一方面，随着新能源汽车的发展，围绕消费者购买意愿和购买行为的微观研究不断丰富，现有文献主要侧重于新能源汽车购买意愿或行为的综合影响因素研究。诸多文献基于技术行为理论（TPB）和技术接受理论（TAM）研究感知因素的影响，如 Huang 和 Ge（2019）基于计划行为理论对北京潜在消费者的电动汽车购买意愿及其影响因素进行分析，发现态度、感知行为控制、认知状态、产品感知对北京消费者购买电动汽车的意愿具有显著的正向影响，但主观规范对购买意愿无显著影响。而 Wang 等（2018a）使用扩展的技术接受模型，指出感知有用性和认知能够显著促进购买意愿，感知风险负向影响购买意愿。尹洁林等（2019）的研究与该结果存在相同之处，其基于技术接受模和感知风险理论（PRT），并结合消费者面对不确定性时进行决策的人格特质展开研究，消费者对新能源汽车的感知有用性和感知易用性对其购买意愿存在显著正向影响，而消费者对新能源汽车的感知风险对其购买意愿存在显著负向影响。对行为的态度可能受到行为信念和结果评估的影响，对于新能源汽车来说，这可能包括对环境、经济利益等因素的担忧。Wang 等（2018b）基于 TPB 和 NAM 模型研究影响居民习惯性节能行为的因素，发现中国城市居民的日常节能行为大多是出于"利他主义"，并且社会规范和政策环境这类外部因素对居民的日常节能行为有重大影响。使用新能源汽车是一种环境保护行为，可能会受到环境问题的影响。Yadav 和 Pathak（2016）通过研究发现环境问题是绿色购买意向的最重要的预测因素；Okada 等（2019）展开调查环保意识对非电动汽车车主的购买意愿和电动汽车车主的购买后满意度的影响，发现两者的结构存在差异，对电动汽车的评估表明，环保意识对非电动汽车用户的购买意愿有直接影响，而对电动汽车用户的购买后满意度只有间接影响。

除了感知因素和影响感知的外部因素，还有学者对消费者支付意愿的众多影响因素进行了综合分析。例如，He 等（2018）在研究影响我国消费者电动汽车购买意愿的因素时，不仅考虑了感知因素，还将个性因素和人口统计学特征纳入研究框架，发现消费者感知和个性可以解释电动汽车购买意愿 57.1% 的变异，个人创新性和环境关注性这两种个性对电动汽车购买意愿有显著的直接影响，还发现个人创新性、感知货币利益和感知符号对男性购买电动汽车意愿的路径系数显著大于女性，而感知风险、感知费用和环境关注对电动汽车购买意愿的路径系数对男性不显著，但对女性显著。Degirmenci 和 Breitner（2017）研究发现环境表现、价格价值、信心区间、经历等能够显著促进人们对新能源汽车的态度从而促进其购买意向，而性别、年龄、职业的作用不显著。李丹青和郭焱（2022）将消费者对新能源汽车的认知度、购买时间和购买价格三方面的因素纳入新能源汽车购买决策的研究中。Wang 和 Tian（2023）从产品属性的视角探讨人们对新能源汽车购买意愿的影响因素，指出产品的功能性属性、象征性属性可以正向促进购买意愿。Rahmani 和 Loureiro（2019）通过评估西班牙驾驶员对混合动力汽车的偏好发现，与该技术相关的信息水平低、对这些车辆的自动化的额外错误信息可能会导致驾驶员对混合动力电动汽车缺乏兴趣，而且愿意购买混合动力汽车的司机并不总是出于环境原因，还有可能是出于与自身形象相关的声誉问题。

综观国内外文献，尽管学者们已经就家庭新能源汽车购买意愿进行了广泛研究，但仍有一些因素并没有被充分讨论。第一，随着新能源汽车的普及，国家正在逐步减少对新能源汽车的优惠政策，如2023年起新能源汽车购置补贴政策终止，上海市从2023年开始不再对插电式混合动力汽车发放专用牌照额度。优惠政策的减少是否降低新能源汽车的优势，从而降低消费者的购买意愿。第二，在新能源汽车推广的过程中，政府积极采取示范推广政策，如积极推进新能源公交车、出租车等替换为新能源汽车，让居民有更多的机会体验乘坐新能源汽车。居民在乘坐新能源车之后可能会加深对新能源汽车的认知，减少对新能源汽车在安全等方面的担忧，因新能源汽车的静谧性和没有尾气等因素增加对新能源汽车的好感，从而增加对新能源汽车的购买意愿。第三，现有研究还未探讨过新能源汽车技术进步速度感知对购买意愿的影响。一方面，根据创新引致需求理论，当感知到新能源汽车技术快速进步时，新能源汽车相比传统燃油汽车的优势增加，消费者对新能源汽车的购买意愿增加；另一方面，如果感知到新能源汽车技术的快速进步，消费者可能会担心汽车的贬值问题，从而减少购买意愿。

8.3.2 研究设计

本小节使用有序逻辑回归分析我国居民家庭对新能源汽车接受意愿的影响因素。由于本小节使用的因变量"新能源汽车购买意愿"是有序类别变量，因此传统的 OLS 回归无法得到无偏有效的估计量，此时使用有序逻辑回归更加合适。有序逻辑回归是基于累计分布的 Logit 模型，假定因变量是 1～j 的定序值，因变量 $\leq j$ 和 $>j$ 的累计 Logit 可以表示为：

$$l_j(x_i) = \log\left[\frac{\Pr(y_i \leq j | x_i)}{\Pr(y_i > j | x_i)}\right] = \alpha_j + X\beta \qquad (8-1)$$

式中，X 是影响新能源汽车购买意愿的解释变量，β 是系数矩阵，α_j 是截距项，$j = \{1, 2, 3, 4, 5\}$，j 表示新能源汽车购买意愿的类别集合。此外，在有序逻辑回归中，对系数矩阵 β 的解释是通过发生比（odds ratio），即当自变量每增加一个单位，因变量中属于低组的发生比是属于临近高组的发生比的 e^{β_i} 倍。

本小节模型中的自变量主要包括四个部分：个体统计学特征、消费者对新能源汽车的感知、新能源汽车推广政策、消费者环境意识。首先，纳入个体统计学特征，包括收入水平、性别、年龄、婚姻状况和受教育特征。其次，考虑消费者对新能源汽车的感知是否会影响用户的购买意愿，包括消费者对新能源汽车的熟悉程度、对新能源汽车的风险感知、对新能源汽车的购车成本感知、对新能源汽车的用车成本感知、消费者对新能源汽车技术进步速度的感知。再次，进一步分析政策的影响，包括以补贴和税收优惠为代表的货币性政策和以不限号不限牌为代表的非货币性政策。随着货币性刺激政策的逐渐退出，政策退出是否会影响消费者的购买意愿，同样是要考虑的问题，因此本轮调查纳入了消费者对政策退出的感知。此外，包括公交车、出租车在内商用新能源车推广一直是政府推行的措施，这使得大众有更多的机会乘坐新能源汽车，这是否能够增强消费者购买新能源汽车的意愿，也是值得思考的问题。最后，分析消费者对气候变化感知和对碳排放认知对新能源汽车购买意愿的影响。具体变量定义如表 8-1 所示。

表 8-1　变量定义

变量名称	变量定义	变量赋值
WTP	和燃油车相比对新能源汽车的购买意愿	非常不愿意=1，比较不愿意=2，不清晰=3，比较愿意=4，非常愿意=5
Inco	年均收入	1.5 万元以下=1，1.5 万~2.5 万元=2，2.5 万~4 万元=3，4 万~8 万元=4，8 万~15 万元=5，15 万元以上=6
Gen	性别	男=0，女=1
Age	年龄	使用原始数据
Marital	婚姻状况	未婚=0，其他=1
Edu	受教育程度	文盲=1，小学=2，初中=3，高中=4，大专=5，本科=6，硕士=7，博士=8
Knowledge	熟悉新能源汽车	非常不认同=1，比较不认同=2，不清晰=3，比较认同=4，非常认同=5
Risk_per	新能源汽车风险高	非常不认同=1，比较不认同=2，不清楚=3，比较认同=4，非常认同=5
Purc_cost	新能源汽车购买成本高	非常不认同=1，比较不认同=2，不清楚=3，比较认同=4，非常认同=5
Use_cost	新能源汽车用车成本高	非常不认同=1，比较不认同=2，不清楚=3，比较认同=4，非常认同=5

续表

变量名称	变量定义	变量赋值
Tech_per	对新能源汽车技术进步的感知	很慢=1，比较慢=2，不快不慢=3，比较快=4，很快=5
Poli_att1	是否受到新能源汽车补贴或税收优惠政策的吸引	非常不认同=1，比较不认同=2，不清楚=3，比较认同=4，非常认同=5
Poli_att2	是否受到新能源汽车不限牌/不限行政策的吸引	非常不认同=1，比较不认同=2，不清楚=3，比较认同=4，非常认同=5
Poli_redc_per1	对新能源汽车补贴或税收优惠政策减少的感知	非常不认同=1，比较不认同=2，不清楚=3，比较认同=4，非常认同=5
Poli_redc_per2	对新能源汽车不限牌/不限行政策减少的感知	非常不认同=1，比较不认同=2，不清楚=3，比较认同=4，非常认同=5
Ride_exper1	是否乘坐过新能源汽车	是=1，否=0
Ride_exper2	乘坐新能源汽车后，对其好感增加或忧虑减少的感知	非常不认同=1，比较不认同=2，不清楚=3，比较认同=4，非常认同=5
Envir_cons1	对日后是否会受到气候变化影响的感知	没有任何影响=1，几乎没影响=2，有影响，但不大=3，部分影响=4，很大影响=5
Envir_cons2	是否了解碳排放或碳概念	完全没听说过=1，听说过但不太了解=2，一般了解=3，了解=4，了解并持续关注=5

对上述变量的描述性统计如表8-2所示，新能源汽车购买意愿的平均值为3.601，大部分被访者愿意购买新能源汽车。被访者对"熟悉新能源汽车""新能源汽车风险高""新能源汽车购买成本高""新能源汽车用车成本高""新能源汽车进步快"的认同程度的平均值分别为3.221、2.959、3.282、2.869、3.808，大部分被访者对新能源汽车有一定认知且普遍认为新能源汽车技术进步较快，被访者对新能源汽车购买成本高的感知比用车成本高的感知更强。被访者对"受到补贴或税收优惠政策吸引""受到不限牌/不限行政策吸引""补贴或税收优惠政策减少""不限牌/不限行政策减少"认同程度的平均值分别为3.628、3.686、3.435、3.175，被访者会同时受到新能源汽车货币政策和非货币政策的吸引，且认为货币政策减少的趋势更强。

表8-2 变量描述性统计

变量	(1) N	(2) mean	(3) sd	(4) min	(5) max
WTP	1850	3.601	0.999	1	5

续表

变量	(1) N	(2) mean	(3) sd	(4) min	(5) max
Inco	1850	3.253	1.443	0	6
Gen	1850	0.629	0.483	0	1
Age	1850	34.780	10.370	17	74
Marital	1850	0.705	0.456	0	1
Edu	1850	4.865	1.078	1	8
Knowledge	1850	3.221	0.960	1	5
Risk_per	1850	2.959	0.868	1	5
Purc_cost	1850	3.282	0.958	1	5
Use_cost	1850	2.869	0.976	1	5
Tech_per	1850	3.808	0.811	1	5
Poli_att1	1850	3.628	0.857	1	5
Poli_att2	1850	3.686	0.922	1	5
Poli_redc_per1	1850	3.435	0.826	1	5
Poli_redc_per2	1850	3.175	0.814	1	5
Ride_exper1	1850	0.816	0.826	1	5
Ride_exper2	1509	3.760	0.846	1	5
Envir_cons1	1850	3.455	0.989	1	5
Envir_cons2	1850	2.575	0.944	1	5

8.3.3 实证结果

表8-3是有序逻辑回归的结果，第（1）列加入了个体统计学特征，可以看到收入高、女性、教育程度高的群体更有可能购买新能源汽车。第（2）列进一步加入了消费者对新能源汽车的认知，更了解新能源汽车的、认为新能源汽车风险小、认为新能源汽车购车用车成本低、认为新能源汽车技术进步速度快的群体的购买意愿更强。第（3）列加入了政策因素，可以看到，货币性政策和非货币性政策都能刺激消费者的购买意愿，其中货币性政策的刺激效果更强，而消费者对两个政策退出的感知并不会影响购买意愿。此外，乘坐过新能源汽车的消费者更有意愿购买。第（4）列加入了消费者对气候变化和碳排放的认知，可以发现，对气候变化的认知的影响并不显著，而对碳排放的认知的影响则较为显著。

表 8-3　有序逻辑回归结果

变量	(1) WTP	(2) WTP	(3) WTP	(4) WTP
Inco	0.067**	-0.015	-0.031	-0.037
	(0.033)	(0.035)	(0.035)	(0.035)
Gen	0.471***	0.637***	0.642***	0.649***
	(0.093)	(0.099)	(0.101)	(0.102)
Age	-0.002	0.006	0.012**	0.013**
	(0.006)	(0.006)	(0.006)	(0.006)
Marital	-0.121	-0.259**	-0.276**	-0.273**
	(0.128)	(0.132)	(0.134)	(0.134)
Edu	0.203***	-0.005	-0.100**	-0.135***
	(0.047)	(0.049)	(0.051)	(0.052)
Knowledge		0.868***	0.692***	0.664***
		(0.052)	(0.055)	(0.056)
Risk_per		-0.332***	-0.344***	-0.339***
		(0.058)	(0.059)	(0.059)
Purc_cost		-0.201***	-0.239***	-0.237***
		(0.054)	(0.056)	(0.056)
Use_cost		-0.298***	-0.204***	-0.208***
		(0.054)	(0.056)	(0.056)
Tech_per		0.574***	0.354***	0.342***
		(0.058)	(0.061)	(0.062)
Poli_att1			0.642***	0.629***
			(0.074)	(0.074)
Poli_att2			0.288***	0.288***
			(0.064)	(0.064)
Poli_redc_per1			0.068	0.059
			(0.068)	(0.069)
Poli_redc_per2			0.001	0.010
			(0.068)	(0.068)
Ride_exper1			0.656***	0.609***
			(0.123)	(0.124)
Envir_cons1				0.065
				(0.050)

续表

变量	(1) WTP	(2) WTP	(3) WTP	(4) WTP
Envir_cons2				0.121**
				(0.059)
N	1850	1850	1850	1850
Pseudo R^2	0.0127	0.1324	0.1792	0.1808

* $p<0.1$，** $p<0.05$，*** $p<0.01$

新能源汽车市场处于快速变化的过程，各种因素对具有不同购车计划的消费者可能具有不同影响。根据消费者购车计划时间将消费者划分为三类："3年以内（含3年）购车"、"3年之后购车"、"没有购车计划"，其中"3年以内（含3年）购车"代表有短期购车计划，"3年之后购车"代表有长期购车计划。异质性分析结果如表8-4所示，比较3种不同类型的消费者，有以下发现：①和没有购车计划的消费者相比，用车成本对有购车计划的消费者并没有展现出显著的负向影响；②货币性刺激政策退出感知对有短期购车计划、有长期购车计划的消费者分别呈现出显著正向和显著负向的影响，这有可能是因为短期计划消费者想要抓住最后的新能源汽车政策窗口期，而长期计划消费者认为自己无法享受的新能源汽车购车优惠政策；③对于有短期购车计划的消费者，新能源汽车乘坐经历没有展现出显著的正向影响。

表8-4 异质性分析：购车计划时间

变量	(1) 3年以内（含3年）购车 WTP	(2) 3年之后购车 WTP	(3) 没有购车计划 WTP
Inco	−0.045	−0.110	−0.047
	(0.072)	(0.082)	(0.050)
Gen	0.876***	0.639**	0.566***
	(0.214)	(0.257)	(0.136)
Age	0.007	0.016	0.019***
	(0.015)	(0.017)	(0.008)
Marital	−0.013	−0.238	−0.372**
	(0.260)	(0.346)	(0.188)
Edu	0.048	−0.343***	−0.186***
	(0.108)	(0.131)	(0.070)

续表

变量	(1) 3年以内（含3年）购车 WTP	(2) 3年之后购车 WTP	(3) 没有购车计划 WTP
Knowledge	0.590***	0.573***	0.691***
	(0.125)	(0.144)	(0.073)
Risk_per	-0.260**	-0.343**	-0.436***
	(0.110)	(0.141)	(0.084)
Purc_cost	-0.193*	-0.243*	-0.250***
	(0.111)	(0.136)	(0.077)
Use_cost	-0.106	-0.172	-0.266***
	(0.106)	(0.137)	(0.077)
Tech_per	0.467***	0.320*	0.335***
	(0.138)	(0.163)	(0.079)
Poli_att1	0.485***	0.884***	0.602***
	(0.147)	(0.192)	(0.099)
Poli_att2	0.241*	0.349**	0.252***
	(0.132)	(0.149)	(0.088)
Poli_redc_per1	0.241**	-0.334**	0.171*
	(0.122)	(0.152)	(0.103)
Poli_redc_per2	-0.049	0.175	-0.068
	(0.123)	(0.156)	(0.100)
Ride_exper1	0.071	0.832**	0.463***
	(0.399)	(0.400)	(0.145)
Envir_cons1	0.088	-0.070	0.082
	(0.102)	(0.137)	(0.066)
Envir_cons2	0.176	0.142	0.051
	(0.119)	(0.157)	(0.077)
N	507	343	1000
Pseudo R^2	0.1505	0.1789	0.1697

*$p<0.1$，**$p<0.05$，***$p<0.01$

8.4 本章小结

基于对新能源汽车购买和使用的基本特征事实以及中国家庭对新能源汽车的接受意愿和影响因素分析，本章得出结论如下：第一，政策因素、新能源汽车特点、环保意识是新能源汽车受到广泛关注的重要原因，而我国居民对新能源汽车的顾虑通常是由技术因素引致。具体而言，政府补贴政策、用车成本低、保护环境、不限行和不限牌是吸引我国居民购买新能源汽车的主要因素，续航里程不够、充电不方便、安全性是我国居民对新能源汽车的主要顾虑。进一步地，为了探究新能源汽车已渗透人群和未渗透人群之间的认知差异，本章比较了新能源汽车对未拥有/拥有新能源汽车的家庭的吸引点的差异，以及未拥有/拥有新能源汽车的家庭的顾虑的差异。结果表明，未拥有新能源汽车的家庭更重视政府补贴政策、不限行不限牌政策及新能源汽车环境保护的特点，但其对新能源汽车的用车成本认知不足。同时，与拥有新能源汽车的家庭相比，未拥有新能源汽车的家庭更加关注充电不方便和安全性问题。第二，政府对购买新能源汽车用户进行政策优惠的覆盖率较高，且使用过新能源汽车的用户已经对新能源汽车产生了路径依赖。对我国家庭私家车拥有现状进行分析，可以发现，燃油车仍是私家车的主流，且价格偏低，平均价格为 15.45 万元，新能源汽车中，纯电动汽车的平均价格为 15.51 万元，插电式混合动力（含增程式）汽车的平均价格较高，为 22.58 万元。对于已经购买新能源汽车的用户，其大多数受了政府补贴及不限行不限牌的政策，且愿意在没有优惠政策的情况下继续购买新能源汽车，体现出新能源汽车展现出较强的产品竞争力。第三，我国居民家庭对新能源汽车的接受意愿会因为个体统计学特征、消费者对新能源汽车的感知、政策及消费者对碳排放的感知的不同产生显著差异。具体而言，收入高、女性、教育程度高的群体更有可能购买新能源汽车；更了解新能源汽车、认为新能源汽车风险小、认为新能源汽车购车用车成本低、认为新能源汽车技术进步速度快的群体的购买意愿更强；货币性政策和非货币性政策都能显著提升消费者的购买意愿，其中货币性政策的刺激效果更强；在"双碳"目标背景下，减少碳排放体现在居民生活的方方面面，对于消费者来说，其对碳排放的感知越强，对新能源汽车的购买意愿也会明显提高。

基于以上结论，本章提出政策建议如下：第一，加强技术研发力度，增加新能源汽车续航里程，提高新能源汽车安全性，同时加强充电基础设施建设，提高充电便利性。调查显示，续航里程和充电焦虑占据我国居民对新能源汽车顾虑的半数以上，安全性也是新能源汽车顾虑的一个重要方面。因此，从技术入手，改善新能源用户用车体验是新能源汽车推广普及的关键。此外，相较于未购买新能源汽车的家庭而言，拥有新能源汽车的家庭更加顾虑新能源汽车存在的"保险和维修费用较高"和"保值率低"两个问题，对此，车企也需要通过技术升级和服务改善减缓消费者对维修问题和保值问题的顾虑。第二，充分利用价格手段，推动新能源汽车对传统燃油车的替代。目前，纯电动汽车主要依靠如五菱宏光Mini等低价车型和特斯拉Model Y等高价车型占领市场，10万~20万的主流价格区间渗透不足，而燃油车在这一价格区间占比很大，且燃油车和纯电动汽车平均价格相近，都在15.5万元左右。对此，在未来发展过程中，必须进一步加强新能源汽车在10万~20万主流价格区间的布局，扩大新能源汽车市场，以实现新能源汽车对燃油车的进一步替代。此外，加大政策优惠力度是新能源汽车推广的另一个重要方面。目前，大多数新能源汽车购买者享受了购车补贴，购车补贴的增加能够在一定程度上提高用户对新能源汽车的购买意愿。第三，拓宽新能源汽车宣传渠道，加大新能源汽车推广力度。调查显示，在已经购买新能源汽车的用户中，"自己主动了解，上网搜索或者询问他人"和"车企或经销商宣传"为主要的政策知晓途径，了解角度较为单一片面。对此，需要拓展新能源汽车的宣传方式，如在社区范围内进行科普、开设专题讲座等，以进一步增加居民对新能源汽车的了解程度。同时，在宣传过程中，还可以加入碳排放等内容，以增加居民对碳排放的认知，提高其对新能源汽车的购买意愿。

第 9 章　中国居民对新能源汽车基础设施建设的支付意愿分析

作为新能源汽车的配套设施，新能源汽车的普及很大程度上取决于充电基础设施建设，其中充电桩的数量、便利程度及充电速度的快慢都成为消费者购买新能源汽车的重要考虑因素。为了解居民对新能源汽车基础设施的使用和支付意愿情况，本章首先对新能源汽车充电桩的便利情况和区域异质性进行梳理，其次根据问卷调查结果分析我国家庭对新能源汽车续航与充电能力的支付意愿，最后深入分析新能源汽车续航里程增加的成本收益，讨论消费者的支付意愿是否可以覆盖成本以及车企进行让利后能够促进多大的销量。

9.1　新能源汽车基础设施建设情况

9.1.1　文献综述

随着新一轮的产业科技革命和信息技术的兴起与深入发展，社会对新型基础设施的需求日益旺盛，各国聚焦电动汽车产业，通过新基建拉动绿色经济发展（徐维祥等，2023）。电动汽车的有效过渡和广泛采用在很大程度上取决于是否能够获得充电基础设施。欧盟采用《欧洲绿色协议》投放 400 亿~600 亿欧元用于电动汽车充电基础设施建设，目标于 2025 年建成 200 万个公共充电桩。法国政府为国内绿色基础设施和交通项目提供 12 亿欧元资金，用于开发可减少温室气体排放的交通项目和公共交通服务。德国的"未来方案"聚焦数字化转型，兼顾电动汽车补贴与充电设施和电动交通的研发（钱立华等，2020）。新能源汽车充电基础设施增长迅速，在美国 100 个人口最多的城市地区，2025 年所需的充电桩将是 2017 年的四倍以上，总计超过 19.5 万个非住宅新能源汽车充电桩（Nicholas 等，2019）。

充电桩数量是影响新能源汽车推广的重要因素，充电设施的不完善会导致消费者产生里程焦虑，进而影响新能源汽车的采用（Hidrue 等，2011）。充电桩数量的增加、充电设施可用性、可见度及充电速度的提高对新能源汽车的推广效果十分显著。Mersky 等（2016）、Egner 和 Trosvik（2018）分别量化研究了挪威及瑞典新能源汽车销售的影响因素；Wang 等（2017）和李晓敏等（2020）基于我国的省级数据进行研究，结果均表明，充电桩数量的增加对新能源汽车推广产生重要影响。Javid 和 Nejat（2017）使用充电桩和加油站数量之比评估充电基础设施对消费者购买意愿的影响，结果表明，充电基础设施可用性的提高有助于缓解里程焦虑和降低消费者对充电桩的搜索成本，从而提高消费者的购买意愿。基于德国 2012～2017 年间邮政编码区域的每月新车注册数据，Illmann 和 Kluge（2020）的研究发现，与单纯增加充电桩数量相比，充电设施的可用性、可见度以及充电速度的提升对提高消费者的购买意愿更加明显，而其中充电速度最为重要。

量化评估新能源汽车产业政策的效果有利于为我国后续政策的制定和调整提供依据。李晓敏等（2022）发现，在 2012～2018 年，财政补贴、购置税减免、不限行不限号、政府和公共机构采购四类政策都对我国新能源汽车的推广产生了正向的促进作用，其中财政补贴的效果最大。李明珊等（2022）指出财政补贴和充电设施建设有效地促进了电动客车的使用，对于公共电动汽车而言，城市人口密度、燃油价格和是否拥有本地电动汽车生产厂商是决定其规模的重要因素，而对于私人电动汽车而言，公共服务领域的示范运营在其推广方面发挥了重要作用，充电设施建设、不限行不限号等非财政类激励手段更能提高电动汽车的私人需求。对于不限购政策是否能推动新能源汽车市场发展，一些学者存在不同意见。吴江和王梦（2023）指出，新能源汽车不限购政策未能显著推动新能源汽车推广且难以持久，未来新能源汽车推广的关键因素在于技术进步。

除了国家政策等外部激励措施、个人特征等主观影响因素外，充电桩的数量、续航里程的长短以及充电时间的长短等客观条件也是影响人们对新能源汽车的购买及支付意愿的重要因素。但是，现有研究大多关注政策因素和个人特征因素对人们对新能源汽车的购买及支付意愿的影响，而对于新能源汽车使用相关客观条件的影响则关注较少。

政府一般从供给和需求两端发力，对新能源汽车的推广起着至关重要的作用。供给侧的改善主要集中在对于充电桩等新能源汽车基础设施的建设，这为需求市场的持续发展提供了驱动力，且供给侧的政策效果在高收入区域试点城市更为显著（熊勇清和陈曼琳，2016）。随后，熊勇清和李小龙（2018）在其进一步研究中表明，潜在消费者对于供给侧的"基础设施"政策的感知最高。充电基础设施作为新能源汽车的互补品，很大程度上决定着新能源汽车的扩散速度（孙晓华等，2018）。李晓敏和刘毅然（2023）基于我国 2010～2020 年 25 个新能源汽车试点城市和 12 个省会城市共 37 个城市新能源汽车销量的面板数据，研究充电基础设施对新能源汽车推广的影响，结果表明充电基础设施的完善显著提高了我国新能源汽车的销量，此外，充电桩可见度的增加和充电时间的缩短均能够显著增加新能源汽车的销量。在需求侧政策实施到一定程度时，可以加强供给侧政策的实施力度，强化"基础设施"这一政策措施。此外，Li 等（2020）将激励政策分为购买激励政策、注册激励政策、驾驶激励政策和充电激励政策四类，并通过问卷调查收集数据进而对问卷数据进行分析。该文献的研究结果表明，充电激励政策的相对重要性在四类激励政策中最高，但是仅有不到三分之一的人对现有的激励政策有较好的了解。由此可见，充电基础设施、充电技术等因素在消费者的购买与支付意愿中起到了较大的作用，但消费者的相关认知还不够充分，相关方面的建设也还有所欠缺。

9.1.2 背景介绍

充电基础设施建设对新能源汽车推广和改善新能源汽车使用体验具有重要作用。虽然我国的充电基础设施的建设正在快速推进，截至 2022 年底，我国公共充电桩的保有量已有 179.7 万台，私人充电桩的保有量则为 341.2 万台（图 9-1）。然而，目前公共充电桩的建桩速度远低于新能源汽车销量的增长速度，特别是大量无私人充电桩新能源车（简称无桩车）没有得到足够的配套公共充电桩设施。截至 2022 年底，我国新能源汽车保有量达 1310 万辆，私人充电桩保有量 341.2 万台，充电桩随车配建比仅为 26.0%，剩下的 968.8 万辆新能源汽车需要共享

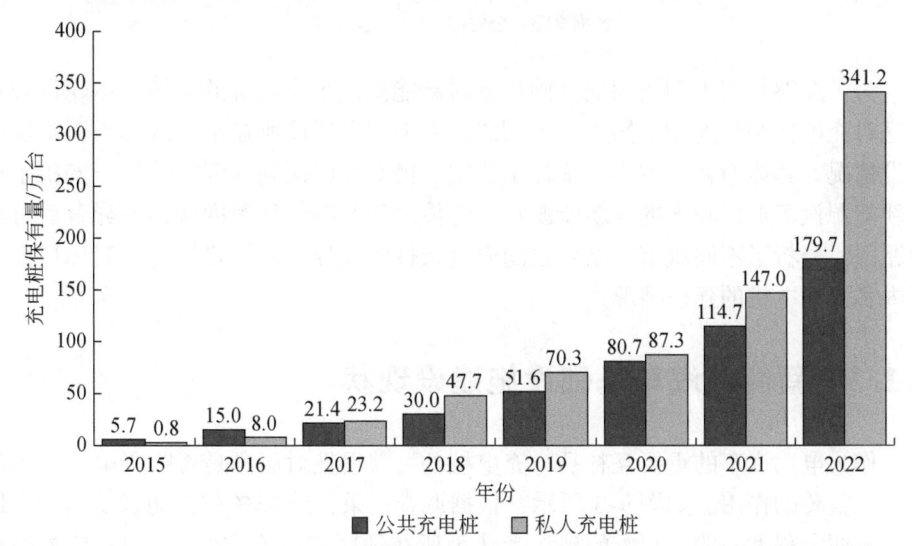

图 9-1　2015～2022 年中国新能源汽车公共充电桩和私人充电桩保有量

数据来源：中国充电联盟

179.7万台公共充电桩。无桩车充电难题长期未得到缓解，且呈现加剧趋势。如图9-2所示，虽然新能源汽车保有量与充电桩数量的比值从2015年的9.0大幅下降到2022年的2.5，但无桩车数量与公共充电桩数量的比值则从2016年开始便长期在6左右徘徊。我国大部分车辆没有私人停车位的现状决定了无桩车的充电难题必须依靠公共充电桩建设来解决。

图9-2 "新能源汽车保有量/充电桩数量"和"无桩车数量/公共充电桩数量"
数据来源：公安部、中国充电联盟

为了能够从需求侧精细地刻画家庭对新能源汽车充电桩的认知，本轮调查对家庭对充电便利程度的感知进行了调研，并询问了居民所在小区内私人充电桩的建设情况。具体而言，本小节统计了我国居民对充电便利程度的认知，剖析了拥有新能源汽车群体和未拥有新能源汽车群体之间充电便利程度认知差异背后可能的原因，分析了不同城市、城乡之间充电条件的差异，并简要描述了我国居民小区内私人充电桩的建设情况。

9.1.3 新能源汽车基础设施建设现状

作为电动汽车的重要互补品，充电桩的可获得性对居民是否购买电动汽车起着异常重要的作用。如图9-3所示，根据调查结果，约45%的被访者认为所在地区充电便利程度一般，32%的被访者认为所在地区充电不方便，仅11.57%的被访者认为所在地区充电桩数量充足。也就是说，超过70%的地区充电桩建设不足，我国的充电桩建设还有很大的空间。

第 9 章 | 中国居民对新能源汽车基础设施建设的支付意愿分析

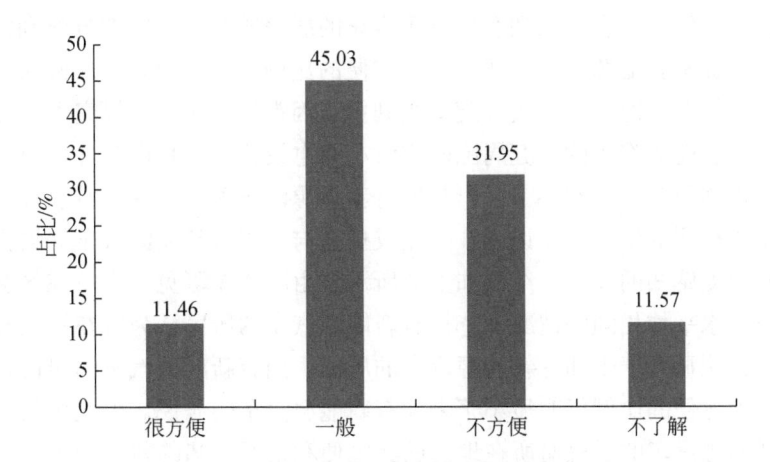

图 9-3 中国居民所在地区充电便利情况

注：上图中不方便表示几乎没有看到充电桩，一般表示充电桩数量不是很多，很方便表示充电桩数量比较多，下同

如图 9-4 所示，与无新能源汽车的居民相比，拥有新能源汽车的居民认为所在地区充电便利的比例有大幅上升。一方面可能是因为充电便利地区的消费者更有可能购买新能源汽车；另一方面有可能是因为新能源汽车车主日常需要充电，因此对所在地区的新能源汽车充电基础设施更加了解，而未拥有新能源汽车的并不了解当地充电基础设施的建设情况。

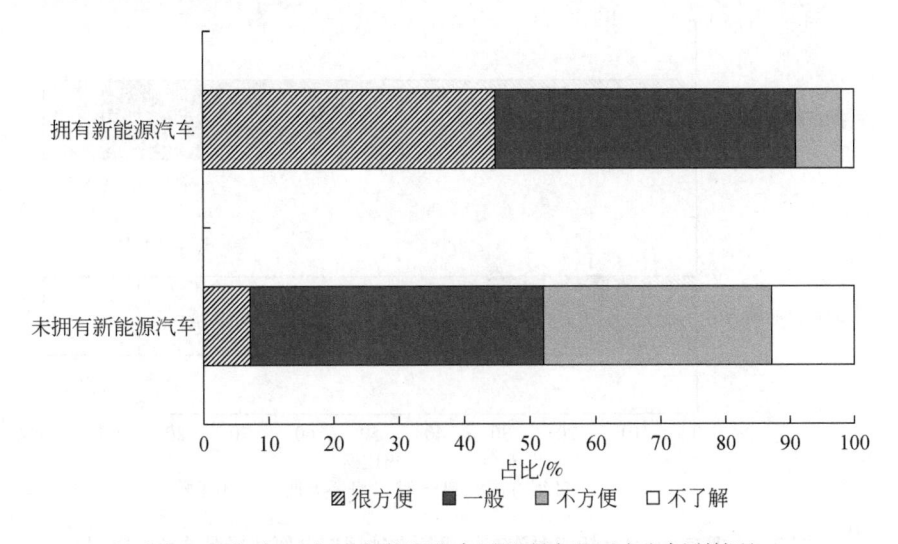

图 9-4 拥有/未拥有新能源汽车居民所在地区充电便利情况

| 中国家庭低碳行为及支付意愿 |

由前文可知，拥有与未拥有新能源汽车的居民所在地区的充电便利情况具有较大差异，拥有新能源汽车的居民充电方便的比例更大。但是，居民对于所在地区充电便利情况的感知在很大程度上受到主观因素的影响。为探究上述差异究竟是由未拥有新能源汽车的家庭周围确实没有充电设施，还是由其并没有注意到周围的充电设施引起的，本小节找出与拥有新能源汽车家庭所在区县、社区类型和收入水平均相同的所有的受访者，并比较拥有与未拥有新能源汽车的居民对地区充电便利程度感知的差异，结果如上图所示。由图9-5可见，在所在区县、社区类型和收入水平均相同的情况下，拥有新能源汽车的居民认为所在地区充电很方便的比例仍明显大于未拥有新能源汽车的居民，拥有新能源汽车的居民认为所在地区充电不方便的比例仍明显小于未拥有新能源汽车的居民。由此可得，拥有与未拥有新能源汽车的居民对所在地区的充电便利情况感知的差异并不一定完全源于未拥有新能源汽车的家庭周围确实没有充电设施，而很有可能是由其并没有注意到周围的充电设施引起的。由8.1节可知，充电不方便是家庭对新能源汽车第二顾虑的因素，同时也是未拥有新能源汽车的家庭第一顾虑的因素。对于拥有新能源汽车的群体，往往会使用手机APP寻找附近的充电桩，并对附近的充电桩分布有充分的了解；此外，小区条件允许的家庭还可以通过自装充电桩进行充电。而对于未拥有新能源汽车的群体，并未能充分认知附近的充电桩信息，从而可能会过度增加对新能源汽车使用不便的认知。因此，政府可以在停车场等车辆密集的地区进行充电设施建设成就宣传，减少家庭对充电基础设施不足的顾虑。

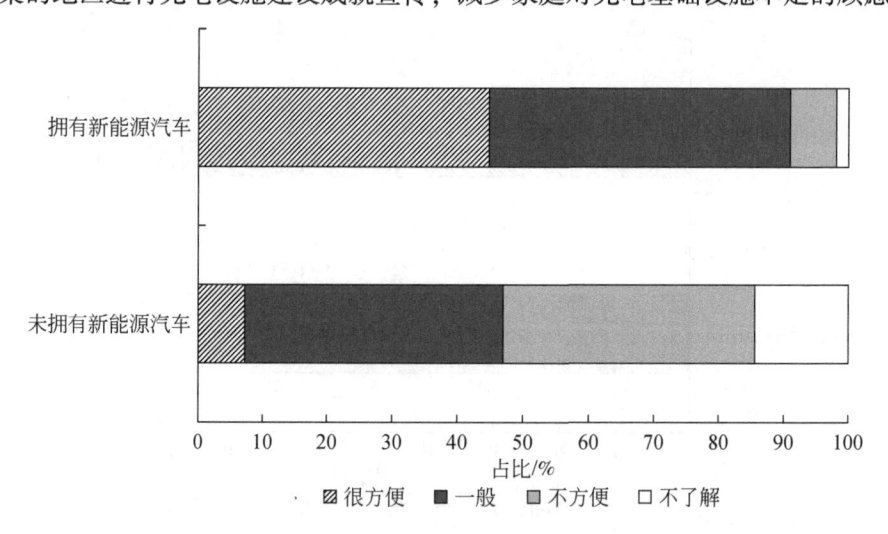

图9-5 拥有/未拥有新能源汽车居民所在地区充电便利情况差异的原因
注：用所在区县、社区类型和收入水平将拥有新能源汽车的居民和全部居民数据相匹配，共得到625位与拥有新能源汽车家庭所在区县、社区类型和收入水平均相同的受访者

第 9 章 | 中国居民对新能源汽车基础设施建设的支付意愿分析

如图 9-6 所示，对不同等级城市居民所在地区充电便利情况进行分析，可以看到一线城市的充电桩数量比较多，且居民对充电情况比较了解，而四线城市居民对充电桩了解程度较低，在统计样本中没有居民认为"很方便，充电桩数量比较多"，这说明在发达的地区充电设施更加完善，居民充电也更加便利。

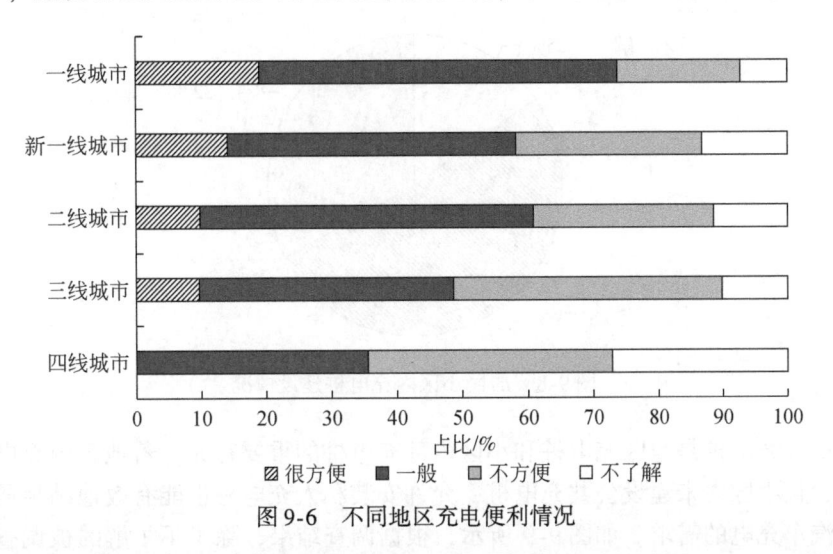

图 9-6 不同地区充电便利情况

如图 9-7 所示，对城市和农村的充电便利情况的分析可以看出，城市的充电便利情况和居民的了解程度显著高于农村，约有 50% 的城市居民认为充电便利程度一般且充电桩数量不是很多，约有 14% 的城市居民认为充电很方便且充电桩数量比较多，而有接近一半的农村居民几乎没有看到过充电桩，仅约 8% 的农村居民认为充电桩数量比较多且充电很方便。

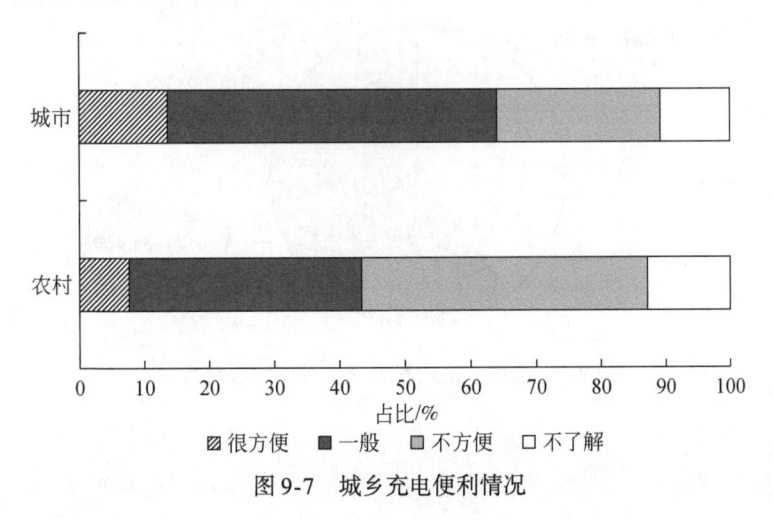

图 9-7 城乡充电便利情况

小区内部的充电桩一般是居民使用频率最高的充电桩，因而其可获得性的提高能够大大增加居民给电动汽车充电的便利程度，从而可能影响居民对新能源汽车的购买。如图 9-8 所示，根据调查结果，约 52% 的小区并未建设充电桩，仅有不到一半的小区建设了充电桩。

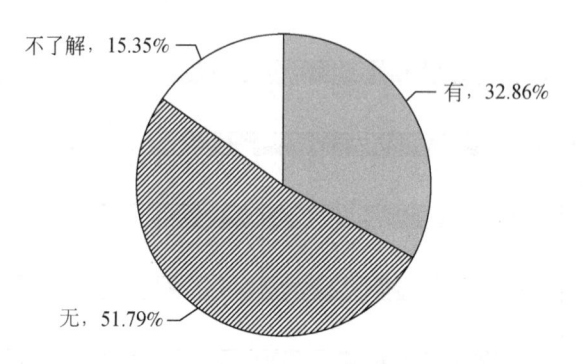

图 9-8　居民小区内充电桩建设情况

私人充电桩是地区充电桩和小区内部充电桩的重要补充，若地区内充电桩建设较少且小区内未建设公共充电桩，允许安装私人充电桩也能有效地满足居民给电动汽车充电的需求。如图 9-9 所示，根据调查结果，除了不了解的被调查者以外，约有 35% 的小区明确不可以安装私人充电桩，而可以安装私人充电桩的小区仅占 26% 左右，数量上明显较少。因此，小区内部充电桩建设工作有待加强，政府需要引导小区提供建设充电桩的便利条件。此外，还有一些小区可能是因为电力设施容量不足的问题无法修建充足的充电设备，这需要政府和相关企业的共同配合，补足电力基础设施的短板。

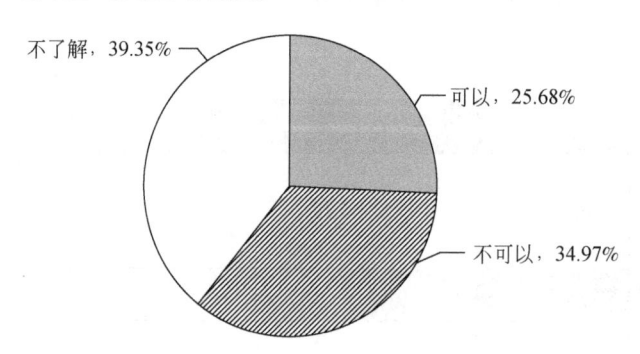

图 9-9　居民小区内私人充电桩安装限制情况

9.2 中国家庭对新能源汽车续航与充电能力的支付意愿

在本书第 8 章中提到，续航里程不够和充电不方便是家庭对新能源汽车最为顾虑的两个因素。一方面，新能源汽车相比于传统燃油汽车续航里程较短；另一方面，新能源汽车充电时间较长，充电桩建设数量不足。这些都是新能源汽车推广亟待解决的问题。对于续航里程不足的问题，车企可以通过增加研发支出、增加电池重量、提高电池能量密度等手段进行解决；对于充电时间较长的问题，则可以通过发展超快充技术、建设更多的超快充桩或者发展换电技术进行解决；对于充电桩建设数量不足的问题，充电桩企业可以通过建设数量更多、分布密度更大的充电桩进行解决。然而，这些措施都需要消耗巨量的资金，如何评判每种措施的预期收益，政府和企业如何分配在每种措施中投入的资源，都是有待解答的问题。弄清楚消费者对于每种解决措施的支付意愿以及愿意支付的金额，则是回答上述问题的先决条件。在本节的研究中，调查并统计了居民对续航里程增加、充电速度加快、充电网络密度增加的支付意愿及愿意支付的价格。

问卷向受访者询问了以下问题："假设你需要购买一辆新能源汽车，目前市面上大家能够买到的新能源汽车普遍只有续航里程 400 千米的版本。现在车企要开发一种新的新能源汽车，续航里程可以增加到 500 千米/600 千米/700 千米。然而，由于研发费用增加，你需要为新车型额外支付一笔费用，请问你是否愿意支付额外的价格购买"。如图 9-10 所示，根据调查结果，受访者对续航里程增加的支付意愿较为强烈，无论将续航里程缩短到多少，均有 60% 左右的受访者愿意为增加续航里程支付一定费用，且随着续航里程的增加，受访者的支付意愿也在增加。另一方面，可以看到，就算将续航里程增加到 700 千米，也有 34% 的受访者不愿意为此额外支付费用。部分人群只需要进行短途出行，400 千米以内的续航里程就可以满足他们的出行需求。因此，政府和市场需要支持多样化的新能源汽车产品，而不是一味追求续航里程的增加，提供短续航里程既可以满足更多消费者的需求，还可以通过减少电池使用节约资源保护环境。

进一步，询问受访者愿意为续航里程增加支付的价格，并提供了 1 万元、3 万元、5 万元、8 万元、10 万元五个选项。如图 9-11 所示，根据调查结果，无论将续航里程增加到多少，绝大多数受访者均只愿意对其支付 3 万元以下，少数愿意为其支付 5 万元，只有极少数愿意支付 8 万元及以上。但是，随着续航里程的增加，受访者的支付愿意在增加，比如相较于 500 千米和 600 千米的续航里程，会有更多的受访者愿意为续航 700 千米支付 5 万元。平均而言，受访者分别愿意为续航 500 千米、续航 600 千米、续航 700 千米额外支付 1.95 万元、2.04 万元、2.46 万元。

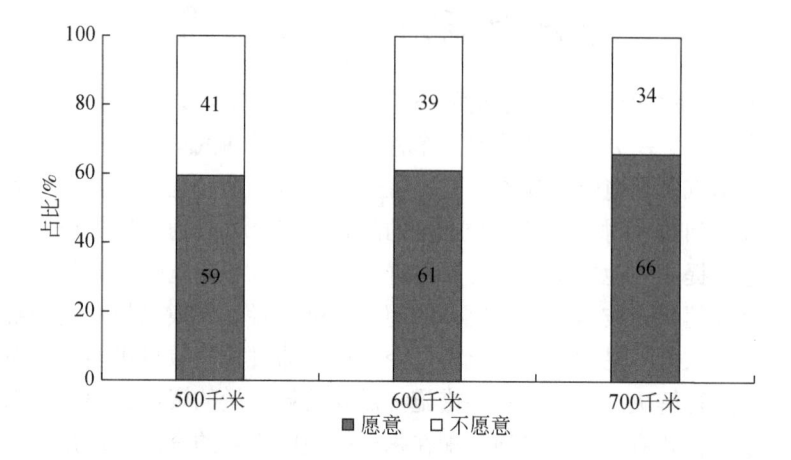

图 9-10 受访者对续航里程增加的支付意愿

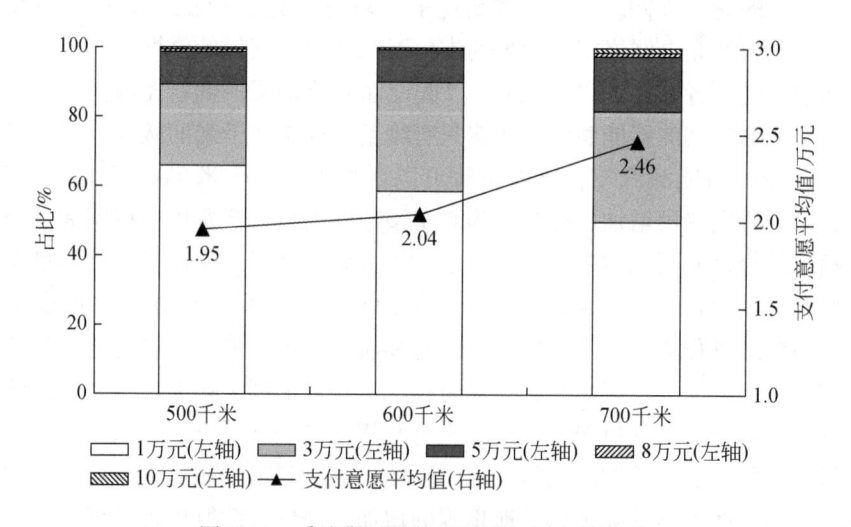

图 9-11 受访者对续航里程增加的支付意愿

此外，将支付意愿与受访者的家庭年收入相除，得出受访者愿意花费多大比例的家庭收入用于增加新能源汽车的续航里程。这里将不愿意支付的受访者的比例设定为 0。如图 9-12 所示，根据调查结果，随着续航里程的增加，受访者的支付愿意占家庭年收入的比例逐渐增加。平均而言，受访者愿意为续航 500 千米、续航 600 千米、续航 700 千米额外支付的钱分别占家庭年收入的 10.33%、11.25%、14.66%。

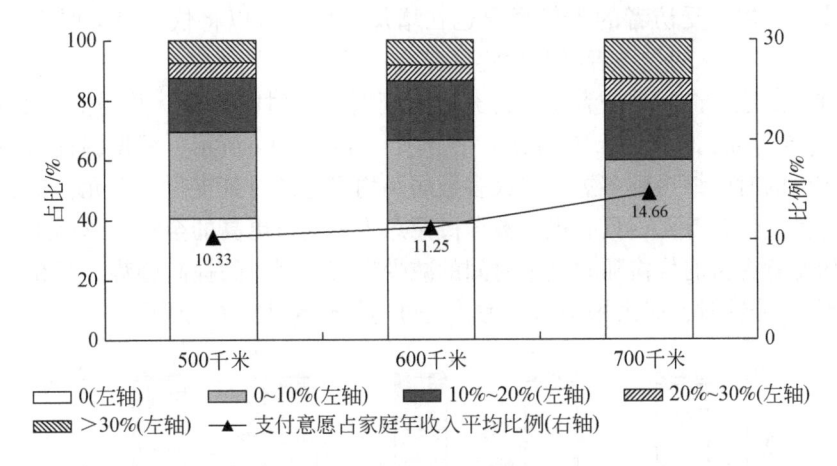

第 9 章 | 中国居民对新能源汽车基础设施建设的支付意愿分析

图 9-12 受访者对续航里程增加的支付意愿占家庭年收入的比例

问卷向受访者询问了以下问题"假设你现在拥有一辆新能源汽车，平常使用公共快充桩充电，将电量从 20% 充到 80% 需要花费 60 分钟。目前充电桩企业在研发新的充电技术，这种技术研发成功后，会让你的充电时间从 60 分钟缩短到 50 分钟/40 分钟/30 分钟/20 分钟/10 分钟。然而，充电桩企业需要花费大量的研发费用和充电桩更新费用，这些费用会在你的充电费用中进行平摊。想象这种技术最终被研发成功，并使你的快充充电时间从 60 分钟缩短至 50 分钟/40 分钟/30 分钟/20 分钟/10 分钟，你是否愿意为此额外支付充电费"。如图 9-13 所示，根据调查结果，受访者对充电速度加快的支付意愿较为强烈，无论将续航里程缩短到多少，均有超过 60% 的受访者愿意为增加续航里程支付一定费用，且随着充

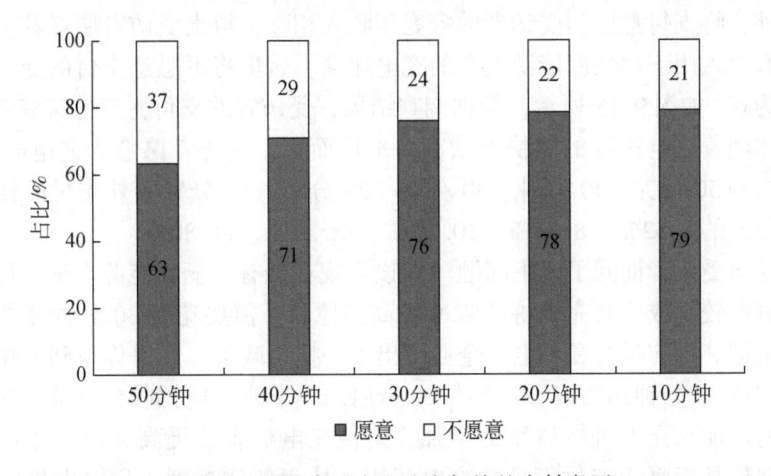

图 9-13 受访者对充电速度加快的支付意愿

电速度的加快，受访者的支付意愿也在增加。如果可以将快充充电时间缩短到 10 分钟，有 79% 的受访者愿意为此付费。

进一步地，询问受访者愿意为充电速度增加支付的价格，并提供了 1 万元、3 万元、5 万元、8 万元、10 万元五个选项。如图 9-14 所示，根据调查结果，无论将充电的时间缩短到多短，绝大多数居民均只愿意对其支付 1 万元，少数居民愿意为其支付 3 万元，只有极少数居民愿意为其支付更高的金额。总体来看，居民平均愿意支付的价格随着充电时间的减少有较为明显的提高趋势。当充电时间缩短到 10 分钟时，居民平均愿意为其支付的价格高达 1.64 万元。

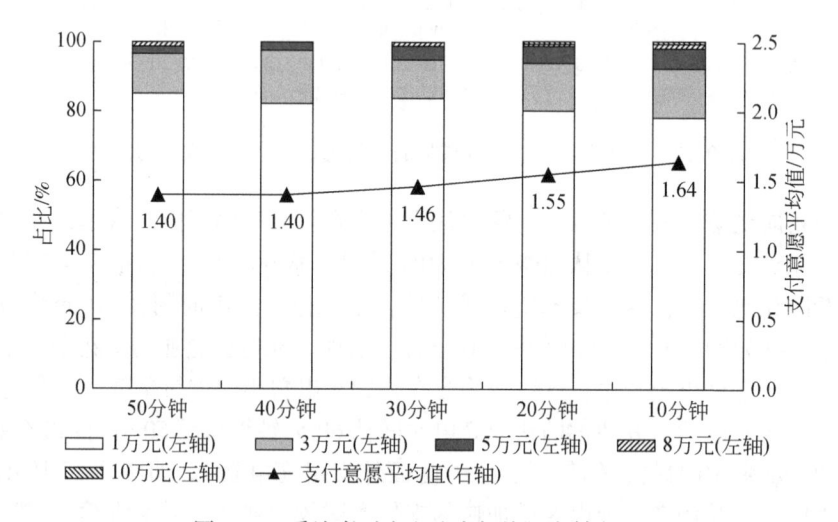

图 9-14 受访者对充电速度加快的支付意愿

此外，将支付意愿与受访者的家庭年收入相除，得出受访者愿意花费多大比例的家庭收入用于加快新能源汽车的充电速度。这里将不愿意支付的受访者的比例设定为 0。如图 9-15 所示，根据调查结果，受访者的支付愿意占家庭年收入的比例总体随着充电速度的加快而增高。平均而言，受访者愿意为充电时间从 60 分钟缩短到 50 分钟、40 分钟、30 分钟、20 分钟、10 分钟额外支付的钱分别占家庭年收入的 8.52%、8.63%、10.70%、12.23%、11.80%。

问卷向受访者询问了以下问题"假设你现在拥有一辆新能源汽车，可能因为公共充电桩较少或公共充电桩故障率较高等原因，需要花费 30 分钟才能找到能用的充电桩。目前政府和充电桩企业推出了一揽子政策，使得你找到能用的充电桩的时间从 30 分钟缩短到 25 分钟/20 分钟/15 分钟/10 分钟/5 分钟。然而，建设成本的增加和充电桩空置率的增加，迫使充电桩企业提高充电费用以弥补损失。请问你是否愿意支付额外的充电费用，从而使你找到可用充电桩的时间从 30 分钟降低到 25 分钟/20 分钟/15 分钟/10 分钟/5 分钟"。如图 9-16 所示，根据

第 9 章 | 中国居民对新能源汽车基础设施建设的支付意愿分析

调查结果，无论将寻找充电桩的时间缩短到多短，均有 60% 以上的居民愿意为其进行支付，且随着寻找充电桩的时间不断缩短，愿意为其进行支付的居民的比例不断增加。当寻找充电桩的时间缩短到 5 分钟时，愿意为其支付的居民比例超过了 80%。总体来看，居民对缩减寻找充电桩时间的支付意愿较为强烈。

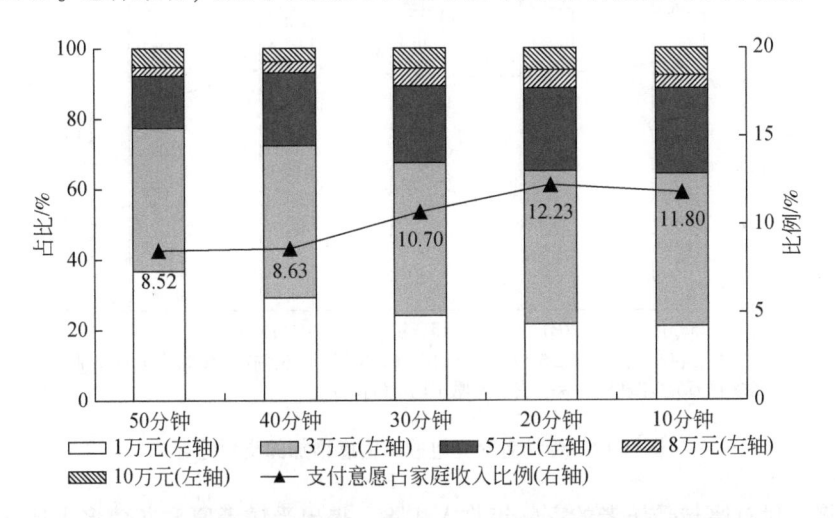

图 9-15 受访者对充电速度加快的支付意愿占家庭年收入比例

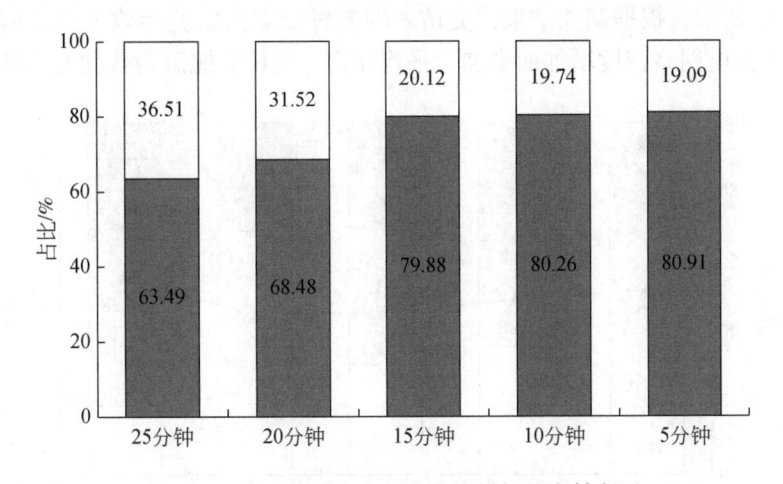

图 9-16 受访者对充电网络密度增加的支付意愿

调查询问受访者愿意为充电网络密度增加支付的价格，并提供了 1 万元、3 万元、5 万元、8 万元、10 万元五个选项。如图 9-17 所示，根据调查结果，无论将寻找充电桩的时间缩短到多短，绝大多数居民均只愿意对其支付 1 万元，少数居民愿意为其支付 3 万元，只有极少数居民愿意为其支付更高的金额。随着充电网络密度的增加，支付意愿的平均值并没有如预期一样呈现递增趋势，这有可能是因为公众并未形成对充电网络密度增加带来的收益的一致认知。

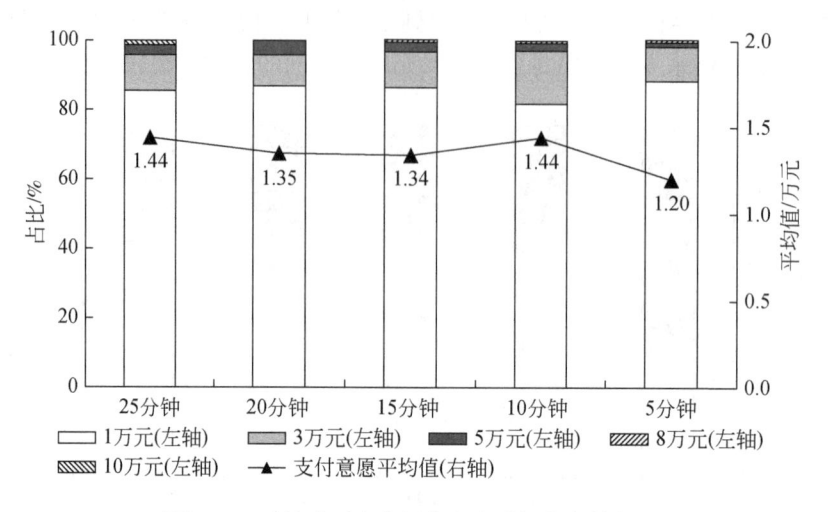

图 9-17　受访者对充电网络密度增加的支付意愿

将支付意愿与受访者的家庭年收入相除，得出受访者愿意花费多大比例的家庭收入为充电网络密度增加支付。这里将不愿意支付的受访者的比例设定为 0。如图 9-18 所示，根据调查结果，受访者的支付愿意占家庭年收入的比例总体并没有随着充电网络密度增加而增加。平均而言，受访者愿意为找到能用的充电桩

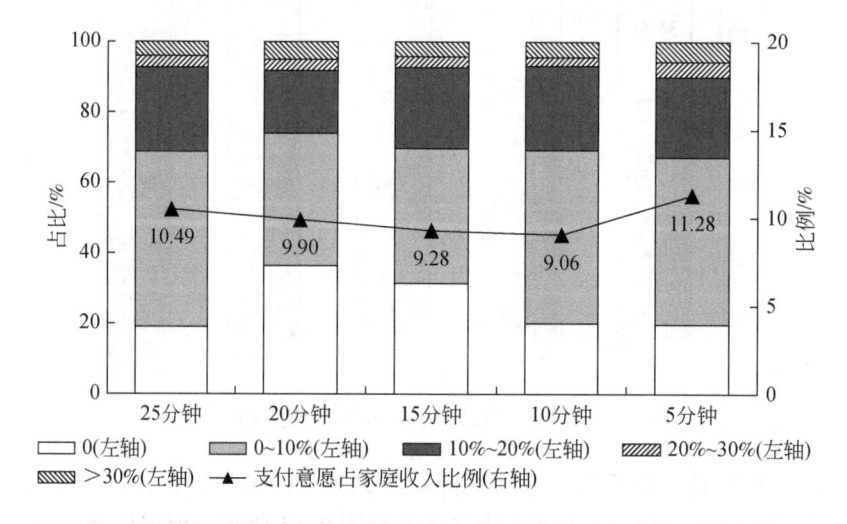

图 9-18　受访者对充电网络密度增加的支付意愿占家庭年收入比例

的时间从 30 分钟缩短到 25 分钟、20 分钟、15 分钟、10 分钟、5 分钟额外支付的钱分别占家庭年收入的 10.49%、9.90%、9.28%、9.06%、11.28%。

9.3 新能源汽车续航里程增加的成本收益分析

由上文可知，消费者对续航里程增加有较强的支付意愿，且这种支付意愿随着续航里程的增加而逐渐增加。那么有多少消费者的支付意愿能够覆盖成本，车企进行让利后能够促进多大的销量？为了回答上述问题，本小节对新能源汽车续航里程增加的成本收益进行分析。

本小节选取比亚迪汉 EV2023 款冠军版汽车（该款车在懂车帝官网上标记为中大型轿车销量第四名）分析续航里程增加的成本。如表 9-1 所示，由懂车帝官网提供的信息可知，比亚迪汉 EV2023 款冠军版 506KM 尊贵型汽车的续航里程为 506 千米，比亚迪汉 EV2023 款冠军版 605KM 尊贵型汽车的续航里程为 605 千米，比亚迪汉 EV2023 款冠军版 715KM 尊荣型汽车的续航里程为 715 千米。比亚迪汉 EV2023 款冠军版汽车的续航里程从 506 千米增长到 605 千米需要额外支付 2 万元，从 605 千米增长到 715 千米需要额外支付 3 万元。由于比亚迪汉 EV2023 款冠军版汽车并没有续航里程 400 千米的版本，这里假设续航里程从 400 千米增长到 500 千米需要额外支付 1 万元。①

表 9-1　各车型的具体参数

车型	比亚迪汉 EV2023 款冠军版 506KM 尊贵型	比亚迪汉 EV2023 款冠军版 605KM 尊贵型	比亚迪汉 EV2023 款冠军版 715KM 尊荣型
级别	中大型车	中大型车	中大型车
能源类型	纯电动	纯电动	纯电动
纯电续航里程/千米	506	605	715
厂商指导价	20.98 万元	22.98 万元	25.98 万元
电池类型	磷酸铁锂电池	磷酸铁锂电池	磷酸铁锂电池
电池容量/千瓦时	60.48	72	85.4

数据来源：懂车帝

如表 9-2 所示，根据假定，续航里程从 400 千米增加到 500 千米、600 千米、700 千米分别需要增加 1 万元、3 万元、6 万元。前文分析了消费者对新能源汽车

---

① 比亚迪元 PLUS2022 款豪华型续航里程 430 千米厂商指导价 13.40 万元，电池容量 49.92 千瓦时；比亚迪元 PLUS2022 款尊荣型续航里程 510 千米厂商指导价 14.40 万元，电池容量 60.48 千瓦时。

续航里程增加的支付意愿，如表 9-2 所示，将价格增加与支付意愿的分布相对应，分别有 59.4%、25.2%、8.5% 的消费者的支付意愿可以满足续航里程增加到 500 千米、600 千米、700 千米的价格增幅。

表 9-2 新能源汽车续航里程增加的成本收益分析

续航里程	500 千米	600 千米	700 千米
价格增加	1 万元	3 万元	6 万元
支付意愿满足比例	59.4%	25.2%	8.5%[①]
磷酸铁锂成本增加（根据 2023 年 7 月 27 日价格测算）	0.65 万元	1.37 万元	2.20 万元
车企让利后支付意愿满足比例	59.4%	54.4%	46.3%

我国新能源汽车市场呈现出日益激烈的价格竞争态势，多家车企采取降价策略，旨在提升市场份额和刺激消费需求。如果车企对消费者让利，根据续航里程增加成本进行加价。续航里程与新能源汽车的电池容量密切相关，这里假定新能源汽车续航里程的增加的唯一成本是电池容量的增加。续航里程为 430 千米、510 千米的比亚迪元 PLUS2022 款汽车的电池容量分别为 49.92 千瓦时、60.48 千瓦时；续航里程为 506 千米、605 千米、715 千米的比亚迪汉 EV2023 款冠军版汽车的电池容量分别为 60.48 千瓦时、72 千瓦时和 85.4 千瓦时。这意味着此款汽车的续航里程由 430 千米增加到 510 千米时，电池容量要增加 10.56 千瓦时；续航里程由 506 千米增加到 605 千米时，电池容量要增加 11.52 千瓦时；续航里程由 605 千米增加到 715 千米时，电池容量要增加 13.4 千瓦时。根据电池及材料资讯平台鑫椤资讯统计，2023 年 7 月 27 日方形磷酸锂铁动力电芯报价为 $0.56 \sim 0.68$ 元/$(W \cdot h)$，取中间值 0.62 元/$(W \cdot h)$ 可以算得，当续航里程由 430 千米增加到 510 千米时，成本约为 0.65 万元；当续航里程由 506 千米增加到 605 千米时，成本约为 0.72 万元；当续航里程由 605 千米增加到 715 千米时，成本约为 0.83 万元。假设车企对消费者让利，根据续航里程增加的成本进行加价，则分别有 59.4%、54.4%、46.3% 的消费者的支付意愿可以满足续航里程增加到 500 千米、600 千米、700 千米的价格增幅，有更多的消费者愿意购买续航里程更长的新能源汽车。

---

① 在问卷中并未提供额外支付 6 万元的选择，愿意支付 5 万~8 万元的消费者有 60 人，这里假定支付意愿均匀分布，因此认定愿意支付 6 万~8 万元的消费者有 40 人。

9.4 本章小结

本章对新能源汽车的基础设施建设情况进行梳理，并基于问卷刻画了我国居民的充电桩使用情况和便利程度，并进一步分析了我国家庭对新能源汽车续航与充电能力的支付意愿，得出结论如下：第一，当前我国新能源汽车基础设施建设还存在建设总量不足、设施分布不均和安装限制过大三大问题。总体来看，仅11.46%的受访者表示所在地区充电很方便，这表明我国公共与私人充电桩的建设还远不足以满足人们的日常需求。在此基础上，本章还将全部受访者按城市级别划分为一线城市、新一线城市、二线城市、三线城市和四线城市并且按地区划分为城市和农村，研究结果均表明经济发展状况越好的地区充电基础设施建设越完善，不同地区间的充电基础设施建设状况仍存在较大差别。在分析了充电基础设施的总体建设情况之后，本章进一步探究了私人充电桩的建设状况，结果显示仅25.68%的受访者明确表示小区内部可以安装私人充电桩，这表明当前我国私人充电桩的安装还存在较大的限制。第二，我国家庭对新能源汽车续航里程增加、充电速度加快和充电网络密度增加的支付意愿均较强但存在较大差异。从支付意愿来看，愿意为上述三种优化方式进行支付的受访者比例均超过了50%，其中愿意为充电网络密度增加进行支付的受访者比例最高，其次是充电速度加快，最后是续航里程增加。从受访者愿意支付的金额来看，受访者愿意为续航里程增加支付的金额最高，其次是充电速度加快，最后是充电网络密度增加。第三，以续航里程增加为例，我国家庭在此方面的愿意支付金额仍难以覆盖相应的价格水平的上涨。当续航里程分别增加到500千米、600千米和700千米时，我国家庭支付意愿的满足比例分别约为59%、25%和13%。由此可见，短期内新能源汽车的续航里程增加到600千米和700千米仍面临着比较大的成本难题。

基于以上结论，本章提出政策建议如下：第一，合理扩展新能源汽车公共充电设施的建设规模。当前，我国充电桩的建设规模仍明显不足，现有充电桩难以满足中国家庭的日常充电需求，并且当前我国绝大部分新能源汽车的充电问题需要依靠公共充电桩来解决。因此，扩大公共充电设施的建设规模就成了必然选择。在公共充电设施建设工作的开展上，政府应与企业进行合理分工。政府部门应为公共充电设施的建设提供良好的基础条件与配套的政策支持，同时也要为企业提供一定的资金支持，与企业共同规划公共充电设施的建设方案。第二，充分放宽新能源汽车私人充电设施的安装限制。私人充电桩作为公共充电桩的互补品，能够在一定程度上缓解公共充电桩建设不足的问题，但是当前我国小区内部对私人充电设施的安装仍存在较大限制，这就进一步加剧了新能源汽车充电基础设施建设不足的问题。应通过实地调研等方式，摸清各个小区限制私人充电设施安装的具体原因，从而相应地制定出针对性的解决办法。第三，统筹协调新能源汽车总体充电设施的空间分布。调查显示，当前我国新能源汽车充电基础设施存在着地区分布不均的状况。我国各地经济发展程度存在既有差异，因此在新能源汽车充电基础设施建设前期可以结合当地经济发展水平采取差异化、动态化的策略。但是，随着各地充电基础设施建设的不断推进，建设资源可以合理地向自身经济实力较差的地区倾斜，避免因各地充电基础设施建设情况差异过大而阻碍当地新能源汽车的推广。

参 考 文 献

鲍健强，苗阳，陈锋．2008．低碳经济：人类经济发展方式的新变革．中国工业经济，241（4）：153-160．

陈鹏．2022．职业教育赋能"双碳"社会契约建构的角色与路径．现代远程教育研究，34（6）：73-81，111．

段红霞，吕艳丽，李彦．2013．中国公众CO_2减排的支付意愿：来自4个省市的案例，气候变化研究进展，9（6）：427-435．

郭建宇，陈杨．2019．深入供给侧改革−推动间接能源消费变革．中国电业，(3)：54-55．

韩君，牛士豪，高瀛璐，等．2023．新发展阶段居民家庭碳排放核算及影响因素研究．兰州财经大学学报，39（1）：68-80．

侯宇，张宏胜，杨尚钊，等．2023．粮食主产区农业碳排放效率时空演变及影响因素研究．新疆农垦经济，(4)：53-65．

计志英，赖小锋，贾利军．2016．家庭部门生活能源消费碳排放：测度与驱动因素研究．中国人口·资源与环境，26（5）：64-72．

贾妮莎，徐浩然，雷宏振．2023．收入不平等与碳排放——基于城市碳排放数据．湖南师范大学自然科学学报，(1)：1-9．

李朝军，郑焱，曹新锋，等．2014．旅游从业者低碳素养：量表开发与维度测量．资源开发与市场，30（7）：866-869，777．

李丹青，郭焱．2022．"双碳"目标下消费者对新能源汽车的认知及购买决策研究：基于武汉市的调查．湖北社会科学，(8)：55-65．

李健，周慧．2012．中国碳排放强度与产业结构的关联分析．中国人口·资源与环境，22（1）：7-14．

李明珊，孙晓华，唐卓伟，等．2022．"示范推广"模式带动了市场需求吗——来自电动汽车产业的实证研究．南开经济研究，(1)：3-21．

李娜娜，赵月，王军锋．2022．中国城市居民收入和储蓄增长对家庭能耗碳排放的区域异质性及政策应对．生态经济，38（1）：30-35．

李文轩，韩炜，管文轲，等．2017．河南省城乡居民消费碳足迹研究，科技促进发展，13（Z2）：699-705．

李晓敏，刘毅然，靖博伦．2022．产业支持政策对中国新能源汽车推广的影响研究．管理评论，34（3）：55-65．

李晓敏，刘毅然，杨娇娇．2020．中国新能源汽车推广政策效果的地域差异研究．中国人口·资源与环境，30（8）：51-61．

李晓敏，刘毅然．2023．充电基础设施对新能源汽车推广的影响研究．中国软科学，（1）：63-72．

刘婷．2017．中国 CO_2 排放的区域转移与碳税分析．北京：清华大学博士学位论文．

刘玉萍．2010．中国地区碳排放不平等与节能减排政策选择——基于碳洛仑兹曲线的分析．武汉：2010 年环境污染与大众健康学术会议论文集．

罗梦昕．2020．中国区域二氧化碳排放不平等的来源及影响因素研究．天津：天津大学硕士学位论文．

马艳，李真．2010．国际贸易中的"碳"不平等交换理论与实证分析．学术月刊，42（7）：69-73．

芈凌云，丛金秋，丁超琼，等．2019．城市居民低碳行为认知失调的成因——"知识—行为"的双中介模型．资源科学，41（5）：908-918．

芈凌云，顾曼，杨洁，等．2016．城市居民能源消费行为低碳化的心理动因——以江苏省徐州市为例．资源科学，38（4）：609-621．

齐绍洲，柳典，李锴，等．2019．公众愿意为碳排放付费吗？——基于"碳中和"支付意愿影响因素的研究．中国人口·资源与环境，（10）：124-134．

钱立华，方琦，鲁政委．2020．刺激政策中的绿色经济与数字经济协同性研究．西南金融，（12）：3-13．

任莹，任丽霞，张佳慧，等．2022．基于大学生行为碳足迹的碳中和校园构建．合作经济与科技，690（19）：113-115．

桑军，孙洋洲，郭廓．2018．国内碳排放政策浅析及对策探讨．现代化工，38（4）：5-7．

单德朋．2019．金融素养与城市贫困．中国工业经济，373（4）：136-154．

邵燕斐，王小斌．2015．中国省域碳强度驱动因素研究——基于空间计量模型．技术经济与管理研究，（3）：109-113．

施生旭，甘彩云．2017．环保工作满意度、环境知识与公众环保行为——基于 CGSS2013 数据分析．软科学，31（11）：88-92．

孙蒙，李长云，邢振方，等．2023．碳中和目标下中国碳排放关键影响因素分析及情景预测．高电压技术，（9）：4011-4021．

孙晓华，孙瑞，徐帅．2018．电动汽车产业的网络效应：识别与异质性检验．中国软科学，（4）：132-145．

唐啸，周绍杰，赵鑫蕊，等．2020．回应性外溢与央地关系：基于中国民众环境满意度的实证研究，管理世界，36（6）：120-134，249．

汪兴东，景奉杰．2012．城市居民低碳购买行为模型研究——基于五个城市的调研数据．中国人口·资源与环境，22（2）：47-55．

王锋，吴丽华，杨超．2010．中国经济发展中碳排放增长的驱动因素研究．经济研究，45（2）：123-136．

王国友．2016．基于城市居民特性的温室气体减排支付意愿离散选择研究．水土保持研究，23（5）：291-297．

王佳．2012．中国地区碳不平等：测度及影响因素．重庆：重庆大学博士学位论文．

王建明，王俊豪．2011．公众低碳消费模式的影响因素模型与政府管制政策——基于扎根理论的一个探索性研究．管理世界，（4）：58-68．

王玉君，韩冬临．2019．空气质量、环境污染感知与地方政府环境治理评价．中国软科学，（8）：41-51．

魏同洋，靳乐山，靳宗振，等．2015．北京城区居民大气质量改善支付意愿分析．城市问题，（1）：75-81．

吴江，王梦．2023．中国新能源汽车推广政策调整的市场效应：补贴退坡、技术进步与销量爬坡．中国人口·资源与环境，33（6）：34-48．

吴力波，周阳，徐呈隽．2018．上海市居民绿色电力支付意愿研究．中国人口·资源与环境，28（2）：86-93．

武力超，王冉，巫丽敏．2013．碳关税视域下中国产业减排脱钩研究．中国人口·资源与环境，23（9）：12-18．

肖颖，金琳，刘骏，等．2023．基于生产周期的包装印刷品碳足迹测算方法研究．包装工程，44（1）：265-271．

肖云雅，朱国伟，龚洁．2012．高中学生的低碳素养教育初探．江苏社会科学，2012（S1）：91-94．

熊勇清，陈曼琳．2016．新能源汽车需求市场培育的政策取向：供给侧抑或需求侧．中国人口·资源与环境，26（5）：129-137．

熊勇清，李小龙．2018．新能源汽车产业供需双侧政策对潜在消费者的影响．中国人口·资源与环境，28（6）：52-62．

熊勇清，刘徽．2022．新能源汽车推广应用的"非补贴型"政策作用及其差异．科研管理，43（9）：83-90．

徐维祥，陈展驰，周建平，等．2023．中国新型基础设施的格局及影响因素分析——以新能源汽车充电桩为例．经济问题探索，（7）：43-53．

杨俊，王佳，张宗益．2012．中国省际碳排放差异与碳减排目标实现——基于碳洛伦兹曲线的分析．环境科学学报，（8）：2016-2023．

杨选梅，葛幼松，曾红鹰．2010．基于个体消费行为的家庭碳排放研究．中国人口·资源与环境，20（5）：35-40．

尹洁林，张子芊，廖赣丽，等．2019．基于技术接受模型和感知风险理论的消费者新能源汽车购买意愿研究．预测，38（6）：83-89．

曾贤刚．2011，我国城镇居民对CO_2减排的支付意愿调查研究，中国环境科学，31（2）：346-352．

翟超颖，龚晨．2022．碳足迹研究与应用现状：一个文献综述．海南金融，402（5）：39-50．

赵晓男，李远利．2018．省际居民消费直接碳足迹分析．现代商业，487（6）：222-223．

郑琰，贲宇姝，王康得，等．2023．物流企业的碳排放效率评价及驱动因素分析．交通运输系统工程与信息，（2）：1-15．

周丁琳，李爱军，刘雨豪，等．2020．我国居民生活碳排放的时空分解和不平等性分析．煤炭经济研究，40（10）：27-44．

Aarts H, Verplanken B, Van Knippenberg A. 1997. Habit and information use in travel mode choices. Acta Psychologica, 96 (1-2): 1-14.

Abadie A, Gay S. 2006. The impact of presumed consent legislation on cadaveric organ donation: A cross-country study. Journal of Health Economics, 25 (4): 599-620.

Ahmed Q I, Lu H, Ye S. 2008. Urban transportation and equity: A case study of Beijing and Karachi. Transportation Research Part A: Policy and Practice, 42 (1): 125-139.

Ajanovic A, Haas R. 2016. Dissemination of electric vehicles in urban areas: Major factors for success. Energy, 115: 1451-1458.

Alcantara V, Duro J A. 2004. Inequality of energy intensities across OECD countries: A note. Energy policy, 32 (11): 1257-1260.

Alves E, Boaventura B, Moura A, et al. 2020. Brazilian carbon footprint calculators: Comparative approaches and implications of using these tools. Carbon Management, 11 (5): 499-510.

Avineri E, Waygood E O D. 2013. Applying valence framing to enhance the effect of information on transport-related carbon dioxide emissions. Transportation Research Part A: Policy and Practice, 48: 31-38.

Bamberg S, Hunecke M, Blöbaum A. 2007. Social context, personal norms and the use of public transportation: Two field studies. Journal of Environmental Psychology, 27 (3): 190-203.

Baranzini A, Van den Bergh J C J M, Carattini S, et al. 2017. Carbon pricing in climate policy: Seven reasons, complementary instruments, and political economy considerations. Wiley Interdisciplinary Reviews: Climate Change, 8 (4): e462.

Barla P, Proost S. 2012. Energy efficiency policy in a non-cooperative world. Energy Economics, 34 (6): 2209-2215.

Belloni A, Chen D, Chernozhukov V, et al. 2012. Sparse models and methods for optimal instruments with an application to eminent domain. Econometrica, 80 (6): 2369-2429.

Bigot B. 2022. I witness China's nuclear energy evolution. International Talent, (6): 60-66.

Birgelen M V, Semeijn J, Behrens P. 2011. Explaining pro-environment consumer behavior in air travel. Journal of Air Transport Management, 17 (2): 125-128.

Black J S, Stern P C, Elworth J T. 1985. Personal and contextual influences on household energy adaptations. Journal of Applied Psychology, 70 (1): 3-21.

Brouwer R, Brander L, Beukering P V. 2008. A convenient truth: Air travel passengers' willingness to pay to offset their CO_2 emissions. Climatic Change, 90 (3): 299-313.

Böhler S, Grischkat S, Haustein S, et al. 2006. Encouraging environmentally sustainable holiday travel. Transportation Research Part A: Policy and Practice, 40 (8): 652-670.

Cantore N, Padilla E. 2010. Equality and CO_2 emissions distribution in climate change integrated assessment modelling. Energy, 35 (1): 298-313.

Cao Q R, Kang W, Xu S C, et al. 2019. Estimation and decomposition analysis of carbon emissions from the entire production cycle for Chinese household consumption. Journal of Environmental Management, 247: 525-537.

Carattini S, Kallbekken S, Orlov A. 2019. How to win public support for a global carbon tax. Nature, 565 (7739): 289-291.

Cervero R, Murphy S, Ferrell C, et al. 2004. Transit-Oriented Development in the United States: Experiences, Challenges, and Prospects. Washington, DC: Transportation Research Board.

Chen J, Xu C, Cui L, et al. 2019. Driving factors of CO_2 emissions and inequality characteristics in China: A combined decomposition approach. Energy Economics, 78: 589-597.

Cheung J, Kragt M, Burton M. 2015. The awareness and willingness of air travellers to pay for voluntary carbon offsets and their co-benefits. Perth: University of Western Australia Working Papers.

Choi A S, Ritchie B W. 2014. Willingness to pay for flying carbon neutral in Australia: An exploratory study of offsetter profiles. Journal of Sustainable Tourism, 22 (8): 1236-1256.

Clark B, Chatterjee K, Melia S, et al. 2014. Life events and travel behavior: Exploring the interrelationship using UK household longitudinal study data. Transportation Research Record, 2413 (1): 54-64.

Clinch J P, Dunne L. 2006. Environmental tax reform: An assessment of social responses in Ireland. Energy Policy, 34 (8): 950-959.

Cooper Z, Scott Morton F, Shekita N. 2020. Surprise! Out-of-network billing for emergency care in the United States. Journal of Political Economy, 128 (9): 3626-3677.

Crowley K. 2017. Up and down with climate politics 2013~2016: The repeal of carbon pricing in Australia. Wiley Interdisciplinary Reviews: Climate Change, 8 (3): e458.

De Groot J I M, Steg L. 2008. Value orientations to explain beliefs related to environmental significant behavior: How to measure egoistic, altruistic, and biospheric value orientations. Environment and behavior, 40 (3): 330-354.

De Pelsmacker P, Janssens W. 2007. The effect of norms, attitudes and habits on speeding behavior: Scale development and model building and estimation. Accident Analysis Prevention, 39 (1): 6-15.

Deaton A. 1997. The Analysis of Household Surveys. New York: The World Bank.

Degirmenci K, Breitner M H. 2017. Consumer purchase intentions for electric vehicles: Is green more important than price and range?. Transportation Research Part D, 51: 250-260.

Dianshu F, Sovacool B K, Vu K M. 2010. The barriers to energy efficiency in China: Assessing household electricity savings and consumer behavior in Liaoning Province. Energy Policy, 38 (2): 1202-1209.

Dong H J, Geng Y. 2012. Study on carbon footprint of the household consumption in Beijing based on input-output analysis. Resources Science, 34: 494-501.

Dong K, Ni G, Taghizadeh-Hesary F, et al. 2023. Does smart transportation matter in inhibiting carbon inequality?. Energy Economics, 126: 1-11.

Dong X, Zhang B, Wang B, et al. 2020. Urban households' purchase intentions for pure electric vehicles under subsidy contexts in China: Do cost factors matter?. Transp Res Part A: Policy

Pract, 135: 183-197.

Dreyer S J, Walker I. 2013. Acceptance and support of the Australian carbon policy. Social Justice Research, 26: 343-362.

Druckman A, Jackson T. 2009. The carbon footprint of UK households 1990 ~ 2004: A socio-economically disaggregated, quasi-multi-regional input-output model. Ecological Economics, 68 (7): 2066-2077.

Drukker D M, Liu D. 2022. Finite-sample results for LASSO and stepwise Neyman-orthogonal Poisson estimators. Econometric Reviews, 41 (9): 1047-1076.

Duro J A, Alcántara V, Padilla E. 2010. International inequality in energy intensity levels and the role of production composition and energy efficiency: An analysis of OECD countries. Ecological Economics, 69 (12), 2468-2474.

Egner F, Trosvik L. 2018. Electric vehicle adoption in Sweden and the impact of local policy instruments. Energy Policy, 121: 584-596.

Eliasson J, Proost S. 2015. Is sustainable transport policy sustainable?. Transport Policy, 37: 92-100.

Ernst T, Hennig J. 1994. Observation of a fast response in functional MR. Magnetic Resonance in Medicine, 32 (1): 146-149.

Feng K, Hubacek K, Song K. 2021. Household carbon inequality in the U.S. Journal of Cleaner Production, 278: 123994.

Finkelstein A, Gentzkow M, Williams H. 2016. Sources of geographic variation in health care: Evidence from patient migration. Quarterly Journal of Economics, 131 (4): 1681-1726.

Fornell C, Larcker D F. 1981. Evaluating structural equation models with unobservable variables and measurement error. Journal of Marketing Research, 18 (1): 39-50.

Fremstad A, Underwood A, Zahran S. 2018. The environmental impact of sharing: Household and urban economies in CO_2 emissions. Ecological Economics, 145: 137-147.

Friedrichsmeier T, Matthies E, Klöckner C A. 2013. Explaining stability in travel mode choice: An empirical comparison of two concepts of habit. Transportation Research Part F: Traffic Psychology and Behaviour, 16: 1-13.

Geng J C, Yang L, Wang K L. 2016. Impact of information intervention on travel mode choice of urban residents with different goal frames: A controlled trial in Xuzhou, China. Transportation Research Part A: Policy and Practice, 91: 134-147.

Golob T F. 2003. Structural equation modeling for travel behavior research. Transportation Research Part B: Methodological, 37 (1): 1-25.

Groot L. 2010. Carbon Lorenz curves. Resource and Energy Economics, 32 (1): 45-64.

Grunewald N, Jakob M, Mouratiadou I. 2014. Decomposing inequality in CO_2 emissions: the role of primary energy carriers and economic sectors. Ecological Economics, 100: 183-194.

Hair Jr J F, Hult G T M, Ringle C M, et al. 2021. A primer on partial least squares structural equation modeling (PLS-SEM). London: Sage Publications.

Hair Jr J F, Risher J J, Sarstedt M, et al. 2019. When to use and how to report the results of PLS-SEM. European Business Review, 31 (1): 2-24.

Hammar H, Jagers S C. 2006. Can trust in politicians explain individuals' support for climate policy? The case of CO_2 tax. Climate Policy, 5 (6): 613-625.

Hammar H, Jagers S C. 2007. What is a fair CO_2 tax increase? On fair emission reductions in the transport sector. Ecological Economics, 61 (2-3): 377-387.

Hao H, Ou X M, Du J Y, et al. 2014. China's electric vehicle subsidy scheme: Rationale and impacts. Energy Policy, 73: 722-732.

Haque M N, Saroar M, Fattah M A, et al. 2022. Environmental benefits of blue ecosystem services and residents' willingness to pay in Khulna city, Bangladesh. Heliyon, 8 (5): e09535.

He H, Jin L Z, Cui H Y, et al. 2018. Assessment of electric car promotion policies in Chinese cities. International Council on Clean Transportation, 15: 1-49.

He X H, Zhan W J, Hu Y Y. 2018. Consumer purchase intention of electric vehicles in China: The roles of perception and personality. Cleaner Prod, 204: 1060-1069.

Heil M T, Wodon Q T. 1997. Inequality in CO_2 emissions between poor and rich countries. Journal of Environment Development, 6 (4): 426-452.

Heil M T, Wodon Q T. 2000. Future inequality in CO_2 emissions and the impact of abatement proposals. Environmental and Resource Economics, 17: 163-181.

Henseler J, Ringle C M, Sarsteid M. 2015. A new criterion for assessing discriminant. Journal of the Academy of Marketing Science, 43 (1): 115-135.

Hidrue M K, Parsobs G R, Kenpton W, et al. 2011. Willingness to pay for electric vehicles and their attributes. Resource and Energy Economics, 33 (3): 686-705.

Hinkin T R. 1998. A brief tutorial on the development of measures for use in survey questionnaires. Organizational research methods, 1 (1): 104-121.

Hori S, Kondo K, Nogata D, et al. 2013. The determinants of household energy-saving behavior: Survey and comparison in five major Asian cities. Energy Policy, 52: 354-362.

Horng J S, Hu M L M, Teng C C C, et al. 2013. Development and validation of the low-carbon literacy scale among practitioners in the Taiwan tourism industry. Tourism Management, 35: 255-262.

Huang X Q, Ge J P. 2019. Electric vehicle development in Beijing: An analysis of consumer purchase intention. Journal of Cleaner Production, 216: 361-372.

Huang Y Z, Shigetomi Y, Matsumoto K. 2022. Evaluating carbon inequality by household type and income level across prefectures in Japan. Sustainable Cities and Society, 87: 104236.

Hungerford H R, Volk T L. 1990. Changing learner behavior through environmental education. The Journal of Environmental Education, 21 (3): 8-21.

Illmann U, Kluge J. 2020. Public charging infrastructure and the market diffusion of electric vehicles. Transportation Research Part D: Transport and Environment, (86): 1361-1378.

Iosifidi M. 2016. Environmental awareness, consumption, and labor supply: Empirical evidence from household survey data. Ecological Economics, 129: 1-11.

Irfany M I, Klasen S. 2016. Inequality in emissions: Evidence from Indonesian household. Environmental Economics and Policy Studies, 18: 459-483.

Ivanova D, Stadler K, Steen-Olsen K, et al. 2016. Environmental impact assessment of household consumption. Journal of Industrial Ecology, 20: 526-536.

Javid R J, Nejat A. 2017. A comprehensive model of regional electric vehicle adoption and penetration. Transport Policy, (54): 30-42.

Ji J Y, Lin H. 2022. Evaluating regional carbon inequality and its dependence with carbon efficiency: Implications for carbon neutrality. Energies, 15 (19): 7022.

Johnson E J, Hershey J, Meszaros J, et al. 1993. Framing, probability distortions, and insurance decisions. Journal of Risk and Uncertainty, (7): 35-51.

Jones C, Kammen D M. 2014. Spatial distribution of US household carbon footprints reveals suburbanization undermines greenhouse gas benefits of urban population density. Environmental Science Technology, 48 (2): 895-902.

Kaiser H F, Rice J. 1974. Little jiffy, mark IV. Educational and Psychological Measurement, 34 (1): 111-117.

Konisky D M, Milyo J, Richardson L E. 2008. Environmental policy attitudes: Issues, geographical scale, and political trust. Social Science Quarterly, 89 (5): 1066-1085.

Langbroek J H M, Franklin J P, Susilo Y O. 2016. The effect of policy incentives on electric vehicle adoption. Energy Policy, 94: 94-103.

Lanzendorf M. 2010. Key events and their effect on mobility biographies: The case of childbirth. International Journal of Sustainable Transportation, 4 (5): 272-292.

Li J G, Yang W H, Wang Y, et al. 2018. Carbon Footprint and Driving Forces of Saline Agriculture in Coastally Reclaimed Areas of Eastern China: A Survey of Four Staple Crops. Sustainability, 10 (4): 928.

Li W B, Long R Y, Dou B, et al. 2020. Public preference for electric vehicle incentive policies in China: A conjoint analysis. International Journal of Environmental Research and Public Health, 17 (1): 318.

Liao S Y, Tseng W C, Chen C C. 2010. Eliciting public preference for nuclear energy against the backdrop of global warming. Energy Policy, 38 (11): 7054-7069.

Lin B, Tan R. 2017. Are people willing to pay more for new energy bus fares?. Energy, 130: 365-372.

Liu X Y, Wang H E, Song J N, et al. 2019. Indirect carbon emissions of urban households in China: Patterns, determinants and inequality. Journal of Cleaner Production, 241: 118335.

Loureiro M L, Labandeira X, Hanemann M. 2013. Transport and low-carbon fuel: A study of public preferences in Spain. Energy Economics, 40: S126-S133.

Lu J L, Shon Z Y. 2012. Exploring airline passengers' willingness to pay for carbon offsets. Transportation Research Part D: Transport Environment, 17 (2): 124-128.

参 考 文 献

Luo J, Yang J W, Wan S Y, et al. 2023. Can energy conservation and emission reduction policies affect household carbon emissions? Evidence from China. Frontiers in Energy Research.

Lyubich E. 2022. The role of people vs. places in individual carbon emissions. New York: HAAS Working Paper.

Mackerron G J, Egerton C, Gaskell C, et al. 2009. Willingness to pay for carbon offset certification and co- benefits among (high-) flying young adults in the UK. Energy Policy, 37 (4): 1372-1381.

Mair J. 2011. Exploring air travellers' voluntary carbon- offsetting behaviour. Journal of Sustainable Tourism, 19 (2): 215-230.

Marcinkowski T J. 1991. The new national environmental education act: A renewal of commitment. The Journal of Environmental Education, 22 (2): 7-10.

Marcinkowski T J. 2009. Contemporary challenges and opportunities in environmental education: Where are we headed and what deserves our attention?. Journal of Environmental Education, 41 (1): 34-54.

Mc Carthy L, Delbosc A, Currie G, et al. 2017. Factors influencing travel mode choice among families with young children (aged 0-4): A review of the literature. Transport Reviews, 37 (6): 767-781.

McLaren A T. 2016. Families and transportation: Moving towards multimodality and altermobility?. Journal of Transport Geography, 51: 218-225.

Mersky A C, Sprei F, Samaras C. 2016. Effectiveness of incentives on electric vehicle adoption in Norway. Transportation Research Part D: Transport and Environment, 46: 56-68.

Mitchell R C, Carson R T. 1984. A contingent valuation estimate of national freshwater benefits: Technical report to the US Environmental Protection Agency [M]. Washington, DC: Resources for the Future.

Morris E A, Guerra E. 2015. Mood and mode: Does how we travel affect how we feel?. Transportation, 42: 25-43.

Nakamura H, Kato T. 2013. Japanese citizens' preferences regarding voluntary carbon offsets: An experimental social survey of Yokohama and Kitakyushu. Environmental Science Policy, 25: 1-12.

Nicholas M, Hall D, Lutsey N. 2019. Quantifying the electric vehicle charging infrastructure gap across U. S. markets.

Nordhaus W D. 2010. Economic aspects of global warming in a post-Copenhagen environment. Proceedings of the National Academy of Sciences, 107 (26): 11721-11726.

Nunnally J, Bernstein I. 1994. Psychometric Theory 3rd Edition. New York: MacGraw- Hill.

Okada T, Tamaki T, Managi S. 2019. Effect of environmental awareness on purchase intention and satisfaction pertaining to electric vehicles in Japan. Transportation Research Part D, 67: 503-513.

Orr D W. 1992. Ecological Literacy: Education and the Transition to a Postmodern World. New York: Suny Press.

Ottelin J, Heinonen J, Nässén J, et al. 2019. Household carbon footprint patterns by the degree of urbanisation in Europe. Environmental Research Letters, 14 (11): 114016.

Padilla E, Serrano A. 2006. Inequality in CO_2 emissions across countries and its relationship with income inequality: A distributive approach. Energy Policy, 34 (14): 1762-1772.

Prillwitz J, Barr S. 2011. Moving towards sustainability? Mobility styles, attitudes and individual travel behaviour. Journal of Transport Geography, 19 (6): 1590-1600.

Prillwitz J, Harms S, Lanzendorf M. 2006. Impact of life-course events on car ownership. Transportation Research Record, (1): 71-77.

Rahmani D, Loureiro M L. 2019. Assessing drivers' preferences for hybrid electric vehicles (HEV) in Spain. Research inTransportation Economics, 73: 89-97.

Richter N F, Sinkovics R R, Ringle C M, et al. 2016. A critical look at the use of SEM in international business research. International Marketing Review, 33 (3): 376-404.

Roth C E. 1992. Environmental literacy: Its roots, evolution and directions in the 1990s. https://files.eric.gov/fulltext/ED348235.pdf [2022-10-20].

Sardianou E. 2007. Estimating energy conservation patterns of Greek households. Energy Policy, 35 (7): 3778-3791.

Sarstedt M, Hair J F, Ringle C M, et al. 2016. Estimation issues with PLS and CBSEM: Where the bias lies!. Journal of Business Research, 69 (10): 3998-4010.

Schahn J, Holzer E. 1990. Studies of individual environmental concern: The role of knowledge, gender, and background variables. Environment and Behavior, 22 (6): 767-786.

Seetaram N, Song H Y, Ye S, et al. 2018. Estimating willingness to pay air passenger duty. Annals of Tourism Research, 72: 85-97.

Sekaran U, Bougie R. 2016. Research Methods for Business: A Skill Building Approach. New York: John Wiley Sons.

Seriño M N V, Klasen S. 2015. Estimation and Determinants of the Philippines' Household Carbon Footprint. The Developing Economies, 53 (1): 44-62.

Seriño M N V. 2019. What motivates developing countries to diversify sources of renewable energy?. Japan-ASEAN TDWPS, (6): 1-24.

Shui J L, Wang M, Du F, et al. 2015. N-doped carbon nanomaterials are durable catalysts for oxygen reduction reaction in acidic fuel cells. Science Advances, 1 (1): e1400129.

Sonnberger M, Ruddat M, Arnold A, et al. 2021. Climate concerned but anti-nuclear: Exploring (dis) approval of nuclear energy in four European countries. Energy Research Social Science, 75: 102008.

Sri Priyanka, Banerjee Rangan. 2023. Characteristics, temporal trends, and driving factors of household carbon inequality in India. Sustainable Production and Consumption, 35: 668-683.

Stern P C, Gardner G T. 1981. Psychological research and energy policy. American Psychologist, 36 (4): 329.

Sun C W, Zhu X T, Meng X C. 2016. Post-Fukushima public acceptance on resuming the nuclear power program in China. Renewable and Sustainable Energy Reviews, 62: 685-694.

Sundrum R M. 2003. Income Distribution in Less Developed Countries. London: Routledge.

Susilo Y O, Williams K, Lindsay M, et al. 2012. The influence of individuals' environmental attitudes and urban design features on their travel patterns in sustainable neighborhoods in the UK. Transportation Research Part D: Transport and Environment, 17 (3): 190-200.

Tan Y, Fukuda H, Wang S, et al. 2022. Does the public support the construction of battery swapping station for battery electric vehicles?: Data from Hangzhou, China. Energy Policy, 163: 112858.

Tapio P. 2005. Towards a theory of decoupling: degrees of decoupling in the EU and the case of road traffic in Finland between 1970 and 2001. Transport Policy, 12 (2): 137-151.

Tian W. 2012. The measurement of Gini coefficients for Chinese provincial residents and an analysis on their changing trend. Economic Science, 40: 48-59.

Tomas M, Lopez L A, Monsalve F. 2020. Carbon footprint, municipality size and rurality in Spain: Inequality and carbon taxation. Journal of Cleaner Production, 266: 121798.

Turnbull B W. 1976. The empirical distribution function with arbitrarily grouped, censored and truncated data. Journal of the Royal Statistical Society: Series B (Methodological), 38: 290-295.

Underwood A, Fremstad A. 2018. Does sharing backfire? A decomposition of household and urban economies in CO_2 emissions. Energy Policy, 123: 404-413.

Vera M S, de la Vega A, Samperio J L. 2021. Climate change and income inequality: An I-O analysis of the structure and intensity of the GHG emissions in Mexican households. Energy for Sustainable Development, 60: 15-25.

Wang B, Wang X M, Guo D X, et al. 2018b. Analysis of factors influencing residents' habitual energy-saving behaviour based on NAM and TPB models: Egoism or altruism?. Energy Policy, 116: 68-77.

Wang J, Yuan R. 2022. Inequality in urban and rural household CO_2 emissions of China between income groups and across consumption categories. Environmental Impact Assessment Review, 94: 106738.

Wang N, Pan H, Zheng W. 2017. Assessment of the incentives on electric vehicle promotion in China. Transportation Research Part A: Policy and Practice, 101: 177-189.

Wang Q, Chen X. 2012. Regulatory transparency: How China can learn from Japan's nuclear regulatory failures?. Renewable and Sustainable Energy Review, 16 (6): 3574-3578.

Wang S Y, Wang J, Li J, et al. 2018a. Policy implications for promoting the adoption of electric vehicles: Do consumer's knowledge, perceived risk and financial incentive policy matter?. Transportation Research Part A, 117: 58-69.

Wang X, Chen S. 2020. Urban-rural carbon footprint disparity across China from essential household expenditure: Survey-based analysis, 2010~2014. Journal of Environmental Management, 267: 110570.

Wang Y, Tian Y. 2023. The impact of new energy vehicle product attributes on consumer purchase intention in the backdrop of sustainable development goals. Sustainability, 15 (3): 1989.

Wang Z H, Zhang B, Yin J H, et al. 2011. Determinants and policy implications for household electricity-saving behaviour: Evidence from Beijing, China. Energy Policy, 39 (6): 3550-3557.

Wei Y M, Liu L C, Fan Y, et al. 2007. The impact of lifestyle on energy use and CO_2 emission: An empirical analysis of China's residents. Energy Policy, 35: 247-257.

Wu S, Chen Z M. 2023. Carbon inequality in China: Evidence from city-level data. China Economic Review, 78: 101940.

Wu S, Chen Z. 2023. Carbon inequality in China: Evidence from city-level data. China Economic Review, 78.

Xu P, Xu T F, Shen P Y. 2013. Energy and behavioral impacts of integrative retrofits for residential buildings: What is at stake for building energy policy reforms in northern China?. Energy Policy, 52: 667-676.

Xu X K, Han L Y, Lv X F. 2016. Household carbon inequality in urban China, its sources and determinants. Ecological Economics, 128: 77-86.

Yadav R, Pathak G S. 2016. Young consumers' intention towards buying green products in a developing nation: Extending the theory of planned behavior. Journal of Cleaner Production, 135: 732-739.

Yang L Y, Li J. 2017. Cross-nested logit model for the joint choice of residential location, travel mode, and departure time. Habitat International, 38: 157-166.

Yang T, Liu W. 2017. Inequality of household carbon emissions and its influencing factors: Case study of urban China. Habitat International, 70: 61-71.

Yang Z, Wu S, Cheung H Y. 2017. From income and housing wealth inequalities to emissions inequality: Carbon emissions of households in China. Journal of Housing and the Built Environment, 32: 231-252.

Yoo S H, Kwak S Y. 2009. Willingness to pay for green electricity in Korea: A contingent valuation study. Energy Policy, 37 (12): 5408-5416.

Yu F, Dong H J, Geng Y, et al. 2022. Uncovering the differences of household carbon footprints and driving forces between China and Japan. Energy Policy, 165: 112990.

Zahedi S, Manuel Batista-Foguet J, Van Wunnik L. 2019. Exploring the public's willingness to reduce air pollution and greenhouse gas emissions from private road transport in Catalonia. Science of The Total Environment, 646: 850-861.

Zeng M, Liu Y X, Ouyang S J, et al. 2016. Nuclear energy in the Post-Fukushima Era: Research on the developments of the Chinese and worldwide nuclear power industries. Renewable and Sustainable Energy Reviews, 58: 147-156.

Zhang L, Wu Y. 2012. Market segmentation and willingness to pay for green electricity among urban residents in China: The case of jiangsu province. Energy Policy, 51: 514-523.

Zou H. 2006. The adaptive Lasso and its oracle properties. Journal of the American Statistical Association, 101 (476): 1418-1429.

Ölander F, Thøgersen J. 1995. Understanding of consumer behaviour as a prerequisite for environmental protection. Journal of Consumer Policy, 18: 345-385.